HERMÈS TRISMÉGISTE

CORPUS HERMETICUM

FRAGMENTS EXTRAITS DE STOBÉE (XXIII - XXIX)

FRAGMENTS DIVERS

COLLECTION DES UNIVERSITÉS DE FRANCE
publiée sous le patronage de l'ASSOCIATION GUILLAUME BUDÉ

HERMÈS TRISMÉGISTE

CORPUS HERMETICUM

TOME IV

FRAGMENTS EXTRAITS DE STOBÉE (XXIII - XXIX)

TEXTE ÉTABLI ET TRADUIT
PAR
A.-J. FESTUGIÈRE
Membre de l'Institut

FRAGMENTS DIVERS

TEXTE ÉTABLI
PAR
A. D. NOCK

TRADUIT
PAR
A.-J. FESTUGIÈRE

Huitième tirage

PARIS
LES BELLES LETTRES
2023

Conformément aux statuts de l'Association Guillaume Budé, ce volume a été soumis à l'approbation de la commission technique, qui a chargé M. A. M. Desrousseaux d'en faire la révision et d'en surveiller la correction en collaboration avec M. A.-J. Festugière.

95 boulevard Raspail, 75006 Paris
www.lesbelleslettres.com

Premier tirage 1954

ISBN : 978-2-251-00138-8
ISSN : 0184-7155

FRAGMENTS EXTRAITS DE STOBÉE (XXIII-XXIX)

XXIII

EXTRAIT DU LIVRE SACRÉ D'HERMÈS TRISMÉGISTE INTITULÉ FILLE (ou PUPILLE) DU MONDE[1]

1 Ayant dit ces paroles, Isis verse à Horus, tout d'abord. le doux breuvage d'ambroisie[2] que les âmes ont coutume de recevoir des dieux[3]. Et là-dessus[4], Isis commence son discours très sacré :

2 « Puisque le ciel aux nombreux cercles, mon fils Horus, est superposé à toute la nature des choses d'en dessous et que, nulle part, rien ne lui manque de ce que contient actuellement le monde en sa totalité[5], c'est, en toute nécessité, par les choses placées en dessus qu'a été organisée dans son ensemble et remplie d'êtres[6] la nature tout entière d'en dessous : car les choses d'en bas sont assurément incapables d'organiser le monde d'en haut. C'est dès lors une nécessité qu'aux mystères plus puissants cèdent les inférieurs[7]. Plus puissant donc que les choses d'en dessous est le système des corps célestes, et il est absolument immuable, et ne tombe pas sous le sens de l'intelligence d'êtres mortels.

3 De là vient qu'elles gémirent[8], les choses d'en bas, saisies de crainte, sur la merveilleuse beauté et l'éternelle permanence[9] des choses d'en dessus. Car il y avait bien là de quoi contempler et s'agiter tout ensemble, à voir la beauté du ciel s'offrant comme une représentation[10] du Dieu

Nota. — Les notes sont reportées à la fin de l'Extrait, p. 23.

Excerptum XXIII.

Stobaeus I. 49. 44, vol. i, p. 385 Wachsmuth.

Ἑρμοῦ τρισμεγίστου ἐκ τῆς ἱερᾶς βίβλου ἐπικαλουμένης Κόρης κόσμου.

1 Ταῦτα εἰποῦσα Ἶσις ἐγχεῖ ποτὸν Ὥρῳ γλυκὺ τὸ πρῶτον ἀμβροσίας ὃ αἱ ψυχαὶ λαμβάνειν ἔθος ἔχουσιν ⟨ἀπὸ⟩ θεῶν. καὶ οὕτως τοῦ ἱερωτάτου λόγου ἄρχεται Ἶσις·

2 « Ἐπικειμένου, τέκνον Ὧρε, τῇ τῶν ὑποκειμένων φύσει πάσῃ τοῦ πολυστεφοῦς οὐρανοῦ καὶ κατ' οὐδένα τόπον στερουμένου τινὸς ὧν νῦν ὁ σύμπας ἔχει κόσμος, ἀνάγκη πᾶσα ὑπὸ τῶν ὑπερκειμένων συγκεκοσμῆσθαι καὶ πεπληρῶσθαι φύσιν πᾶσαν τὴν ὑποκειμένην· οὐ γὰρ δήπου δυνατὰ κοσμῆσαι τὰ κάτω τὸν ὕπερθεν διάκοσμον. ἀνάγκη τοίνυν τοῖς κρείττοσι μυστηρίοις εἴκειν τὰ ἐλάσσονα. κρείσσων δὴ τῶν ὑποκειμένων ἡ τῶν μετεώρων ἐστὶ διάταξις καὶ τῷ παντὶ ἀσφαλής τε καὶ θνητῶν οὐχ ὑποπίπτουσα διανοίᾳ.

3 ἔνθεν ἐστέναξε τὰ κάτω, φόβον ἔχοντα, τὴν περικαλλῆ καὶ εἰς ἀεὶ διαμονὴν τῶν ἐπικειμένων. ἦν γὰρ ἄξιον θεωρίας ὁμοῦ καὶ ἀγωνίας ὁρᾶν οὐρανοῦ κάλλος θεῷ καταφανταζόμενον τῷ ἔτι ἀγνώστῳ πλουσίαν τε νυκτὸς

2 ante ἐπικαλουμένης add. τῆς Gaisford, fort. recte || 3 γλυκὺ Heeren : γλυκὺν FP || 5 ἀπὸ ins. Patr. : ' an ἐν θεῶν ? ' Theiler || 6 Ἶσις F (ἴσης P, corr. P^2) del. Heeren || 14 δὴ F : δεῖ P || 16 διανοίᾳ P^2 : διάνοια FP.

encore inconnu, la somptueuse majesté de la nuit, qui s'attachait à[10a] une lumière plus faible que celle du soleil, mais vive encore, et des autres mystères en mouvement chacun à son tour dans le ciel, donnant ordre et croissance selon des motions et des périodes réglées de temps, par de certains secrets effluves[11], à l'ensemble des choses d'en bas.

Et ainsi la crainte renaissait toujours, c'étaient des recherches indicibles; **4** et tant que l'Artisan de l'univers persistait dans son refus, l'Ignorance enveloppait le monde entier. Mais quand il eut décidé de se révéler tel qu'il est, il inspira à des dieux[12] des élans d'amour, et il distribua plus généreusement dans leurs intelligences la lumière qu'il tenait en son sein, pour qu'ils eussent d'abord le vouloir de chercher, puis le désir de trouver, puis aussi le pouvoir de réussir[13].

5 Or[14], ô mon fils merveilleux Horus, ce n'est pas dans un être de race mortelle que cela eût pu se produire — en fait il n'en existait pas même encore —, mais dans une âme qui possédât le lien de sympathie[15] avec les mystères du ciel: voilà ce qu'était Hermès qui a tout connu[16]. Il vit l'ensemble des choses; et, ayant vu, il comprit[17]; et, ayant compris, il eut puissance de révéler et de montrer[18]. En effet, les choses qu'il connut il les grava[19], et, les ayant gravées, les cacha, ayant mieux aimé, sur la plupart d'entre elles, garder un ferme silence que d'en parler, afin qu'eût à les chercher toute génération née après le monde[19a]. **6** Là-dessus, Hermès se disposait à remonter vers les astres pour faire escorte aux dieux ses cousins[20]. Cependant il laissait pour successeurs Tat, à la fois son fils et l'héritier de ces enseignements[21], puis, peu après, Asclépios l'Imouthès, selon les desseins de Ptah-Héphaistos[22], d'autres encore, tous ceux qui, par le vouloir de la Providence reine de toutes choses,

σεμνότητα, ἐλάττονι μὲν ἡλίου, ὀξεῖ δὲ προσφορουμένην φωτί, τῶν τε ἄλλων κατὰ μέρος κινουμένων ἐν οὐρανῷ μυστηρίων τακταῖς χρόνων κινήσεσι καὶ περιόδοις διά τινων κρυπτῶν ἀπορροιῶν τὰ κάτω συγκοσμούντων καὶ συναυξόντων.

καὶ οὕτως φόβος μὲν ἐπάλληλος ζητήσεις τε ἄλεκτοι· 4 καὶ ἕως ὁ τῶν συμπάντων οὐκ ἐβούλετο τεχνίτης ἀγνωσία κατεῖχε τὰ ξύμπαντα· ὅτε δὲ ἔκρινεν αὑτὸν ὅστις ἐστὶ δηλῶσαι, ἔρωτας ἐνεθουσίασε θεοῖς καὶ αὐγὴν ἣν εἶχεν ἐν στέρνοις πλείονα ταῖς τούτων ἐχαρίσατο διανοίαις, ἵνα πρῶτον μὲν ζητεῖν θελήσωσιν, εἶτα ἐπιθυμήσωσιν εὑρεῖν, εἶτα καὶ κατορθῶσαι δυνηθῶσι.

5 τοῦτο δ' ἄν, ὦ τέκνον ἀξιοθαύμαστον Ὧρε, οὐκ ἂν ἐπὶ θνητῆς σπορᾶς ἐγεγόνει, οὐδὲ γὰρ ἦν οὐδέπω, ψυχῆς δὲ τὴν συμπάθειαν ἐχούσης τοῖς οὐρανοῦ μυστηρίοις· τοῦτο δὲ ἦν ὁ πάντα γνοὺς Ἑρμῆς· ὃς καὶ εἶδε τὰ σύμπαντα καὶ ἰδὼν κατενόησε καὶ κατανοήσας ἴσχυσε δηλῶσαί τε καὶ δεῖξαι. καὶ γὰρ ἃ ἐνόησεν ἐχάραξε καὶ χαράξας ἔκρυψε, τὰ πλεῖστα σιγήσας ἀσφαλῶς ἢ λαλήσας, ἵνα ζητῇ ταῦτα πᾶς αἰὼν ὁ μεταγενέστερος κόσμου· 6 καὶ οὕτως τοὺς συγγενεῖς θεοὺς δορυφορεῖν ἀνέβαινεν εἰς ἄστρα. ἀλλ' ἦν αὐτῷ διάδοχος ὁ Τάτ, υἱὸς ὁμοῦ καὶ παραλήπτωρ τῶν μαθημάτων τούτων, οὐκ εἰς μακρὰν δὲ καὶ Ἀσκληπιὸς ὁ Ἰμούθης, Πτανὸς καὶ Ἡφαίστου βουλαῖς, ἄλλοι τε ὅσοι τῆς οὐρανίου θεωρίας πιστὴν ἀκρίβειαν

1 'an ἔλαττον μὲν ἡλίου ὀξεῖ, ⟨ἡδεῖ⟩ δὲ ?' Theiler, coll. Emped. B 40 || 3 'an μυστήρια ἀστέρων ?' Theiler || 4 ἀπορροιῶν F : ἀποριῶν P — συγκοσμούντων F : κοσμούντων P || 6 οὕτως Usener : οὗτος FP — ἄλεκτοι FP : ἄληκτοι P², fort. recte || 8 αὑτὸν Meineke : αὐτὸν FP, 'fort. recte (cf. ad Exc. XI 2[34])' Nock || 9 αὐγὴν Canter : αὐτὴν FP || 10 ἣν Patr. : ἢ FP || 15 τὴν FP : τῆς Usener || 16 γνοὺς P² : νοῦς FP || 18 τε om. P || 21 δορυφορεῖν FP : δορυφορῶν Usener δορυφορεῖν ⟨εἰπὼν⟩ Meineke || 24 ante Ἀσκληπιὸς add. ὁ P — ante Ἰμούθης add. καὶ Reitzenstein, qui et τοῦ post Πτανὸς (cf. tamen *Vivre et Penser* II, 1942, 56/7) — Πτανὸς Reitzenstein : σπανὸς FP Φθανὸς Cumont ⟨ὁ⟩ Πτανὸς ⟨τοῦ⟩ κ. Ἡφαίστου [βουλαῖς] Scott.

devaient faire une recherche exacte et consciencieuse de la doctrine céleste. **7** Hermès donc était en train de dire pour sa défense, devant l'espace environnant [23], qu'il n'avait pas même livré la doctrine intégrale à son fils, vu le très jeune âge encore de celui-ci [24], quand, le jour s'étant levé, comme, de ses yeux qui voient tout [25], il contemplait l'Orient, il perçut quelque chose d'indistinct, et à mesure qu'il l'examinait, lentement, soit, mais enfin lui vint la décision précise de déposer les symboles sacrés des éléments cosmiques [26] près des objets secrets [27] d'Osiris, puis, après avoir fait en outre une prière [28] et prononcé telles et telles paroles, de remonter au ciel.

8 Mais il ne convient pas, mon enfant, que je laisse ce récit [29] incomplet : il me faut rapporter tout ce que dit Hermès au moment de déposer les livres. Il parla donc ainsi : « O livres sacrés qui fûtes écrits par mes mains impérissables, vous sur qui, vous ayant oints de la drogue d'immortalité [30], j'ai tout pouvoir, demeurez, à travers les temps de tout siècle, imputrescibles et incorruptibles, sans que vous voie ni vous découvre aucun de ceux qui devront parcourir les plaines de cette terre, jusqu'au jour où le ciel vieilli enfantera des organismes dignes de vous, ceux que le Créateur a nommés Ames [31] ». Après s'être ainsi adressé aux livres et avoir fait une prière à ses propres œuvres, il pénètre l'enclos sacré dans les zones qui lui appartiennent [32].

9 Assez longtemps cependant avait duré l'intervalle de l'inactivité et du recèlement [33] ; et la nature [34], mon enfant, continuait d'être stérile, jusqu'à ce que ceux qui d'ores et déjà avaient reçu l'ordre de faire le tour du ciel [35], s'étant rendus d'eux-mêmes auprès du Dieu Roi de l'univers [36], lui représen-

ἔμελλον βουλομένης τῆς πάντων βασιλίδος ἱστορῆσαι προνοίας. 7 Ἑρμῆς μὲν οὖν ἀπελογεῖτο τῷ περιέχοντι ὡς οὐδὲ τῷ παιδὶ παρέδωκεν ὁλοτελῆ θεωρίαν διὰ τὸ ἔτι τῆς ἡλικίας νεοειδές, ἔγνω δὲ τῆς ἀνατολῆς γενομένης τοῖς πάντα βλέπουσιν ὀφθαλμοῖς τὰ τῆς ἀνατολῆς θεωρήσας τι ἀειδές, καὶ ἐπισκοποῦντι βραδέως μὲν ἀλλ' οὖν ἦλθεν ἡ ἀκριβὴς διάγνωσις πλησίον τῶν Ὀσίριδος κρυφίων ἀποθέσθαι τὰ ἱερὰ τῶν κοσμικῶν στοιχείων σύμβολα, ἐπικατευξάμενον δὲ καὶ τοὺς λόγους τούσδε εἰπόντα εἰς οὐρανὸν ἀπελθεῖν.

8 ἀλλ' οὐ καθῆκον ἀτελῆ τὴν ἀπαγγελίαν, ὦ τέκνον, ταύτην με καταλεῖψαι, εἰπεῖν δ' ὅσα τὰς βίβλους κατατιθέμενος ἐξεῖπεν Ἑρμῆς. ἐξεῖπε γὰρ οὕτως· « Ὦ ἱεραὶ βίβλοι, τῶν ἀφθάρτων αἳ τετεύχατέ μου χειρῶν, ἃς τῷ τῆς ἀφθαρσίας φαρμάκῳ χρίσας ἐπικρατῶ, ἀσαπεῖς παντὸς αἰῶνος καὶ ἄφθαρτοι διαμείνατε χρόνους, ἀθεώρητοι καὶ ἀνεύρετοι γιγνόμεναι παντὶ τῷ τὰ γῆς ταύτης παροδεύειν μέλλοντι πεδία, ἄχρις οὗ γέρων οὐρανὸς συστήματα ὑμῶν ἄξια τεκνώσηται, ἃς ψυχὰς ὁ δημιουργὸς προσηγόρευσε ». τοσαῦτα εἰπὼν τὰς βίβλους καὶ τοῖς ἑαυτοῦ κατευξάμενος ἔργοις ἰδίαις τεμενίζεται ζώναις.

9 ἱκανὸς δὲ ὁ μέσος ἤργει χρόνος ⟨καὶ⟩ ἐκέκρυπτο, καὶ ἡ φύσις, ὦ τέκνον, ἐτύγχανε στεῖρα, ἕως αὐτοὶ οἱ ἤδη περιπολεῖν τὸν οὐρανὸν κελευσθέντες τῷ πάντων θεῷ βασιλεῖ προσελθόντες τὴν τῶν ὄντων ἡσυχίαν ἀπηγ-

---

4 νεοειδές Patr. : θεοειδές FP — ἔγνω scripsi (ἔγνων Desrousseaux) : ἐγὼ FP — γενομένης Patr. : γενόμενος FP τῆς ἀνατολῆς γενομένης secluserit Theiler || 5 θεωρήσας scripsi : θεωρῆσαι FP || 6 ἀειδές scripsi : ἀειδεῖ FP — ἐπισκοποῦντι Patr. : ἐπισκοτοῦντι FP || 9 εἰπόντα Scott : εἰπόντας FP || 10 ἀπελθεῖν Scott : ἀπῆλθεν FP || 12 με Meineke : μὲν FP || 13 ἐξεῖπεν Canter : ἐξειπεῖν FP || 14 χειρῶν ἃς Meineke : χείρονας FP || 15 χρίσας ἐπικρατῶ Meineke : χορείας ἐπικρατῷ FP || 17 γῆς Meineke : τῆς FP || 20 κατευξάμενος F : κατεξάμενος P || 21 τεμενίζεται obscurum : ἐντεμενίζεται Scott || 22 καὶ ins. Heeren : ⟨ὃν⟩ Desrousseaux || 24 ante τῷ ins. θεοὶ Wachsmuth — τῷ Canter : τῶν FP.

tèrent l'inertie des êtres, et qu'il fallait organiser tout l'ensemble des choses [37], et que cette tâche-là n'appartenait à nul autre qu'à lui : « Nous te supplions », disaient-ils, « considère ce qui actuellement existe et de quoi il y a besoin encore pour l'avenir [37a] ». **10** A ces mots Dieu sourit [38] et il dit « Que Nature soit ! », et un objet féminin de toute beauté jaillit de sa voix [39], — ce qu'ayant vu, les dieux furent frappés de stupeur, — et le Dieu Premier-Père [40] l'honora du nom de *Nature,* et il lui ordonna d'être féconde. **11** Et voici encore les mots qu'il prononça en fixant du regard l'espace environnant [41] : « Que le ciel soit rempli de toutes choses [42], et l'air ainsi que l'éther ! [43] ». Dieu dit et cela fut [43a]. **12** Or, après s'être consultée elle-même [44], Nature connut qu'elle ne devait pas désobéir au commandement de son père, et, **13** s'étant unie à Labeur, elle enfanta une fille, belle, quelle nomma Invention. A celle-ci Dieu donna d'être telle [45], et, après ce don, il sépara les choses déjà produites, et il les remplit de mystères, et à l'Inventrice de ces mystères il accorda d'avoir autorité sur eux [46].

14 Lui-même alors, comme il voulait que ne fût plus inerte le monde supérieur [47], mais qu'il avait décidé de le remplir d'esprits [48] afin que, jusque dans le détail, la création ne demeurât pas immobile et inactive, il se mit [49] à faire l'artisan dans ce dessein, usant de substances sacrées pour la production de son œuvre. En effet, ayant pris de son propre fond autant qu'il suffisait de souffle et l'ayant, par un mélange intelligent, uni à du feu [50], il le brassa avec de certaines autres substances inconnues. Puis, après avoir unifié ce produit, chaque élément avec chaque autre, en s'accompagnant de certaines incantations secrètes [51], il agita bien fortement

γειλαν, καὶ ὅτι δέον ἐστὶ συγκοσμηθῆναι τὰ σύμπαντα καὶ τοῦτο ὅτι οὐχ ἑτέρου τινός ἐστιν ἔργον ἢ αὐτοῦ· καὶ « Δεόμεθά σου », ἔλεγον, « τὰ νῦν ὄντα καὶ ὧν ὕστερον ἔχει χρείαν διάσκεψαι ». **10** ταῦτα εἰπόντων ἐμειδίασεν ὁ θεὸς καὶ εἶπε Φύσιν εἶναι καὶ θῆλυ πάγκαλον χρῆμα ἐκ τῆς φωνῆς αὐτοῦ προῆλθεν, ὃ καὶ θεωρήσαντες οἱ θεοὶ κατεπλάγησαν, καὶ ταύτην Φύσεως ὀνόματι ἐτίμησεν ὁ θεὸς ὁ προπάτωρ καὶ αὐτῇ προσέταξεν εἶναι γεννητικήν. **11** καὶ ταῦτα ἔτι εἰς τὸ περιέχον ἀτενίσας ἐφώνησεν· « Ἔστω πεπληρωμένος ὁ οὐρανὸς ἅπασιν ἀήρ τε καὶ αἰθήρ ». εἶπεν ὁ θεὸς καὶ ἦν. **12** ἡ δὲ Φύσις ἑαυτῇ λαλήσασα ἔγνω ὡς μὴ δέον αὐτήν ἐστι παρακοῦσαι τῆς τοῦ πατρὸς ἐντολῆς καὶ **13** καλὴν Πόνῳ συνελθοῦσα θυγατέρα ἐποίησεν, ἣν Εὕρεσιν ἐκάλεσε. τῇ δὲ ὁ θεὸς ἐχαρίσατο εἶναι καὶ χαρισάμενος διέκρινε τὰ ἤδη γεγονότα καὶ ἐπλήρωσεν αὐτὰ μυστηρίων καὶ τῇ Εὑρέσει τούτων τὸ κατὰ τούτων ἐχαρίσατο ἡγεμονικόν.

14 αὐτὸς δ' οὐκέτι βουλόμενος ἀργὸν τὸν ὑπεράνω κόσμον εἶναι, ἀλλὰ πνευμάτων πληρῶσαι δοκιμάσας τοῦτον ὡς μὴ τὰ κατὰ μέρος ἀκίνητα καὶ ἀργὰ μένῃ, οὕτως εἰς ταῦτα ἤρξατο τεχνιτείας, οὐσίαις πρὸς τὴν τοῦ ἰδίου ἔργου γένεσιν χρησάμενος ἱεραῖς. πνεῦμα γὰρ ὅσον ἀρκετὸν ἀπὸ τοῦ ἰδίου λαβὼν καὶ νοερῶς τοῦτο πυρὶ μίξας ἀγνώστοις τισὶν ἑτέραις ὕλαις ἐκέρασε· καὶ ταῦτα ἑκάτερον ἑκατέρῳ μετά τινων ἐπιφωνήσεων κρυπτῶν ἑνώσας τὸ πᾶν οὕτως εὖ μάλα διεκίνησε κρᾶμα, ἕως ἐπεγέλασέ τις ὕλη

---

1 ὅτι om. P || 4 διάσκεψαι Meineke : διασκέψας FP διασκέψαι Patr. || 7 ταύτην om. P — ὀνόματι Meineke : πόματι FP || 8 αὐτῇ Heeren : ταύτης FP ταύτην Patr. || 9 ἐφώνησεν P² : φώνησεν FP || 13 συνελθοῦσα Canter : συνελθοῦσαν FP || 15 ante εἶναι add. τὸ Wachsmuth (v. p. 27, n. 45) — εἶναι FP : εἰδέναι Ferguson || 16 τούτων secl. Heeren (v. p. 27, n. 46) || 21 τεχνιτείας, οὐσίαις Usener : τεχνιτείαις οὔσαις FP || 23 νοερῶς FP : νοερῷ Meineke (v. p. 27, n. 50) — πυρὶ F : πῦρ P || 24 ἀγνώστοις Patr. : ἀγνώστως FP.

toute la mixture, jusqu'à ce que bouillonnât à la surface du mélange une sorte de matière plus subtile, plus pure et plus transparente que les ingrédients dont elle était faite : celle-ci était translucide, et seul l'opérateur la voyait. **15** Et comme elle ne se fondait point à la chaleur puisqu'elle était tirée du feu, ni davantage ne se refroidissait une fois amenée à son terme puisqu'elle était tirée du souffle, mais qu'elle conservait tout du long, dans sa nature particulière et appropriée, avec son propre type et sa propre constitution [52], la composition du mélange qui la formait, composition que précisément [53], s'inspirant du nom le plus favorable et du fait qu'elle agissait conformément à ce nom [54], Dieu appela *Animation* [55], — de cette croûte donc Dieu fit naître, en nombre adéquat, des myriades d'âmes, façonnant pour son dessein avec ordre et mesure, en ouvrier d'expérience et dans la proportion convenable [56], l'écume issue du mélange lui-même, de sorte qu'il n'y eût pas **16** la moindre différence entre les âmes en plus de ce qui était nécessaire, s'il est vrai que [57] l'écume qui moussait à la surface après que Dieu eut agité n'était pas partout la même, mais que la première couche était meilleure et plus dense que la seconde et entièrement plus pure, et que la seconde couche, assez inférieure à la première, était pourtant bien meilleure que la troisième. Et ainsi c'est jusqu'à soixante rangs d'âmes [58] que s'éleva le nombre total une fois complet, sauf que du moins [59] Dieu établit par une loi que ces âmes seraient toutes éternelles, puisqu'elles provenaient d'une substance unique, que Dieu seul avait su mener à perfection. Et il leur assigna séparement des sections et des dépôts [60] dans les hauteurs de la nature céleste, pour qu'elles fissent tourner le cylindre selon un ordre déterminé et une disposition convenable, et qu'elles réjouissent leur père [61]. **17** Dès lors aussi, dressé sur le piédestal souverainement beau de l'éther [62], après avoir convoqué les êtres déjà existants [63] : « O âmes », dit-il, « beaux enfants de mon

τῷ μίγματι λεπτοτέρα τε καὶ καθαρωτέρα μᾶλλον καὶ διαφανεστέρα ἢ ἐξ ὧν ἐγένετο· διειδὴς δὲ ἦν αὕτη, ἣν δὴ καὶ μόνος ὁ τεχνίτης ἑώρα. **15** ἐπειδὴ δὲ οὔτε ὡς ἐκ πυρὸς καιομένη διετήκετο, οὔτε μὴν ὡς ἐκ πνεύματος τελεσιουργηθεῖσα ἔψυχεν, ἀλλά τινα ἰδιογενῆ καὶ οἰκείαν εἶχε τὴν τοῦ κράματος σύστασιν ἰδιότυπόν τε καὶ ἰδιοσύγκριτον, ἣν δὴ καὶ ἀπὸ τοῦ εὐφημοτέρου ὀνόματος καὶ τῆς καθ' ὁμοιότητα ἐνεργείας Ψύχωσιν ὁ θεὸς ἐκάλεσε τὴν σύστασιν, — ἐξ οὗ δὴ ἐπιπάγου μυριάδας ψυχῶν ἱκανὰς ἐγενεσιούργησε, τὸ παρ' αὐτοῦ τοῦ κράματος ἐπανθοῦν πρὸς ὃ θέλει πλάσσων εὐτάκτως τε καὶ συμμέτρως, μετ' ἐμπειρίας καὶ λόγου τοῦ καθήκοντος, ὡς μηδέ τι **16** διαφέρειν αὐτὰς ἑαυτῶν ⟨ἢ⟩ ἦν ἀναγκαῖον, ἐπειδήπερ τὸ ἐκ τῆς κινήσεως τοῦ θεοῦ ἐξατμιζόμενον ἄνθος οὐκ ἦν ἑαυτῷ ὅμοιον, ἀλλὰ μεῖζον καὶ πληρέστερον ἦν τοῦ δευτέρου τὸ πρῶτον καὶ τῷ παντὶ καθαρώτερον, τὸ δεύτερον δὲ ἱκανῶς μὲν ἦν τοῦ πρώτου [τὸ] δεύτερον, πολλῷ δὲ τοῦ τρίτου [τὸ] μεῖζον. καὶ οὕτως ἄχρι βαθμῶν ἑξήκοντα ὁ πᾶς ἀπήρτιστο ἀριθμός, πλὴν ὅτι γε πάσας ἀιδίους εἶναι νομοθετήσας ἔταξεν, ὡς ἂν ἐκ μιᾶς οὐσίας, ἧς μόνος αὐτὸς ἤδη τελειῶσαι. ταῖς δὲ καὶ τμήματα καὶ ταμεῖα ἐν μεταρσίῳ διέταξε τῆς ἄνω φύσεως [οὐρανοῦ], ὅπως τόν τε κύλινδρον περιστροβῶσι τάξει τινὶ καὶ οἰκονομίᾳ καθηκούσῃ καὶ τὸν πατέρα τέρπωσιν. **17** οὕτως δὴ καὶ ἐν τῇ περικαλλεῖ τοῦ αἰθέρος στὰς βάσει καὶ τὰς τῶν ἤδη ὄντων μεταπεμψάμενος φύσεις « Ὦ », φησί,

---

7 ἦν FP : ἔνθεν Wachsmuth (coll. 7.15) qui et ταύτην ci. || 9 anacolouthon statui, v. n. 53 — δὴ FP : ἔδει Usener — ἐπιπάγου P : ἐπὶ πάγου FP[2] || 10 τοῦ om. P || 13 αὐτὰς Meineke : ἑαυτὰς FP — ἢ inserui || 17-18 τὸ bis del. Heeren || 21 ἧς (FP) attractionis usu, cf. Kühner-Gerth, II 407 — ἤδη Usener : ἤδη FP εἴδη Canter — τελειῶσαι Theiler : τελειῶ FP τελειοῖ (εἴδη recepto) Meineke τελείωμα Usener || 22 ταμεῖα Canter : τμεῖα FP ταμιεῖα Wachsmuth (v. p. 28, n. 60) — οὐρανοῦ del. Heeren || 25 στὰς βάσει Usener : στάσει FP ' an ⟨στὰς⟩ στάσει ? ' Nock || 26 ὦ φησὶ P[2] : ὡς φῆς FP.

souffle et de ma sollicitude, vous que de mes propres mains j'ai aidés à naître, et que désormais je consacre à ce monde qui m'appartient, suivez commes des lois mes ordres que voici, et ne gagnez nul autre lieu que celui qui vous fut attribué par ma sentence. Eh bien donc, si vous vous êtes tenues tranquilles [63a], le ciel vous attend pareillement à nouveau [64], et la constellation qui vous a été assignée ainsi que les trônes chargés de vertu [65]; mais si vous commettez quelque acte de révolte contre mes volontés, je vous le jure par mon souffle sacré, par ce mélange dont je vous ai créées et par ces mains faiseuses d'âmes, je ne serai pas long à vous forger des chaînes et des supplices ».

18 Ayant ainsi parlé, Dieu, qui est aussi mon seigneur, après avoir mélangé les deux autres éléments congénères, l'eau et la terre [66], prononcé pareillement [67] sur eux certaines formules secrètes, puissantes encore, mais non pas semblables aux premières, et après avoir bien agité le mélange et lui avoir insufflé une force vivifiante [68], prit la croûte qui flottait semblablement à la surface [69] et qui était devenue de bonne teinte [70] et bien coagulée, et en façonna les signes zodiacaux à forme humaine [71]. **19** Quant au résidu du mélange, il l'abandonna aux âmes qui avaient déjà progressé [72], à ces âmes qui avaient été invitées à entrer dans les séjours [73] des dieux, aux lieux voisins des astres, chez les démons sacrés [74], disant : « Crééz, mes enfants, rejetons de mon être, recevez ces résidus de mon industrie, et que chacune se façonne quelque chose qui corresponde à sa nature : voyez, je veux encore vous offrir ces objets qui vous serviront de modèles » ;

« πνεύματος ἐμοῦ καὶ μερίμνης ἐμῆς, ψυχαί, καλὰ τέκνα, ἃ ταῖς ἐμαυτοῦ μαιωσάμενος χερσὶν ἤδη τῷμῷ καθιερῶ κόσμῳ, λόγων ἐμῶν ὡς νόμων τούτων ἐπακούσατε καὶ τόπου μηδενὸς ἄλλου θίγητε πλὴν τοῦ διαταγέντος ὑμῖν ὑπὸ τῆς ἐμῆς γνώμης. εὐσταθησάσαις μὲν οὖν ὑμῖν οὐρανός τε καταμένει πάλιν ὁμοίως, καὶ ὁ διαταγεὶς ἀστερισμὸς θρόνοι τε ἀρετῆς πεπληρωμένοι· εἰ δέ τι νεώτερον παρὰ τἀμὰ πράξετε βουλεύματα, ἱερὸν ὑμῖν ὀμνύω πνεῦμα καὶ κρᾶμα τοῦτ' ἀφ' οὗπερ ὑμᾶς ἐγέννησα ψυχοποιούς τε ταύτας μου τὰς χεῖρας, ὡς οὐκ εἰς μακρὰν δεσμὸν καὶ κολάσεις ὑμῖν τεχνιτεύσω ».

18 τοσαῦτα εἰπὼν ὁ θεός, ὁ κἀμοῦ κύριος, τὰ λοιπὰ τῶν στοιχείων συγγενῆ μίξας, ὕδωρ καὶ γῆν, καί τινας ὁμοίως κρυπτοὺς ἐπειπὼν λόγους, δυνατοὺς μέν, οὐ τοῖς πρώτοις δ' ὁμοίους, εὖ τε κινήσας καὶ ζωοποιὸν ἐνθουσιάσας τῷ κράματί ἐπιπλέοντα ὁμοίως ἐπίπαγον εὐβαφῆ τε καὶ εὐπαγῆ γενόμενον ἔλαβε καὶ ἐκ τούτου τὰ ἀνθρωποειδῆ τῶν ζῴων διέπλασε. **19** τὸ δὲ τοῦ μίγματος λείψανον ταῖς ἤδη προκοψάσαις ψυχαῖς ἔδωκε, ψυχαῖς δὲ ταύταις ταῖς εἰς χωρία θεῶν καὶ τοὺς ἐγγὺς ἄστρων τόπους καὶ ἱεροὺς δαίμονας μετακεκλημέναις « Πλάσσετε », λέγων, « ὦ τέκνα, τῆς ἐμῆς φύσεως γεννήματα· δέχεσθε τῆς ἐμῆς τέχνης τὰ λείψανα καὶ ἑκάστη τῇ ἑαυτῆς φύσει πλασσέτω τι παραπλήσιον· παραθήσομαι δ' ἔτι καὶ ταῦθ' ὑμῖν παραδείγματα », καὶ

---

2 τῷμῷ Desrousseaux (cf. τἀμὰ l. 8) : τῷ μῷ FP || 5 εὐσταθησάσαις F : εὐσταθησάσαι P || 6 καταμένει Wachsmuth : καὶ μένει FP || 8 πράξετε Patr. : πράξητε P πράξηται F — βουλεύματα om. P || 11 δεσμὸν F : δεσμοὺς P || 15 εὖ τε κινήσας Wachsmuth : εὔτε κινήσας (sic) P[2] εὐτεχεῖν ἴσας FP — τι post ζωοποίον facile adderis, sed cf. n. 68 || 16 an ⟨τὸν⟩ ἐπίπαγον ? — ἐπίπαγον P : ἐπὶ πάγον F || 18 ζῴων FP : ζῳδίων Usener (cf. *REG.* LIII 78) || 19 ψυχαῖς om. P || 20 δὲ FP : δὴ Desrousseaux || 21 μετακεκλημέναις Patr. : μετακεκλημένας FP || 25 δ' ἔτι Meineke : δέ τι FP.

et, ayant repris en mains le mélange [75], **20** il disposa avec ordre et beauté, l'accordant aux mouvements psychiques [76], la parure [77] du zodiaque, après avoir exactement ajusté [78], en complément aux signes anthropomorphes du zodiaque, ceux qui suivent, c'est-à-dire [79] des animaux, auxquels il accorda aussi les qualités actives bien connues [80] et un souffle capable de tout art, générateur de tous les événements de portée universelle [81] qui devaient se succéder à jamais. **21** Et Dieu s'en fut sur la promesse d'attacher aux ouvrages visibles des âmes le souffle invisible et, à chacun, une substance d'homoiogénèse, en telle manière qu'il engendre à son tour d'autres êtres pareils à lui-même et qu'elles ne sont plus elles-mêmes dans la nécessité de produire rien d'autre que ce qu'elles ont fabriqué en premier lieu [82] ».

22 « Que firent donc les âmes, ô ma mère ? »

Et Isis dit : « Ayant pris ce qui avait été mélangé de la matière, mon fils Horus, d'abord elles cherchaient à le comprendre [83], elles adoraient la mixture œuvre du Père et se demandaient de quoi elle avait été composée : or cela ne leur était pas facile à reconnaître. Ensuite, au vrai, de ce qu'elles se fussent livrées à cette recherche même, la terreur les gagnait d'encourir la colère du Père, et elles se tournèrent vers l'exécution de ses ordres. **23** Dès lors, de la couche supérieure de la matière, celle dont la croûte était extrêmement légère, voici qu'elles modelaient bellement [84] la race des oiseaux ; et comme, entre temps, le mélange était déjà devenu à moitié dur [85] et qu'il avait acquis déjà sa consistance solide, elles façonnaient la race des quadrupèdes, race qui, assurément, est moins légère, et celle des poissons qui a besoin d'un complément d'humidité pour la nage ; enfin, le reste étant froid et désormais porté par son poids vers le bas, les âmes

λαβὼν εὖ καὶ καλῶς 20 τὸν ζῳδιακὸν συμφώνως ταῖς ψυχικαῖς κινήσεσι διέταξε κόσμον, πρὸς τοῖς ἀνθρωποειδέσι τῶν ζῳδίων τὰ ἑξῆς ἀπαρτίσας οἷον ζῷα, οἷς καὶ τὰς πανούργους ἐχαρίσατο δυνάμεις καὶ πάντεχνον πνεῦμα γεννητικὸν τῶν εἰς ἀεὶ μελλόντων ἔσεσθαι καθολικῶς πάντων. 21 καὶ ἀπέστη ὑποσχόμενος τοῖς ὁρατοῖς ἔργοις αὐτῶν τὸ ἀόρατον πνεῦμα ἐπιζεῦξαι οὐσίαν τε ὁμοιογονίας ἑκάστῳ, ὅπως αὐτῷ αὖθις ἕτερα γεννᾷ ὅμοια αὐταί τε οὐκέτι ἀνάγκην ἔχουσιν ἄλλο τι ποιεῖν ⟨ἢ⟩ ἃ ἔφθησαν ἐργάσασθαι ».

22 « Τί οὖν, ὦ τεκοῦσα, ἐποίησαν αἱ ψυχαί ; »

καὶ εἶπεν Ἶσις· « Τὸ κεκερασμένον, ὦ τέκνον Ὧρε, τῆς ὕλης λαβόμεναι κατενόουν πρῶτον καὶ τὸ τοῦ πατρὸς προσεκύνουν κρᾶμα καὶ ὁπόθεν ἦν συμπεπλεγμένον ἐπεζήτουν· τὸ δὲ ἦν αὐταῖς οὐκ εὔπορον ἐπιγνῶναι. ἔνθεν δὴ καὶ ὅτι ἐπεζήτησαν ἐφοβοῦντο μὴ τῷ τοῦ πατρὸς ὑποπέσωσι χόλῳ, καὶ ἐπὶ τὸ πράττειν τὰ προσταχθέντα ἐτράπησαν. 23 ἔνθεν ἐκ μὲν τῆς ἀνωτέρω ὕλης τῆς ὑπερβολῇ κοῦφον ἐχούσης τὸν ἐπίπαγον τὸ τῶν ὀρνέων γένος εὐμόρφουν· ἐν τούτῳ δ᾿ ἡμιπαγοῦς ἤδη τοῦ κράματος γενομένου καὶ ἤδη τὴν στερεὰν πῆξιν λαβόντος τὸ τῶν τετραπόδων γένος ἔπλασσον, τὸ δὴ ἧττον κοῦφον, καὶ ἑτέρας ὑγρασίας δεόμενον εἰς διάνηξιν τὸ τῶν ἰχθύων· ψυχροῦ δὲ τοῦ λοιποῦ καὶ ἤδη κατωφεροῦς ὑπάρχοντος

3 τῶν ζῳδίων Patr. : τῶν ζωδιακῶν FP — ζῷα, οἷς scripsi : ζῳδίοις FP || 4 ἐχαρίσατο P² (ut uid.) : ἐχαρισάμην FP χαρισάμενος ci. Wachsmuth || 7 ἀόρατον Canter : ὁρατὸν FP || 8 ἑκάστῳ om. P — αὐτῷ Heeren : αὐτῷ FP αὐτὰ P² — αὖθις Desrousseaux : αὐτοῖς FP del. Heeren || 9 αὐταί Meineke : αὐτά FP — τε P : γε F — οὐκέτι Wachsmuth : οὐχ ἔτι FP — ἢ ins. P² : post ποιεῖν puncto distinguit Desrousseaux || 14 ὁπόθεν F : πόθεν P — ἦν V Aug. : ἣ FP || 18 τῆς (ante ὑπερβολῇ) Meineke : τῇ FP || 19 ἐχούσης Patr. : ἐχούσῃ FP — ἐπίπαγον P² : ἐπὶ πάγον FP || 20 εὐμόρφουν FP : ἐμόρφουν P² (cf. p. 31, n. 84) || 22 fort. καὶ ⟨τὸ⟩ Theiler || 23 ὑγρασίας Heeren (qui et ὑγρᾶς οὐσίας ci.) : ὑγρασίας ὑσίας F ὑγρασίας ὑγίας P ὑγρασίας οὐσίας F²P².

produisaient une nouvelle espèce, celle des reptiles[86]. **24** Et ces âmes, mon enfant, comme si elles avaient accompli un exploit, d'ores et déjà s'armaient d'une audace indiscrète[87] et transgressaient les commandements; elles quittaient maintenant leurs propres sections et dépôts et ne consentaient plus à demeurer en un seul lieu, mais ne cessaient de se mouvoir : continuer d'être attachées à une seule résidence, elles le regardaient comme une mort.

25 « Or donc, mon enfant, » dit Hermès, comme s'il jouait mon rôle[88], « ce comportement des âmes n'échappait pas non plus au Seigneur et Dieu[88a] de tout l'univers, et il recherchait pour elles une punition et une chaîne qui leur fût pénible à supporter. Et de fait[89], il plut au Chef et Souverain Maître de toutes choses de fabriquer l'organisme de l'homme, afin que, dans cet organisme, la race des âmes subît à jamais son châtiment. **26** Alors donc, m'ayant convoqué, dit Hermès, Dieu parla ainsi[90] : « O âme de mon âme, intellect sacré de mon intellect[91], **27** jusques à quand[92] la nature d'en dessous continue-t-elle de m'être un spectacle affligeant, jusques à quand les choses déjà créées de rester inertes et sans louange[93] ? Allons, amène-moi les dieux du ciel, tous, immédiatement[94] ». Dieu dit, mon fils, à ce que rapporte Hermès, et ils vinrent au commandement : « Jetez les yeux », dit Dieu, « sur la terre et toutes les choses d'en bas ». Ceux-ci regardèrent en hâte et aussitôt comprirent ce que voulait le Prince. Et à peine eut-il parlé en faveur de la création des hommes qu'ils prenaient conscience **28** de ce qu'on pouvait, sur les ressources de chacun d'eux, fournir aux êtres à naître[95].

Le Soleil[96] disait : « Je resplendirai encore plus ». La Lune promettait d'illuminer la course qu'elle fait à la suite du Soleil; elle ajoutait qu'elle avait enfanté d'avance Terreur, Silence, Sommeil et Mémoire, qui devait

τὴν τῶν ἑρπετῶν αἱ ψυχαὶ φύσιν ἐκαινούργουν. 24 αὗταί τε, ὦ τέκνον, ὥς τι πράξασαι, ἤδη καὶ περίεργον ὡπλίζοντο τόλμαν καὶ παρὰ τὰ διατεταγμένα ἐποίουν καὶ ἤδη τῶν ἰδίων τμημάτων καὶ ταμιείων προήρχοντο καὶ ἐφ' ἑνὸς οὐκέτι ἤθελον τόπου μένειν, ἀεὶ δὲ ἐκινοῦντο καὶ τὸ ἔτι ἐπὶ μιᾶς μονῆς εἶναι θάνατον ἡγοῦντο.

25 « Τοῦτο μὲν οὖν », φησίν, ὦ τέκνον, Ἑρμῆς, ὡς τἀμοῦ λέγων, « καὶ τὸν τῶν ὅλων κύριον καὶ θεὸν οὐκ ἐλάνθανεν ὃ πράσσουσιν, κόλασιν δὲ αὐταῖς ἐπεζήτει καὶ δεσμόν, ὃν τλημόνως ὑπομενοῦσι. καὶ δὴ καὶ ἔδοξε τῷ πάντων ἡγεμόνι καὶ δεσπότῃ τὸ τῶν ἀνθρώπων σύστημα τεχνήσασθαι, ὅπως ἐν τούτῳ τὸ τῶν ψυχῶν διαπαντὸς γένος κολάζηται. 26 τότε δὴ μεταπεμψάμενος ἐμέ, φησὶν Ἑρμῆς, εἶπεν· « Ὦ ψυχῆς ἐμῆς ψυχὴ καὶ νοῦς ἱερὸς ἐμοῦ νοῦ, 27 ἄχρι ποῦ στυγνὴ φύσις ἡ τῶν ὑποκειμένων ὁρᾶται; ἄχρι πότε τὰ ἤδη γεγονότα ἀργὰ μένει καὶ ἀνεγκωμίαστα; ἀλλ' ἄγε δή μοι τοὺς ἐν οὐρανῷ θεοὺς πάντας ἤδη ». εἶπεν ὁ θεός, ὦ τέκνον, ὥς φησιν Ἑρμῆς, οἱ δὲ ἦλθον πρὸς ἐπίταγμα. « Ἀπίδετε », εἶπεν, « εἰς τὴν γῆν καὶ πάντα τὰ χαμαί ». οἱ δὲ ἐν τάχει καὶ εἶδον καὶ ἐνόησαν ἃ ἐβούλετο ⟨ὁ⟩ δυνάστης. καὶ εἰπόντι ὑπὲρ τῆς τῶν ἀνθρώπων γενέσεως συνῄσθοντο, 28 εἴ τι παρ' ἑνὸς ἑκάστου τις δυνατός ἐστι παρασχεῖν τοῖς μέλλουσι γίγνεσθαι.

ἔλεγεν Ἥλιος· « Ἐπὶ πλέον λάμψω ». ὑπισχνεῖτο Σελήνη τὸν μετὰ τὸν ἥλιον δρόμον φωτίσαι· ἔλεγε καὶ προπεπαιδοποιηκέναι Φόβον καὶ Σιγὴν καὶ Ὕπνον καὶ τὴν μέλλουσαν

---

5 οὐκέτι Patr. : οὐκ ἔτι P οὐκ F || 6 ἔτι secl. Wachsmuth — μονῆς Heeren : μόνης FP — εἶναι F : αἴγε P || 8 τἀμοῦ scripsi, possis et τά μου : κἀμοῦ FP κἀμέ P² || 11 σύστημα P² : συστήματι FP || 14 ἐμῆς Patr. : ἐμὴ FP || 15 ἱερὸς FP : ἱεροῦ Wachsmuth || 16 ἤδη F : εἴδη P || 17 ἀλλ' ἄγε δή μοι F : ἀλλά τε δῆμοι P || 21 ὁ ins. P² || 22 συνῄσθοντο F : συνήθοντο P συνέθεντο P² — εἴ τι FP : ὅτι Usener || 23 τις P² : τι FP (quod et Usener) || 25 μετὰ τὸν P : μετὸν F.

être sans avantage aux hommes. Kronos rapportait que d'ores et déjà il était devenu père de Justice et de Nécessité. Zeus disait : « En sorte que la race des êtres à venir ne se livre pas entièrement à la guerre [97], voici que, pour eux déjà, j'ai engendré Fortune, Espérance et Paix ». Arès disait qu'il était déjà père de Lutte, de Colère et de Querelle. Aphrodite déclara sans hésiter : « Pour moi, ô Maître, je leur joindrai Désir, Volupté et Rire, afin que les âmes qui me sont apparentées, qui subissent la condamnation la plus pénible, ne soient pas châtiées davantage ». Dieu se réjouissait [98], mon enfant, à ces paroles d'Aphrodite. **29** « Quant à moi », dit Hermès, « non seulement je créerai la nature des hommes, déclarai-je [99], mais je leur ferai don de Sagesse, de Tempérance, de Persuasion et de Vérité, et je ne cesserai pas de m'unir à Invention ; bien plus, je donnerai toujours assistance à la vie mortelle des hommes nés sous mes signes (car les signes que m'a attribués le Père et le Créateur sont du moins sensés et intelligents [100]), et cela davantage quand aussi [101] le mouvement des astres qui les domine sera en accord avec la force naturelle d'un chacun [102] ».

Grande fut la joie de Dieu [103], le Maître du monde, quand il eut entendu ces paroles, et il ordonna que la race des hommes vînt au jour. **30** Quant à moi [104], dit Hermès, je me demandais de quelle matière il fallait me servir [105], et j'appelai à mon aide le Monarque. Celui-ci commanda aux âmes de me donner le résidu de la mixture : et, l'ayant pris, je le trouvai complètement sec. Alors

αὐτοῖς ἔσεσθαι ἀνωφελῆ Μνήμην. Κρόνος ἀπήγγειλεν ἤδη πατὴρ γεγονέναι καὶ Δίκης καὶ Ἀνάγκης. Ζεὺς ἔλεγεν· «Ὡς μὴ παντάπασι πολεμῆσαι τὸ φῦλον τὸ ἐσόμενον, ἤδη αὐτοῖς καὶ Τύχην καὶ Ἐλπίδα καὶ Εἰρήνην γεγέννηκα». Ἄρης Ἀγωνίας ἔλεγεν ἤδη καὶ Ὀργῆς καὶ Ἔριδος πατὴρ εἶναι. Ἀφροδίτη οὐκ ἐμέλλησεν, ἀλλὰ εἶπεν· « Ἐγὼ δὲ Πόθον αὐτοῖς, ὦ δέσποτα, καὶ Ἡδονὴν ἐπιζεύξω καὶ Γέλωτα, ὡς μὴ χαλεπωτάτην αἱ συγγενεῖς ψυχαὶ τὴν καταδίκην ὑπομένουσαι ἐπὶ πλέον κολάζωνται ». ἐτέρπετο, ὦ τέκνον, [ἐπὶ πλέον] Ἀφροδίτης ταῦτα λεγούσης. 29 « Ἐγὼ δέ », εἶπεν Ἑρμῆς, « καὶ ποιήσω τὴν ἀνθρώπων φύσιν, ἔφην, καὶ Σοφίαν αὐτοῖς καὶ Σωφροσύνην καὶ Πειθὼ καὶ Ἀλήθειαν ἀναθήσω καὶ οὐ παύσομαι τῇ Εὑρέσει συνών, ἀλλὰ καὶ τῶν ὑπὸ ζῳδίων τῶν ἐμῶν γινομένων ἀνθρώπων εἰσαεὶ τὸν θνητὸν βίον ὠφελήσω (ζῴδια γὰρ ἃ ἐμοὶ ἀνέθηκεν ὁ πατὴρ καὶ δημιουργὸς ἔμφρονά γε καὶ νοερά) καὶ τότε πλέον, ὅταν καὶ ⟨ἡ⟩ ἐπικειμένη αὐτοῖς τῶν ἀστέρων κίνησις σύμφωνον ἔχῃ τὴν ἑνὸς ἑκάστου φυσικὴν ἐνέργειαν ».

ἔχαιρεν ὁ θεός, ὁ δεσπότης κόσμου, ταῦτα ἀκούσας καὶ προσέταξε γίγνεσθαι φῦλον τὸ ἀνθρώπων. 30 ἐγὼ δέ, φησὶν Ἑρμῆς, ἐπεζήτουν ὕλην τίνι δέον ἐστὶ χρήσασθαι καὶ παρεκάλουν τὸν μόναρχον. ὁ δὲ ταῖς ψυχαῖς προσέταξε τοῦ κράματος τὸ λείψανον δοῦναι· καὶ λαβὼν εὗρον αὐτὸ παντελῶς ξηρόν. ἔνθεν πολλῷ πλείονι τοῦ δέοντος

---

1 ἀνωφελῆ FP : πανωφελῆ Meineke || 3 πολεμῆσαι FP : ' an πολεμήσαι ? ' Nock — τὸ ἐσόμενον Patr. : τὸ ἐσομένων P τῶν ἐσομένων F || 6 ἐμέλλησεν P : ἐμέλησεν F || 10 ἐπὶ πλέον ut e l. 9 iteratum secl. Wachsmuth — ταῦτα F : τάδε P || 11 ante ἀνθρώπων add. τῶν Heeren || 12 ἔφην scripsi : ἔφη FP secl. Scott || 15 θνητὸν Canter : θνητῶν FP — parenthesin statuit Wachsmuth — ἃ Wachsmuth : τὰ FP || 17 ἡ addidi (ἡ pro καὶ Wachsmuth) || 21 τὸ F : τῶν P.

j'employai pour la mixtion une quantité d'eau bien supérieure au nécessaire de manière à rafraîchir la composition de la matière, en sorte que l'être modelé fût de tout point languissant, faible et impuissant, pour qu'il ne joignît pas à l'avantage de l'intelligence celui encore d'être rempli de force [106]. Je modelai, l'œuvre vint belle, et je me rejouis à la vue de mon ouvrage ; et, d'en bas, j'invitai le Monarque à le contempler. Et lui le vit et se réjouit [107], et il ordonna que les âmes fussent incorporées ».

31 Elles alors, ayant pris d'abord un air sombre à la nouvelle de leur condamnation — j'eus donc bien lieu d'admirer aussi les discours des âmes [108] (prête l'oreille [109], mon fils Horus, car tu entends ici la doctrine secrète, que mon aïeul Kamèphis apprit d'Hermès, le mémorialiste qui relate tous les faits, ⟨puis moi⟩ de Kamèphis, notre ancêtre à tous, quand il m'honora du don du Noir Parfait [110], et toi, maintenant, de ma bouche) ; — **33** oui bien, fils merveilleux et plein de gloire, alors que les âmes étaient sur le point d'entrer dans la prison des corps, les unes au vrai [111] se contentaient de [112] gémir et de se lamenter de la même manière que celles des bêtes nées sauvages, qui, libres, auront à vivre dans un malheureux esclavage, arrachées à leur désert familier et cher, et devront se battre, se révolter, refuser obéissance à ceux qui les ont domptées, voire même, si elles ont réussi à l'emporter, elles livreront à la mort ceux qui les attaquent [112a] ; d'autres âmes poussaient des sifflements aigus [113] à la manière de vieux aspics ; **34** mais une autre, ayant jeté un cri strident et pleuré tout son soûl avant

ἐχρησάμην κατὰ μῖξιν ὕδατι ὡς τὴν τῆς ὕλης σύστασιν νεαροποιήσασθαι, ὡς ἔκλυτον παντάπασιν καὶ ἀσθενὲς καὶ ἀδύνατον τὸ πλασσόμενον εἶναι, ὡς μὴ πρὸς τῷ συνετὸν εἶναι ἔτι καὶ δυνάμεως ᾖ πεπληρωμένον. ἔπλασα καὶ καλὸν ὑπῆρχε καὶ ἐτερπόμην βλέπων μου τὸ ἔργον καὶ κάτωθεν ἐπεκαλεσάμην τὸν μόναρχον θεωρῆσαι. ὁ δὲ καὶ εἶδε καὶ ἐχάρη καὶ τὰς ψυχὰς ἐκέλευσεν ἐνσωματισθῆναι ».

31 αἱ δὲ τότε πρῶτον στυγνάσασαι κατακρίτους ἑαυτὰς μαθοῦσαι — 32 ἐθαύμασα οὖν καὶ τοὺς τῶν ψυχῶν λόγους (πρόσεχε, τέκνον Ὧρε, κρυπτῆς γὰρ ἐπακούεις θεωρίας, ἧς ὁ μὲν προπάτωρ Καμῆφις ἔτυχεν ἐπακούσας παρὰ Ἑρμοῦ τοῦ πάντων ἔργων ὑπομνηματογράφου, ⟨ἐγὼ δὲ⟩ παρὰ τοῦ πάντων προγενεστέρου Καμήφεως, ὁπότ' ἐμὲ καὶ τῷ τελείῳ μέλανι ἐτίμησε· νῦν δὲ αὐτὸς σὺ παρ' ἐμοῦ)· — 33 ὅτε γάρ, ὦ θαυμαστὲ παῖ μεγαλόδοξε, ἔμελλον ἐγκατακλείεσθαι τοῖς σώμασιν, αἱ μέν γε αὐτῶν αὐτὸ μόνον ὠδύροντο καὶ ἐστέναζον καθ' ὅνπερ τρόπον τῶν γεγονότων θηρίων ἃ ἐλεύθερα δουλεύειν πονηρῶς μελλήσει, τῆς συνήθους τε καὶ φίλης ἀποσπώμενα ἐρημίας, μάχεσθαι ⟨δὲ⟩ καὶ στασιάζειν καὶ οὐχ ὁμονοεῖν πρὸς τοὺς κρατήσαντας αὐτῶν, ἀλλὰ καὶ ἐὰν τύχῃ περιγενόμενα θανάτῳ παραδώσουσι τοὺς αὐτοῖς ἐπιβάλλοντας· αἱ δὲ παλαιῶν ἔτριζον δίκην ἀσπίδων, 34 ὀξὺ δὲ κωκύσασα

1-2 ὡς... νεαροποιήσασθαι secl. Usener || 2 νεαροποιήσασθαι FP : ' an ὑδαροποιήσασθαι ? ' Nock || 4 ᾖ F : ῇ P || 9 anacolouthon statui : post στυγνάσασαι (8) add. ιάδ' ἔφασαν Desrousseaux, alii alia || 12-13 ἐγὼ δὲ ins. Canter || 13-14 ὁπότ' ἐμὲ Heeren : ὁπότε με FP || 16 γε Heeren : γὰρ FP || 17-19 ἐστέναζον, ⟨αἱ δὲ⟩ καὶ ⟨ἀντεπάλαιον⟩, ὅνπερ Scott ἐστέναζον, ⟨αἱ δ'⟩ ὅνπερ Theiler, qui putat auctorem post longam comparationem uerbum principale facile praetermisisse. idem l. 18 s. scribit γεγονότων πονηρῶν θηρίων τὰ ἐλεύθερ' ἀδούλως μελλήσει coll. Plat. *leg.* XI 919e, Phil. *prob.* 40, Isid. *etym.* 12,2,2 || 17 καθ' Usener : καὶ FP || 18 ἃ scripsi (cf. 9.15) : τὰ FP — δουλεύειν πονηρῶς Heeren : δούλοις πονηρῶν FP || 19 μελλήσει P : μελήσει F — τε P : om. F || 20 δὲ ins. Heeren || 21 ante ἀλλὰ iterant καὶ στασιάζειν FP || 22 τοὺς P2 : τοῖς FP || 23 παλαιῶν F : πλέον P.

de parler, tournant sans cesse ce qui lui servait d'yeux en haut et en bas[114] : « Ciel »[115], dit-elle, « principe de notre naissance, éther et air, mains et souffle sacré du Dieu Monarque, et vous yeux des dieux[116], astres resplendissants, lumière indéfectible du soleil et de la lune, frères de lait[117] issus de la même origine, vous tous de qui brutalement séparées nous subissons des misères[117a], et plus de misères encore puisque, arrachées à des choses grandes et brillantes et à la sainte atmosphère[118] et au firmament magnifique, et, qui plus est, à la vie bienheureuse que nous menions avec les dieux[119], nous allons être ainsi emprisonnées en des tentes[120] ignobles et viles ! **35** Qu'avons-nous donc, malheureuses, commis de si affreux ? Quel crime, qui mérite ces châtiments ? Misérables que nous sommes, que de péchés nous attendent ! Que d'actions il nous faudra commettre sous l'impulsion mauvaise des espérances, pour subvenir aux besoins d'un corps plein d'humeurs et prompt à se dissoudre[121] ! **36** Aux âmes, qui n'appartiendront plus à Dieu, les yeux ne donneront que peu de place[122], et comme, par cette chose humide et ronde qui est en eux, nous ne verrons que tout à fait petit[122a] notre propre ancêtre le Ciel, nous ne cesserons de gémir et parfois même n'aurons plus de regard.

[Ici Orphée[123] :

« C'est de l'éclat solaire que vient le regard : les yeux par eux-mêmes ne voient rien »].

Malheureuses en effet, nous voilà condamnées, et il ne nous a été absolument pas fait don de la vue, puisque, sans la lumière, il ne nous a pas été donné de l'exercer[123a] : ce ne sont donc que des emplacements d'yeux et non plus des

ἑτέρα καὶ πρὸ τῶν λόγων ἱκανὰ κλαύσασα καὶ πολλάκις ἄνω τε καὶ κάτω τοὺς ὡς ἔτυχεν ἔχουσα μεταφέρουσα ὀφθαλμούς· « Οὐρανέ, τῆς ἡμετέρας », εἶπεν, « ἀρχὴ γενέσεως, αἰθήρ τε καὶ ἀὴρ καὶ τοῦ μονάρχου θεοῦ χεῖρές τε καὶ ἱερὸν πνεῦμα, περιλαμπῆ τε, ὀφθαλμοὶ θεῶν, ἄστρα καὶ φῶς ἡλίου καὶ σελήνης ἀκοπίαστον, τὰ τῆς ἡμετέρας ἀρχῆς σύντροφα, ὧν ἁπάντων ἀποσπώμεναι ἄθλια πάσχομεν, πλέονα δ' ὅτι ἀπὸ μεγάλων τε καὶ λαμπρῶν καὶ τοῦ ἱεροῦ περιχύματος καὶ πλουσίου πόλου καὶ ἔτι τῆς μακαρίας μετὰ θεῶν πολιτείας εἰς ἄτιμα καὶ ταπεινὰ οὕτως ἐγκατειρχθησόμεθα σκηνώματα. 35 τί ταῖς δυστήναις ἡμῖν ἀπρεπὲς οὕτως πέπρακται; τί τῶν κολάσεων τούτων ἄξιον; ὅσαι τὰς δειλαίας ἡμᾶς ἁμαρτίαι περιμένουσιν· ὅσα διὰ τὰ πονηρὰ τῶν ἐλπίδων πράξομεν, ἵνα τῷ ὑδαρεῖ καὶ ταχὺ διαλύτῳ σώματι πορίζωμεν τὰ ἐπιτήδεια. 36 ὀφθαλμοὶ τὰς οὐκέτι τοῦ θεοῦ ψυχὰς χωρήσουσιν ὀλίγοι, καὶ παντελῶς μικρὸν τῷ ἐν τούτοις ὑγρῷ καὶ κυκλίῳ τὸν ἑαυτῶν πρόγονον οὐρανὸν ὁρῶσαι στενάξομεν ἀεί, ἔστι δ' ὅτε καὶ οὐ βλέψομεν [ἔνθ' 'Ορφεύς
'τῷ λαμπρῷ βλέπομεν, τοῖς δ' ὄμμασιν οὐδὲν ὁρῶμεν']· ἄθλιαι γὰρ κατεκρίθημεν καὶ τὸ βλέπειν ἡμῖν οὐκ ἄντικρυς ἐχαρίσθη, ὅτι χωρὶς τοῦ φωτὸς ἡμῖν τὸ ὁρᾶν οὐκ ἐδόθη· τόποι τοίνυν καὶ οὐκέτ' εἰσὶν ὀφθαλμοί. ὡς δὲ καὶ τῶν συγγενῶν φυσώντων ἐν ἀέρι πνευμάτων ἀκοῦσαι τλημόνως

---

2 ἔχουσα F : φέρουσα P || 7 ἀποσπώμεναι P[2] : ἀποσπώμενα FP — ἄθλια Wachsmuth : ἐνάθλια FP, fort. servandum (cf. ἐναγώνιος, ἐνάλιος, etc.) || 8 πλέονα δ' ὅτι Theiler : πλέον δ' ὅτι P πλέον οὐδ' ὅτι F || 9 ἔτι scripsi : ἐπὶ FP ἀπὸ P[2] || 13 ὅσαι P[2] : ὅ καὶ FP — ἁμαρτίαι P[2] : ἁμαρτίας FP || 14 ὅσα P : ὅσαι F || 17 ὀλίγοι FP : ὀλίγον Meineke ἄλογοι Usener (cf. *REG*. LIII 63) || 17-18 τῷ... ὑγρῷ Usener : τῶν... ὑγρῶν FP || 18 καὶ secl. Wachsmuth — κυκλίῳ scripsi : κύκλων FP κύκλῳ Usener || 19-20 ἔνθ'... ὁρῶμεν secl. Heeren, cf. fr. 345 Kern || 19 ἔνθ' FP : ἔνθεν Meineke || 22 ἐχαρίσθη Canter : ἐχωρίσθη FP || 23 τόποι servandum (cf. *REG*. LIII, 63) : πόροι Meineke, alii alia || 24 φυσώντων Wachsmuth : φυσσώντων FP.

yeux [124]. Et qu'il nous sera pénible aussi d'entendre les vents nos frères qui soufflent dans l'air, puisque nous ne nous mêlons plus à leur souffle [125] ! La demeure qui nous attend, au lieu de ce monde sublime, c'est l'étroit volume du cœur [126]. **37** Et, quand nous aurons été séparées des choses à partir desquelles nous sommes descendues à quelles autres, toujours nous fera périr le chagrin [127]. Maître, Père, Créateur [128], si tu es devenu aussi vite indifférent à tes ouvrages, fixe pour nous quelques limites [129], tiens-nous dignes encore de quelques paroles [130], fussent-elles brèves, aussi longtemps que nos regards peuvent franchir tout l'espace du monde éclatant de lumière ».

38 C'est avec succès, mon fils Horus, que les âmes firent cette prière, car le monarque vint [131] et, ayant pris place sur le trône de la Vérité [132], il dit en réponse à leur requête :

« C'est l'Amour, ô âmes, et la Nécessité [133] qui règneront sur vous, car ils sont, après moi, les maître et les capitaines [134] de toutes choses. Quant à vous, âmes, pour autant que vous servez mon pouvoir royal qui ne vieillit point, sachez-le, tant que vous continuez d'être sans péché, vous habiterez les régions du ciel [135]. Mais, s'il en est parmi vous que vienne à toucher un blâme, c'est un lieu assigné à des entrailles mortelles que, par ma sentence de condamnation, vous habiterez vous aussi [136]. **39** Si les charges contre vous sont médiocres [136 a], quand vous aurez quitté le lien périssable de la chair, de nouveau, sans larmes, vous saluerez le ciel votre patrie ; mais si vous vous rendez capables de commettre [137] de plus grandes fautes, loin d'obtenir la fin qui vous convient une fois sorties des corps [138], vous ne logerez plus au ciel, ni non plus en des corps humains, mais désormais ne cesserez d'errer d'un corps d'animal dans un autre ».

οἴσομεν, ὅτι μὴ συμπνέομεν αὐτοῖς. οἶκος ἡμᾶς ἀντὶ τοῦ μεταρσίου κόσμου τούτου ὁ βραχὺς περιμένει καρδίας ὄγκος. 37 ἀεὶ δὲ ἀπολυθείσας ἡμᾶς ἀφ' ὧν εἰς οἷα κατέβημεν ἀπολεῖ τὸ λυπεῖσθαι. δέσποτα καὶ πάτερ καὶ ποιητά, εἰ ταχέως οὕτως σῶν ἔργων ἠμέλησας, διάταξον ἡμῖν τινας ὅρους, ἔτι κἂν βραχέων ἡμᾶς ἀξίωσον λόγων, ἕως ἔτι δι' ὅλου τοῦ περιφανοῦς ἔχομεν βλέπειν κόσμου ».

38 ἐπέτυχον, τέκνον Ὧρε, αἱ ψυχαὶ τάδε εἰποῦσαι. παρῆν γὰρ καὶ ⟨ὁ⟩ μόναρχος καὶ τάδε ἐπὶ τοῦ τῆς ἀληθείας καθίσας θρόνου ταῖς δεηθείσαις ἐφώνησεν·

« Ἔρως ὑμῶν, ψυχαί, δεσπόσει καὶ Ἀνάγκη, οἵδε γὰρ μετ' ἐμὲ πάντων δεσπόται τε καὶ ταξίαρχοι. ψυχαὶ δέ, ὅσαι τὴν ἀγήρατόν μου σκηπτουχίαν θεραπεύετε, ἴστε ὡς ἕως μὲν ἀναμάρτητοί ἐστε, τὰ τοῦ οὐρανοῦ οἰκήσετε χωρία· εἰ δ' ἄρα τις ὑμῶν τινος ἐγγίσει μέμψις, θνητοῖς καὶ αὐται προσμεμοιρασμένον χῶρον σπλάγχνοις καταδικασθεῖσαι ἐνοικήσετε. 39 κἂν μὲν ἦν ὑμῶν μέτρια τὰ αἰτιώματα, τὸν ἐπίκηρον τῶν σαρκῶν σύνδεσμον καταλιποῦσαι, πάλιν ἀστένακτοι τὸν ἑαυτῶν οὐρανὸν ἀσπάσεσθε. εἰ δ' ἄρα τινῶν μειζόνων ἁμαρτημάτων ἔσεσθε ποιητικαί, οὐ μετὰ τέλους καθήκοντος τῶν πλασμάτων προελθοῦσαι, οὐρανὸν μὲν οὐκέτι οἰκήσετε, οὐδ' αὖ σώματα ἀνθρώπων, ζῷα δ' ἄλογα μεταπλανώμεναι λοιπὸν διατελέσετε ».

TEST. DVB. 11, cf. ad fr. 34.

---

3 δὲ FP : δὴ Usener — ἀπολυθείσας scripsi : ἀπολύσας FP ἀναπολούσας Theiler || 5 εἰ F : καὶ P an εἰ καὶ? — διάταξον FP : διατάξων Desrousseaux || 7 ἕως ⟨σ'⟩ Desrousseaux || 9 ὁ add. Heeren || 10 post ἐφώνησεν habent FP titulum λόγοι τοῦ θεοῦ. uix tamen in textu ponendus est sicut ΥΜΝΩΔΙΑ ΚΡΥΠΤΗ, ΛΟΓΟΣ Δ' in C. H. XIII 16, p. 207, 13 (cf. infra ad 54.12,22, 55.14, 68.9, ubi tituli manifesto additi sunt) || 12 τε om. P || 16 αὐταὶ Patr. : αὐται FP || 17 ἦν FP : ᾖ Meineke (v. Intr., p. VIII, n. 2) || 18 αἰτιώματα FP : αἰτιάματα Canter (v. Intr., p. VIII, n. 2) || 19 ἀστένακτοι F : ἀστένακτον P || 21 προελθοῦσαι F : προσελθοῦσαι P.

40 Ayant ainsi parlé, mon fils Horus, Dieu les gratifia toutes de souffles [139], puis il reprit : « Cependant, ce n'est pas non plus au hasard et à l'aventure que j'ai statué sur les changements de votre état [140], mais de même que vous changerez en pire si vous commettez quelque action vilaine, de même changerez-vous en mieux si vous prenez une résolution digne de votre origine : car c'est moi-même, et nul autre, qui serai votre surveillant et votre inspecteur. Reconnaissez donc que c'est pour vos fautes antérieures que vous subissez ce châtiment de l'incorporation. **41** Ainsi donc, la diversité de la renaissance consistera pour vous, comme je l'ai dit, en une diversité de corps, et la séparation d'avec le corps sera bienfait et bonheur comme auparavant [141]. Mais votre entendement sera aveuglé, si vous jugez pouvoir commettre [142] quelque action indigne de moi, en sorte que vous penserez le contraire, et que vous subirez le châtiment comme un bienfait, le passage à un état meilleur comme un déshonneur et une violence. **42** Les plus justes d'entre vous [143], capables de recevoir le changement qui mène au divin, entrant en des corps humains seront des rois justes, des philosophes authentiques, des fondateurs et législateurs ⟨...⟩, des devins du moins véridiques, d'authentiques herboristes [144], d'insignes prophètes des dieux, des musiciens expérimentés, des astronomes à l'esprit alerte [145], des augures perspicaces, des sacrificateurs exacts [146], et toutes autres fonctions excellentes dont vous soyez dignes ; entrant en des volatiles, elles seront des aigles [147], parce que ceux-ci

40 τάδε εἰπών, ὦ τέκνον Ὧρε, πάσαις αὐταῖς ἐχαρίσατο πνεύματα καὶ πάλιν ἐφώνησεν· « Ἀλλ' οὐδὲ εἰκῇ καὶ ὡς ἔτυχεν ἐνομοθέτησα τὰς μεταβολὰς ὑμῶν, ἀλλ' ὡς ἐπὶ τὸ χεῖρον εἴ τι διαπράξετε ἄσχημον, οὕτως ἐπὶ τὸ βέλτιον εἴ τι βουλεύσεσθε τῆς ἑαυτῶν γενέσεως ἄξιον· ἐγὼ γὰρ καὶ οὔτις ἕτερος ἐπόπτης αὐτὸς καὶ ἐπίσκοπος ἔσομαι. ἐπίγνωτε δὴ οὖν ὡς διὰ τὰ πρόσθεν πραχθέντα ὑμῖν κόλασιν ταύτην ὑπομένετε τὴν ἐνσωμάτωσιν. **41** ἡ τοίνυν διαφορὰ τῆς παλιγγενεσίας ὑμῖν ἔσται σωμάτων, ὡς ἔφην, διαφορά, εὐεργεσία δὲ καὶ ⟨ὡς⟩ πρόσθεν εὐδαιμονία ἡ διάλυσις. τυφλωθήσεται δ' ὑμῶν ἡ φρόνησις, ἐάν τι ἀνάξιον ἐμοῦ δόξητε πράσσειν, ὥστε φρονεῖν τὰ ἐναντία καὶ τὴν μὲν κόλασιν ὡς εὐεργεσίαν ὑπομένειν, τὴν δὲ εἰς τὰ βελτίονα μεταβολὴν ἀτιμίαν τε καὶ ὕβριν. αἱ δικαιότεραι δ' ὑμῶν καὶ τὴν εἰς τὸ θεῖον μεταβολὴν ἐκδεχόμεναι **42** εἰς μὲν ἀνθρώπους βασιλεῖς δίκαιοι, φιλόσοφοι γνήσιοι, ⟨...⟩ κτίσται καὶ νομοθέται, μάντεις οἱ ἀληθεῖς, ῥιζοτόμοι γνήσιοι, ἄριστοι προφῆται θεῶν, μουσικοὶ ἔμπειροι, ἀστρονόμοι νοεροί, οἰωνοσκόποι σαφεῖς, ἀκριβεῖς θύται καὶ ὁπόσων ἐστὲ καλῶν κἀγαθῶν ἄξιαι· εἰς δὲ πτηνὰ ἀετοί, διότι οὐδὲν τῶν ὁμογενῶν οὔτε ἐκβοήσουσιν οὔτε θοινήσονται, ἀλλ' οὐδὲ πλησίον τούτων ζῷον ἕτερον ἀσθενέστερόν τι αὐτοῦ ἀδικεῖν ἀφεθήσεται, ἐνδικωτέρα γὰρ ἡ

---

2 ἀλλ' οὐδὲ Canter : ἄλλους δὲ FP || 3 ἐνομοθέτησα Canter : ἐνομοθέτησε F ὀνομοθέτησε P — μεταβολὰς Meineke (cf. ll. 14,15) : διαβολὰς FP διαστολὰς Desrousseaux — ἀλλ' ὡς Canter : ἄλλως FP || 4 διαπράξετε F : διαπράξητε P || 5 βουλεύσεσθε Meineke : βουλεύεσθε F βουλεύεσθαι P || 7 δὴ Wachsmuth : δὲ FP || 8 τὴν F : καὶ P || 9 ante σωμάτων add. ἡ τῶν F || 10 ὡς ins. Desrousseaux : ⟨ἡ⟩ Patr. ⟨οἷα⟩ Nock || 12 καὶ F : κατὰ P || 17 lacunam signauit Wachsmuth (ex. gr. χρηστοὶ Theiler) — οἱ F (ἡ P) secl. Meineke || 18 γνήσιοι FP : πιστοί ci. Ferguson, λύσιοι ci. Theiler || 20 ὁπόσων Patr. : ὁπόσοι FP || 21 ἐκβοήσουσιν FP (v. Intr., ccv, 3) : ἐκσοβήσουσιν Canter, quod mal. Nock (coll. Men. ap. Ath. 373 C) qui et ἐκφοβήσουσιν ci. ἐκβορήσουσιν Ferguson || 23 αὐτοῦ Wachsmuth : αὑτοῦ FP — ἐνδικωτέρα FP : ἐνδικώτερα Patr.

ne chasseront à grands cris aucun de leurs congénères ni ne se repaîtront de leur chair, bien plus, dans leur voisinage, un animal d'une autre sorte ne sera même pas libre d'en maltraiter un plus faible que lui, car l'aigle, plus soucieux de justice, le poursuivra ; entrant en des quadrupèdes, elles seront des lions [148], car cet animal est plein de force, il a été doué d'une nature qui d'une certaine manière se passe de sommeil, et, dans un corps mortel, il s'exerce à la nature immortelle [149] : les lions en effet ni ne se fatiguent ni ne dorment ; entrant en des reptiles, elles seront des dragons [150], car c'est un animal vigoureux, à longue vie, sans malice et de quelque façon ami des hommes [150a] : il se laissera apprivoiser, n'aura pas de venin, et, quand il aura vieilli, reprendra une nouvelle jeunesse, comme la race des dieux ; entrant en des poissons, elles seront des dauphins [151], car ces animaux auront pitié des naufragés en mer : ceux qui respirent encore, ils les transporteront à terre, mais ils ne toucheront absolument jamais aux morts, bien que la race des êtres aquatiques doive être de toutes la plus vorace ». Ayant ainsi parlé, Dieu manifeste sa nature d'Intellect incorruptible [152].

43 Sur ces entrefaites [153], mon fils Horus, il s'élève de terre un Esprit tout plein de force, défiant toute appréhension et par la masse de son corps et par la puissance de sa pensée [154], qui, bien qu'il sût ce sur quoi il interrogeait, — il était revêtu d'un corps de forme humaine, et il était beau et d'auguste apparence, mais excessivement sauvage et terrifiant, — qui donc [155], dès qu'il eut vu les âmes entrer dans les corps : « De quel nom », dit-il, « appelle-t-on ceux-ci, Hermès, mémorialiste des dieux ? ». **44** Sur la réponse : « Des hommes », « Tu l'as dit », fit-il, « mon cher Hermès. C'est une œuvre hardie que d'avoir créé l'homme, cet être aux yeux indiscrets et à la langue bavarde,

τῶν ἀετῶν φύσις μετελεύσεται· εἰς δὲ τετράποδα λέοντες, ἰσχυρὸν γὰρ τὸ ζῷον καὶ φύσεως ἔτυχεν ἀκοιμήτου τρόπῳ τινὶ καὶ φθαρτῷ σώματι τὴν ἀθάνατον γυμναζόμενον φύσιν· οὔτε γὰρ κάμνουσιν οὔτε κοιμῶνται· εἰς δὲ ἑρπετὰ δράκοντες, δυνατὸν ὅτι τὸ ζῷον καὶ μακρόβιον ἄκακόν τε καὶ φιλάνθρωπον ὁπωστιοῦν καὶ τιθασευθήσεται καὶ ἰὸν οὐχ ἕξει, νεάσει δὲ καὶ γηρᾶσαν, καθάπερ φύσις ἡ θεῶν· ἐν δὲ νήχουσι δελφῖνες, συμπαθήσουσι γὰρ καὶ τοῖς εἰς πέλαγος ἐμπίπτουσιν οὗτοι καὶ τὰ μὲν ἔμπνοα διακομιοῦσιν εἰς γῆν, τῶν δὲ τελευτησάντων οὐδ' ὅλως ποτὲ ἅψονται, καίτοι φιλοβορωτάτου πάντων ἐσομένου τοῦ τῶν ἐνύδρων γένους ». τοσαῦτα ὁ θεὸς εἰπὼν ἄφθαρτος νοῦς γίγνεται.

43 τούτων οὕτως γενομένων, τέκνον Ὧρε, ἰσχυρότατόν τι ἀπὸ γῆς ἀνίσταται πνεῦμα, ἀκατάληπτον μὲν περιοχῇ σώματος, δυνάμει δὲ φρονήσεως ὑπάρχον, ὃ καίπερ εἰδὸς ὑπὲρ ὧν ἐπυνθάνετο — τὸ σῶμα μὲν κατὰ τύπον ἀνδρὸς περικείμενον καὶ καλὸν καὶ σεμνοπρεπὲς ὄν, ὑπερβολῇ δὲ ἄγριον καὶ πλῆρες φόβου, — ὃ δὴ παραυτίκα τὰς ψυχὰς εἰσιούσας εἰς τὰ πλάσματα θεωρῆσαν, « Τίνες », ἔλεγεν, 44 « οὗτοι καλοῦνται, ὦ Ἑρμῆ, θεῶν ὑπομνηματογράφε » ; εἰπόντος δέ, « Ἄνθρωποι », « Ἔφης », ἔφη, « ὦ Ἑρμῆ, τολμηρὸν ἔργον ποιῆσαι τὸν ἄνθρωπον, περίεργον ὀφθαλμοῖς καὶ λάλον γλώσσῃ, ἀκουστικὸν μέλλοντ' εἶναι καὶ τῶν

---

4 κάμνουσιν Canter : κάμνωσιν FP || 6 ὁπωστιοῦν Gaisford : οὕτως τε οὖν FP || 7 νεάσει Wachsmuth : ἑάσει FP || 11 φιλοβορωτάτου Meineke : φιλοβρωτάτου FP (ω corr. in ο F) φιλοβορωτοτάτου P² || 13 ἄφθαρτος (FP) servari potest (cf. p. 39, n. 152) : ἀόρατος Reitzenstein ἄφαντος Ferguson || 15 τι F : τε P — περιοχῇ P² : περιοχῆς FP || 16 εἰδὸς Wachsmuth : εἶδος FP || 17-19 anacolouthon statui : fort. autem duae descriptiones Momi ab auctore ipso conflatae, cf. C. H. XVIII 2 (249.2) || 17 κατὰ Meineke : καὶ FP || 20 θεωρῆσαν, ' Τίνες ' Wachsmuth : θεωρῆσαι ἂν τινες FP — ἔλεγεν Heeren : ἔλεγον FP || 21 ὑπομνηματογράφε Heeren : ὑπομνηματογράφοι FP || 24 λάλον γλώσσῃ Heeren : λάλου γλώσσης FP — μέλλοντ' scripsi (μελλοντα Canter) : μᾶλλον FP — τῶν Canter : τῷ FP.

destiné à écouter ce qui ne le concerne point, à l'odorat inquisiteur, et qui mésusera, jusqu'à tous les excès, de la faculté appréhensive du toucher [156]. Est-ce bien lui que tu as décidé, ô Créateur [157], de laisser libre de tout souci, lui qui, dans son audace, doit contempler les beaux mystères de la nature [158] ? Veux-tu lui permettre de vivre sans chagrin, lui qui portera ses desseins même jusqu'aux limites de la terre [159] ? **45** Les hommes arracheront les racines des plantes et ils examineront les qualités [160] des sucs. Ils scruteront les natures des pierres et ils ouvriront par le milieu ceux des vivants qui n'ont point de raison, que dis-je, ils disséqueront leurs semblables [161], dans leur désir d'examiner comment ils ont été formés. Ils tendront leurs mains audacieuses jusqu'à la mer et, abattant les forêts qui poussent d'elles-mêmes, ils se transporteront les uns les autres de rivage à rivage jusqu'aux terres qui sont au delà. Ils rechercheront même quelle nature se cache plus au fond des sanctuaires inaccessibles [162]. Ils poursuivront la réalité jusqu'en haut, avides d'apprendre par leurs observations quel est l'ordre établi du mouvement céleste [163]. C'est encore peu que cela. Oui bien, il ne reste plus rien que le point extrême de la terre : mais de cela même, par leur vouloir, ils iront explorer la nuit totale [164]. **46** Qu'il n'y ait donc plus aucun obstacle pour ces gens-là, mais qu'initiés au bienfait d'une vie sans chagrin [165], non contraints par l'aiguillon pénible de la peur, ils jouissent dans l'arrogance [166] d'un sort libre d'inquiétude ! Et alors, n'est-ce pas jusqu'au ciel qu'armés d'une audace indiscrète [167] vont se porter ces malheureux ? Ne vont-ils pas tendre même

αὐτῷ μὴ προσηκόντων, λίχνον ὀσφρήσει καὶ μέχρι πάντων τῷ τῆς ἁφῆς ἁπτικῷ μέλλοντα καταχρᾶσθαι. τοῦτον ἀμέριμνον καταλεῖψαι κέκρικας, ὦ γενεσιουργέ, τὸν ὁρᾶν μέλλοντα τολμηρῶς τῆς φύσεως τὰ καλὰ μυστήρια; ἄλυπον ἐᾶσαι θέλεις τοῦτον καὶ μέχρι τῶν περάτων γῆς τὰς ἑαυτοῦ μελλήσοντα πέμπειν ἐπινοίας; **45** ῥίζας φυτῶν ἀνασκάψουσιν ἄνθρωποι καὶ ποιότητας ἐξετάσουσι χυλῶν. λίθων φύσεις ἐπισκοπήσουσι καὶ διὰ μέσων ἀνατεμοῦσι τῶν ζῴων τὰ ἄλογα οὐ μόνον, ἀλλὰ καὶ ἑαυτούς, ὡς ἐγένοντο ἐξετάζειν θέλοντες. τολμηρὰς ἐκτενοῦσι χεῖρας καὶ μέχρι θαλάσσης καὶ τὰς αὐτοφυεῖς ὕλας τέμνοντες μέχρι καὶ τῶν πέραν διαπορθμεύσουσιν ἀλλήλους. ἐπιζητήσουσιν καὶ τίς ἐνδοτέρω τῶν ἱερῶν ἀδύτων φύσις ὑπάρχει. τὰ μέχρις ἄνω διώξουσι, παρατηρῆσαι βουλόμενοι τίς οὐρανοῦ καθέστηκε κίνησις. ἔτι μέτρια ταῦτα· λείπει γὰρ οὐδὲν ἔτι πλὴν γῆς τόπος ἔσχατος· ἀλλὰ καὶ τούτου τὴν ἐσχάτην τῷ θέλειν ἐρευνήσουσι νύκτα. **46** μηδὲν οὖν ἐμπόδιον ἔχωσιν οὗτοι, ἀλλὰ τῷ τῆς ἀλυπίας ἀγαθῷ μυηθῶσι καὶ τοῖς χαλεποῖς μὴ βιασθέντες τοῦ φόβου κέντροις ἀμερίμνῳ βίῳ τρυφήσωσιν. εἶτα οὐ καὶ μέχρις οὐρανοῦ περίεργον ὁπλισθήσονται τόλμαν οὗτοι; οὐκ ἀμερίμνους ἐκτενοῦσιν ἐπὶ καὶ τὰ στοιχεῖα τὰς ψυχὰς αὐτῶν; δίδαξον ἐντεῦθεν ἐρᾶν τοῦ τι βουλεύεσθαι, ἵνα ἔχωσι καὶ τῆς

---

1 λίχνον Patr. : λίχνων FP || 2 καταχρᾶσθαι V Aug. : καταγράσαι P καταχράσαι F || 5 περάτων Wachsmuth : πέραν FP || 5-6 τὰς ἑαυτοῦ Heeren : τὰ σεαυτοῦ FP || 7 ἀνασκάψουσιν F : ἀνακάμψουσιν P — ποιότητας Ferguson : ποιότητα FP || 8 μέσων P : μέσον F μέσου Scott — ἀνατεμοῦσι Heeren : ἀνατέμνουσι FP || 10 ἐκτενοῦσι Heeren : ἐκτείνουσι FP || 12 διαπορθμεύσουσιν Heeren : διαπορθμεύουσιν FP (HC above) — ἐπιζητήσουσιν (ΕΠΙΖΗΤΟΥCΙΝ) Theiler : ἐπιζήτησιν P ἐπὶ ζήτησιν F || 14 οὐρανοῦ (ΟΥΝΟΥ) Canter : οὖν FP || 16 τούτου Usener : τούτων F τοῦτον P || 17 ἐρευνήσουσι F : ἐρεύνησιν P || 18 ἔχωσιν F : ἔχουσιν P — ἀλυπίας P : ἀληθείας F || 20 οὐ Canter : οὗ FP — καὶ om. P || 21 ὁπλισθήσονται Heeren : ὁπλισθήσεται FP || 22 ἐπὶ Heeren : ἐπεὶ FP — αὐτῶν Wachsmuth : αὐτῶν.

jusqu'aux astres leurs âmes exemptes de souci[168] ? Apprends-leur, en conséquence, à brûler d'ardeur pour des projets, afin que de l'échec aussi ils aient à redouter la peine, afin qu'ils soient domptés [169] par la morsure du chagrin quand leur attente aura été trompée ! Que désirs, craintes, chagrins, décevants espoirs dupent l'ardeur indiscrète de leurs cœurs[170] ! Que leurs âmes soient consumées par une suite continuelle d'amours, des espérances toujours diverses, des désirs tantôt satisfaits, tantôt déçus, afin que la douceur même du succès les appâte[171] pour l'épreuve douloureuse de malheurs plus complets[172] ! Que la fièvre les accable pour que, ayant perdu courage, ils châtient leur concupiscence ! »

47 Tu souffres, mon fils Horus, en écoutant ce langage que reproduit ta mère. N'es-tu pas dans l'étonnement, n'es-tu pas frappé de stupeur, devant ce poids de misère sur la pauvre humanité ? Ecoute le plus horrible[173].

48 Hermès avait du plaisir à entendre ces paroles de Momus (car elles lui avaient été dites sur un ton de familiarité[174]), et il se disposait à faire exactement tout ce que lui avait dit Momus, ajoutant : « Oui bien, Momus, mais[175] le souffle divin qui enveloppe le monde[176] ne se montrera pas lui-même visible au regard : car c'est moi que le Maître de l'univers a désigné comme son intendant et son administrateur. Ainsi donc la déesse aux yeux perçants, Adrastée[177], sera établie[178] surveillante de l'univers, et, quant à moi, je fabriquerai un engin mystérieux[179], lié à une doctrine infaillible et inviolable[179a], dont la contrainte nécessitante réduira en esclavage les choses terrestres, toutes depuis le commencement jusqu'à la destruction finale, maintenant[180] la fixité de ce qui s'accomplit : et tout le reste sur la terre obéira à cet engin ». Ainsi parlé-je donc, dit Hermès, à Momus, et déjà l'engin se mouvait.

ἀποτυχίας τὸ χαλεπὸν φοβηθῆναι, ἵνα τῷ τῆς λύπης δακνηρῷ δαμασθῶσι τῶν ἐλπιζομένων ἀποτυχόντες· χρεωκοπείσθω τῶν ψυχῶν αὐτῶν τὸ περίεργον ἐπιθυμίαις καὶ φόβοις καὶ λύπαις καὶ ἐλπίσι πλάνοις. ἐπάλληλοι τὰς ψυχὰς αὐτῶν ἔρωτες νεμέσθωσαν, ἐλπίδες ποικίλαι, ἐπιθυμίαι ποτὲ μὲν ἐπιτυγχάνουσαι, ποτὲ δὲ ἀτευκτοῦσαι, ἵνα αὐτοῖς καὶ ⟨τὸ⟩ τῆς ἐπιτυχίας ἡδὺ δέλεαρ ᾖ εἰς ἄθλησιν τελειοτέρων κακῶν· βαρείτω πυρετὸς αὐτούς, ἵνα ἐκκακήσαντες κολάσωσι τὴν ἐπιθυμίαν ».

47 λυπῇ, τέκνον Ὧρε, τάδε ἑρμηνευούσης σοι τῆς τεκούσης· οὐ θαυμάζεις, οὐ καταπλήσσῃ, πῶς ὁ τάλας ἄνθρωπος ἐβαρήθη; τὸ δεινότερον ἐπάκουσον.

48 ἐτέρπετο Μώμου ταῦτα λέγοντος Ἑρμῆς (ἐλέγετο γὰρ οἰκείως αὐτῷ τὰ εἰρημένα) καὶ ταῦτα ἔπραττεν, ὅσα περ εἰρήκει, λέγων· « Μῶμε, ἀλλ' οὐκ ἐναργὴς γενήσεται πνεύματος θείου φύσις ἡ τοῦ περιέχοντος· εἶπε γὰρ εἶναί με ταμίαν καὶ προνοητὴν ὁ τῶν συμπάντων δεσπότης. ἐπόπτειρα τοίνυν ταγήσεται τῶν ὅλων ὀξυδερκὴς θεὸς Ἀδράστεια, καί τι κρυπτὸν ὄργανον ἐγὼ τεχνάσομαι ἀπλανοῦς καὶ ἀπαραβάτου θεωρίας ἐχόμενον, ᾧ τὰ ἐπὶ γῆς ἀναγκαίως δουλαγωγηθήσεται πάντα τὰ ἀπὸ γενέσεως ἄχρι φθορᾶς ἐσχάτης, ἔχον τὴν ἀποτελουμένων πῆξιν· πεισθήσεται δὲ τῷ ὀργάνῳ τούτῳ καὶ τὰ ἐπὶ γῆς ἄλλα πάντα ». εἶπον, ⟨φησὶν⟩ Ἑρμῆς, ἐγὼ δὴ ταῦτα τῷ Μώμῳ καὶ ἤδη τὸ ὄργανον ἐκινεῖτο.

---

15. 23 ἵνα ... 16. 1 φοβηθῆναι secl. Wachsmuth, fortasse lectio duplex auctoris, cf. supra 14.17-19 || 4 πλάνοις Heeren : πλάνης F πλάν P || 6 ἀτευκτοῦσαι Meineke : ἀπευκτοῦσαι FP || 7 τὸ ins. Reitzenstein || 10ᶜ an ⟨οὐ⟩ λυπῇ ; ? ' Desrousseaux || 12 τὸ δεινότερον sane durum, an τὸ ⟨πάντων⟩ δεινότερον ? || 15 ἐναργὴς Patr. : ἐναργῆ FP || 17 με ταμίαν Canter : μετὰ μίαν FP — προνοητὴν F : προνοητικὴν P || 18 ἐπόπτειρα Meineke : ἐποπτετῆρα FP — ταγήσεται scripsi : τὰ γῆς ἔσται FP ταγῆς ἔσται Heeren || 22 ἔχον FP : ἔχοντα Desrousseaux — ante ἀποτ. add. τῶν Wachsmuth || 24 εἶπον FP : εἶπεν Canter — φησὶν ins. Theiler, coll. 9.22.

49 Sur ces entrefaites [181], quand les âmes eurent été incorporées [182] et que j'eusse obtenu moi-même des éloges pour ce que j'avais fait [183], **50** le Monarque convoqua de nouveau les dieux en assemblée plénière. Ceux-ci vinrent donc, et reprenant la parole : « Dieux » [184], dit-il, « vous tous qui avez reçu la nature de chefs du monde, une nature, qui plus est, impérissable, vous qui avez obtenu en partage de régir pour toujours l'éternité immense, vous pour qui toutes les choses du monde ne se fatigueront jamais de se livrer en échange les unes aux autres [185], jusques à quand possèderons-nous cette autorité souveraine sans qu'on la reconnaisse [186] ? Jusques à quand tout cela durera-t-il sans être vu par un soleil et une lune ? Allons, que chacun d'entre nous engendre selon ses moyens [186a] ! Supprimons par notre pouvoir l'inertie, qui se prolonge, de cette masse ! Qu'il apparaisse à la postérité comme une fable incroyable qu'il ait existé un Chaos ! Mettez la main à de grands ouvrages, moi-même je commencerai le premier ». Il dit, et aussitôt, dans cette masse compacte encore sombre, il se fit une division dans le sens d'un monde [187] ; **51** le ciel apparut en haut, harmonieusement équipé de tous ses propres mystères [188] ; secouée encore de tremblements, la terre se coagula sous les feux du soleil, et elle apparut harmonieusement équipée de tous les beaux ornements qui la concernent [189]. Car aux yeux de Dieu sont belles même les choses tenues pour laides par les mortels, parce qu'elles ont été rendues telles qu'elles soient esclaves des lois divines [190]. Et Dieu se réjouit [191] en voyant que ses œuvres d'ores et déjà étaient en mouvement. **52** Lors donc qu'il eut rempli ses mains, égales en amplitude à l'espace environnant [192], de tout ce qui existe de par la nature, et qu'il eut serré fortement ses poignées : « Prends », dit-il, « ô terre sainte, prends, toute honorable, toi qui dois devenir un jour la génitrice de toutes choses, et ne paraîs plus désormais inférieure en quoi que ce soit ». Dieu dit, et, ouvrant les mains, qu'il avait telles qu'il convient à un dieu [193], il en répandit le contenu dans la fabrique [194] du monde.

49 ταῦτα δὲ ὡς ἐγένετο καὶ ἐνεσωματίσθησαν αἱ ψυχαὶ καὶ ἐπαίνου ὑπὲρ τῶν γενομένων αὐτὸς ἔτυχον, **50** πάλιν ὁ μόναρχος σύγκλητον τῶν θεῶν ἐποίησε συνέδριον καὶ οἱ θεοὶ παρῆσαν καὶ πάλιν αὐτὸς ταῦτα οὕτως ἐφώνησε· « Θεοί », λέγων, « ὅσοι τῆς κορυφαίας, ὅσοι καὶ ἀφθάρτου φύσεως τετεύχατε, οἳ τὸν μέγαν αἰῶνα διέπειν ἐς ἀεὶ κεκλήρωσθε, οἷς αὐτὰ ἑαυτοῖς ἀντιπαραδιδόντα οὐδέποτε κοπιάσει τὰ σύμπαντα, μέχρι πότε τῆς ἀνεπιγνώστου ταύτης δεσπόσομεν ἡγεμονίας ; μέχρι πότε ἀθεώρητα γενήσεται ταῦτα ἡλίῳ καὶ σελήνῃ ; ἕκαστος ἡμῶν ἐφ' ἑαυτῷ γεννάτω· ἀπαλείψωμεν τῷ δύνασθαι τὴν ἔτι ἀργὴν σύστασιν ταύτην· ἄπιστος τοῖς μεταγενεστέροις μῦθος δὴ δοξάτω χάος εἶναι· ἔργων ἅπτεσθε μεγάλων, ἐγὼ δ' αὐτὸς ἄρξομαι πρῶτος ». εἶπε καὶ εὐθέως κοσμικῶς τῆς ἔτι μελαίνης ἑνώσεως διάστασις ἐγένετο· καὶ **51** ἐφάνη μὲν οὐρανὸς ἄνω, συγκεκοσμημένος τοῖς ἑαυτοῦ μυστηρίοις πᾶσι· κραδαινομένη ⟨δ'⟩ ἔτι γῆ ἡλίου λάμψαντος ἐπάγη καὶ ἐφάνη πᾶσι τοῖς περὶ αὐτὴν συγκεκοσμημένη καλοῖς. καλὰ γὰρ τῷ θεῷ καὶ τὰ θνητοῖς εἶναι νομιζόμενα φαῦλα, ὅτι δὴ τοῖς τοῦ θεοῦ νόμοις δουλεύειν ἐποιήθη. ἔχαιρε δὲ ὁ θεὸς ὁρῶν ἤδη ἑαυτοῦ τὰ ἔργα κινούμενα. **52** πληρώσας δὲ τὰς ἰσοστασίας χεῖρας τῷ περιέχοντι τῶν ἐκ τῆς φύσεως ὑπαρχόντων καὶ τὰς δράκας καρτερῶς σφίγξας, « Λάβε », εἶπεν, « ὦ ἱερὰ γῆ, λάβε, πάντιμε καὶ εἶναι γεννήτειρα μέλλουσα πάντων, καὶ μηδενὶ ἐντεῦθεν λείπεσθαι δόκει ». εἶπεν ὁ θεὸς καὶ τὰς χεῖρας, οἵας δεῖ θεὸν ἔχειν, ἁπλώσας πάντα ἀφῆκεν ἐν τῇ τῶν ὄντων συστάσει.

---

1 ἐνεσωματίσθησαν Canter : ἐνεσηματίσθησαν P ἐνεμβατίσθησαν F || 2 ἔτυχον FP : ἔτυχεν Heeren || 7 αὐτὰ Wachsmuth (in Add.) : αὐτὰ FP || 11 ἔτι FP[2] : αἰτίαν P || 12 δὴ Wachsmuth : δὲ FP || 14 κοσμικῶς obscurum || 15 μελαίνης om. P susp. Scott || 16 ante οὐρανὸς add. ὁ P || 17 δ' ins. Usener. || 18 συγκεκοσμημένη Patr. : συγκεκοσμημένοις FP — καλοῖς om. P || 22 ἰσοστασίας FP : ἰσοστασίους Wachsmuth (cf. Intr., VIII, n. 2) || 24 λάβε FP : atticissantium forma λαβέ fort. bis reponenda est — λάβε πάντιμε om. P.

53 Or l'Ignorance, au début, régnait absolue [195]. Car, comme les âmes avaient été récemment emprisonnées et qu'elles supportaient mal leur déshonneur, elles cherchaient querelle aux dieux du ciel, et, fermement attachées à la noble origine qu'elles revendiquaient, puisqu'elles étaient issues, elles aussi, du même Créateur, elles se révoltaient, et, se servant comme d'instruments des hommes qui leur restaient [196], elles les faisaient s'attaquer les uns les autres, et s'opposer et guerroyer ensemble. Et ainsi [197] la force exerçait de grandes violences contre la faiblesse, au point que les forts brûlaient [198] les faibles et les égorgeaient, et que, du haut en bas des temples, ils jetaient tantôt des vivants, tantôt même des cadavres [199], **54** jusqu'au jour où les Éléments, saisis de colère, résolurent de faire une pétition [200] à Dieu le Monarque, au sujet de la conduite sauvage des hommes. Alors que déjà le mal était devenu très grand, les Éléments se présentèrent devant Dieu qui les avait créés et formulèrent leur accusation en ces termes.

55 Or donc [201] ce fut le Feu qui eut licence de parler le premier : « Maître », dit-il, « Artisan de ce monde nouveau, Nom caché au sein des dieux et vénérable jusqu'à ce jour [202] pour tous les hommes, jusques à quand, ô Divin, as-tu dessein de laisser sans dieu la vie des mortels [202a] ?
56 Révèle-toi désormais, fais quelque réponse au monde [203] et initie à la paix [203a] la sauvagerie des mœurs. Confère des lois à la vie humaine [204], accorde la nuit des oracles. Remplis tout de belles espérances. Que les hommes reculent devant la vengeance divine, et nul ne persévérera dans le mal. S'ils reçoivent le juste salaire de leurs crimes, les autres se

53 καὶ ἀγνωσία μὲν ἦν κατ' ἀρχὰς παντάπασι. νεωστὶ γὰρ αἱ ψυχαὶ καθειρχθεῖσαι καὶ τὴν ἀτιμίαν μὴ φέρουσαι τοῖς ἐν οὐρανῷ θεοῖς ἐφιλονείκουν, τῆς ⟨θ'⟩ ἑαυτῶν εὐγενείας περικρατοῦσαι καὶ ἀντιλαμβανόμεναι, ὡς καὶ αὗται τοῦ αὐτοῦ ἔτυχον δημιουργοῦ, ἐστασίαζον καὶ τοῖς λειπομένοις ἀνθρώποις ὀργάνοις χρώμεναι ἐποίουν αὐτοὺς ἑαυτοῖς ἐπιτίθεσθαι καὶ ἀντιτάσσεσθαι καὶ πολεμεῖν ἀλλήλοις. καὶ οὕτως ἡ μὲν ἰσχὺς κατὰ τῆς ἀσθενείας μέγα ἠδύνατο, ὥστε οἱ ἰσχυροὶ τοὺς ἀδυνάτους καὶ ἔκαιον καὶ ἐφόνευον καὶ κατὰ τῶν ἱερῶν τοῦτο μὲν ζῶντας τοῦτο δὲ καὶ νεκροὺς ἔρριπτον [κατὰ τῶν ἀδύτων], 54 ἕως ἀγανακτήσαντα τὰ στοιχεῖα τῷ μονάρχῳ θεῷ ἐντυχεῖν ἐδοκίμαζον ὑπὲρ τῆς τῶν ἀνθρώπων ἀγρίου πολιτείας. πολλοῦ δὲ ἤδη γενομένου τοῦ κακοῦ τὰ στοιχεῖα τῷ ποιήσαντι αὐτὰ τῷ θεῷ προσελθόντα τοιούτοις λόγοις ὑπὲρ μέμψεως ἐχρήσαντο.

55 καὶ δὴ καὶ εἶχε τὴν τοῦ λέγειν ἐξουσίαν τὸ πῦρ πρῶτον. « Δέσποτα » δὲ ἔλεγε « καὶ τοῦ καινοῦ τούτου κόσμου τεχνῖτα καὶ κρυπτὸν ἐν θεοῖς καὶ σεβαστὸν ὄνομα μέχρι νῦν ἅπασιν ἀνθρώποις, μέχρι πότε, ὦ δαῖμον, ἄθεον καταλεῖψαι τὸν θνητῶν βίον προαίρεσιν ἔχεις; 56 ἀνάτειλον ἤδη σεαυτόν, χρημάτισόν τι τῷ κόσμῳ καὶ τοῦ βίου τὸ ἄγριον μύησον εἰρήνῃ· χάρισαι νόμους τῷ βίῳ, χάρισαι νυκτὶ χρησμούς· πλήρωσον καλῶν ἐλπίδων πάντα· φοβείσθωσαν ἄνθρωποι τὴν ἀπὸ θεῶν ἐκδικίαν καὶ οὐδεὶς ἐγκαρτερήσει· ἐπαξίους ἁμαρτημάτων μισθοὺς ἂν ἀπολά-

1 ἀγνωσία Wachsmuth (coll. 2.8) : ἄγνωστα FP || 3 θ' inserui || 5 αὗται F : αὐτὰ P || 11 κατὰ τῶν ἀδύτων secl. Heeren (κ. τ. ἱερῶν 10 secl. Wachsmuth), lectio duplex probabilis, cf. supra 14.17-19 || 12 ἀγανακτήσαντα F : ἀναγκαστήσονται P || 19 ' an κρυπτὸν et σεβαστὸν inter se mutanda ? ' Wachsmuth || 21 προαίρεσιν Heeren : πρὸς αἵρεσιν FP || 22 χρημάτισόν τι scripsi : χρηματίζοντι FP χρήζοντι Usener χρηματίζοντα Cumont || 23 χάρισαι (ante νόμους) Meineke : χάρισο FP || 26 ἐγκαρτερήσει scripsi : ἐκαρτήσει FP ἁμαρτήσει Canter ἐγκακήσει Meineke.

garderont d'être injustes, redouteront la sainteté du serment, et il n'y en aura plus même un seul qui médite un sacrilège. Qu'ils apprennent à te rendre grâces pour les bienfaits reçus, pour que, joyeux, je remplisse ma fonction aux libations, moi le Feu [205], pour que, du foyer des autels, je fasse monter vers toi une fumée odorante. Car l'on me souille, ô Maître, jusqu'à ce jour, l'audace impie des hommes que tu as créés me force à réduire en cendres des chairs [206], ils ne me permettent pas de m'en tenir à mon être naturel, puisqu'ils falsifient indignement ce qui est incorruptible [207] ».

57 Puis l'Air : « Moi aussi », dit-il, « je suis pollué, Maître, et, du fait des exhalaisons des cadavres, je suis prestilentiel et non plus salubre [208], et j'assiste d'en haut à tout ce qu'on ne devrait pas voir ».

58 L'Eau ensuite, fils magnanime, eut licence de parler, et elle s'exprima en ces termes : « Père, Créateur admirable de toutes choses, Dieu né de toi-même [209], Auteur de la nature qui engendre tout par toi, ordonne maintenant enfin [210], ô Divin, que le courant des fleuves [211] s'écoule toujours pur ! Car ou bien fleuves et mers lavent de leurs souillures les égorgeurs, ou ils reçoivent les égorgés [212] ».

59 La Terre se présenta ensuite, accablée de chagrin, et † ... † [213], très glorieux fils, elle commença en ces termes : « Roi, Prytane et Maître des voûtes célestes, Chef et Père de ces Éléments que nous sommes ici présents devant toi, nous à partir de qui tous les êtres commencent de croître pour décroître ensuite [214], nous en qui aussi, de nouveau, ils retournent [215] nécessairement quand ils atteignent le terme imprescriptible, une bande insensée, ô Très Honoré, et impie de gens inhumains [216] a fondu sur moi. Sans doute, j'ai assez d'espace pour contenir aussi toute espèce de substance (oui, moi-même, comme tu l'as commandé, non

βωσι, φυλάξονται οἱ λοιποὶ τὸ ἀδικεῖν, φοβηθήσονται ὅρκους καὶ οὐδὲ εἷς ἔτι ἀνόσιον φρονήσει· μαθέτωσαν εὐεργετηθέντες εὐχαριστῆσαι, ἵνα χαῖρον παρὰ λοιβαῖς [παρὰ θυσίαις] ὑπηρετήσω τὸ πῦρ, ἵν' εὐώδεις ἀτμοὺς ἀπ' ἐσχάρας προπέμψω σοι. μιαίνομαι γάρ, ὦ δέσποτα, μέχρι νῦν καὶ ὑπὸ τῆς τῶν γενομένων ἀνθρώπων ἀθέου τόλμης σάρκας ἀναγκάζομαι τήκειν, οὐκ ἐῶσί τε μένειν εἰς ὃ πέφυκα, παραχαράσσοντες οὐ καθηκόντως τὸ ἄφθαρτον ».

57 ὁ δὲ ἀήρ « Καὶ αὐτὸς θολοῦμαι, δέσποτα », ἔλεγε, « καὶ ἀπὸ τῶν νεκρῶν σωμάτων ἀναθυμιάσεως νοσώδης τέ εἰμι καὶ ὑγιεινὸς οὐκέτι, ἐφορῶ τε ἄνωθεν ὅσα μὴ θέμις ὁρᾶν ».

58 ὕδωρ ἑξῆς, ὦ παῖ μεγαλόψυχε, τὴν τοῦ λέγειν εἶχεν ἐξουσίαν καὶ ἔλεγεν οὕτως· « Πάτερ καὶ θαυμαστὲ ποιητὰ πάντων, αὐτόγονε δαῖμον καὶ τῆς διὰ σὲ πάντα γεννώσης ποιητὰ φύσεως, ἤδη ποτέ, ὦ δαῖμον, ἀεὶ ῥεῖθρα ποταμῶν καθαρὰ πρόσταξον εἶναι· ἢ γὰρ ἀπολούουσι ποταμοὶ καὶ θάλασσαι τοὺς φονεύσαντας, ἢ δέχονται τοὺς φονευθέντας ».

59 γῆ παρῆν περίλυπος ἑξῆς, καὶ † τάξομαι τῆς ἀπὸ τῶν λόγων † ὦ παῖ μεγαλόδοξε, οὕτως λέγειν ἤρξατο· « Βασιλεῦ καὶ τῶν οὐρανίων πρύτανι καὶ δέσποτα ἀψίδων, στοιχείων ἡμῶν ἡγεμὼν ⟨καὶ⟩ πάτερ τῶν σοι παρεστώτων, ἐξ ὧν αὐξήσεως καὶ μειώσεως ἀρχὴν ἔχει τὰ πάντα, εἰς ἃ καὶ πάλιν καταλήγοντα ἀναγκαίως ὀφειλόμενον τέλος ἔχει, ἀλόγιστος, ὦ πολυτίμητε, καὶ ἄθεος ἀπανθρώπων ἐπ' ἐμὲ

---

4 παρὰ θυσίαις secl. Heeren, fort. lectio duplex (cf. 18.11) — τὸ πῦρ secl. Wachsmuth — ἀτμοὺς F : αὐτὰρ P || 5 μιαίνομαι Canter : μαίνομαι FP || 7 εἰς ὃ FP: an ἐφ' ᾧ (cf. 87.14)? || 11 οὐκέτι Wachsmuth : οὐχ ἔτι FP — ὅσα FP : οἷα Scott — μὴ V Aug. : με FP οὐ P² || 15 αὐτόγονε Meineke : αὐτόγενε FP αὐτογενὲς P² || 15 τῆς F : τὴν P || 20-21 τάξομαι... λόγων corruptum : τὸ ἀξίωμ' αἰτήσασα τ. λ. Theiler τἀξίωμ' αἰτήσασ' ἀπὸ τ. λ. Desrousseaux || 23 καὶ ins. Meineke || 24 τὰ om. F || 26 ἀπανθρώπων Ferguson : ἀπ' ἀνθρώπων FP [ἀπ'] ἀνθρώπων Heeren ' an ἀπανθρώπων <ἀνθρώπων> ? ' Nock.

seulement je porte toutes choses, mais j'accepte même les bêtes égorgées[217]), **60** pourtant, actuellement, je suis déshonorée : alors qu'il est rempli de toutes choses, ton monde terrestre ne possède pas Dieu. Car, comme il n'y a rien que les hommes aient à craindre, ils commettent toutes sortes de crimes et sur mes épaules, Seigneur, ils sont abattus par un art pervers[217a] : me voici toute corrompue, inondée du pus des cadavres. **61** Désormais[217b], Seigneur, c'est aussi ceux qui n'en sont pas dignes que je suis forcée de contenir. Je veux contenir[218], avec tout ce que je porte, Dieu aussi. Accorde à la Terre, sinon ta personne même — car Toi, je n'ai pas l'audace de te contenir[219] —, du moins quelque émanation[220] sacrée de toi-même. Change mon sort, rends la Terre plus glorieuse que les autres Éléments : car, seule des choses qui viennent de toi, il lui convient de s'enorgueillir, puisqu'elle est la pourvoyeuse universelle ».

62 Tel furent les discours des Éléments. Quant à Dieu, ayant rempli, tandis qu'il parlait, tout l'univers de sa voix sainte[221] : « Allez votre chemin », dit-il, « enfants sacrés, dignes d'un puissant père, n'essayez pas d'innover d'aucune façon, ne laissez pas mon univers en sa totalité privé de votre ministère[222]. Car voici en quelque sorte parmi vous, d'ores et déjà, un second[223] effluve de ma nature, qui veillera avec scrupule sur toutes les actions humaines, pour les vivants juge qu'on ne peut décevoir, despote absolu des morts, terrible, et non seulement terrible, mais vengeur de leurs crimes[224] : et chacun des hommes sera rétribué, tout au long de sa race[225], du salaire qu'il mérite ».

63 C'est ainsi que, sur l'ordre du Souverain, les Éléments mirent fin à leur requête[226] ; ils gardaient le silence ; et chacun d'eux commandait dans son royaume[227] et il y régnait en maître ».

64 Et, sur cela, Horus dit : « O Mère, comment donc la Terre eut-elle l'heureuse fortune de recevoir[228] l'effluve de Dieu ? »

Et Isis répondit : « Je refuse de rapporter cette naissance, car il n'est pas permis de décrire l'origine de ta procréation[228a],

χορὸς ἐπέστη. χωρῶ δ' ἐγὼ καὶ φύσιν πάντων (αὐτὴ γάρ, ὡς σὺ προσέταξας, καὶ φέρω πάντα καὶ τὰ φονευθέντα δέχομαι), 60 ἀτιμοῦμαι δὲ ἤδη· [ὁ ἐπὶ] πάντων ὁ ἐπιχθονιός σου κόσμος πεπληρωμένος θεὸν οὐκ ἔχει. πάντα γάρ, ὃ φοβηθῶσιν οὐκ ἔχοντες, παρανομοῦσι καὶ κατ' ἐμῶν, ὦ κύριε, τενόντων πάσῃ πονηρᾷ τέχνῃ καταπίπτουσι· καταβρέχομαι δὲ πᾶσα διαφθειρομένη σωμάτων χυλοῖς. 61 ἐντεῦθεν, κύριε, καὶ τοὺς οὐκ ἀξίους ἀναγκάζομαι χωρεῖν· χωρῆσαι θέλω μεθ' ὧν φέρω πάντων καὶ θεόν. χάρισαι τῇ γῇ, κἂν οὐ σεαυτόν, οὐ γὰρ σὲ χωρεῖν ὑπομένω, σαυτοῦ τινα ἱερὰν ἀπόρροιαν. στοιχείων τιμιωτέραν τῶν ἄλλων τὴν γῆν μεταποίησον. μόνῃ γὰρ αὐχεῖν τῶν ἀπὸ σοῦ πρέπει τὰ πάντα παρεχούσῃ ».

62 τοσαῦτα μὲν τὰ στοιχεῖα εἶπεν· ὁ δὲ θεὸς ἱερᾶς ἐν τῷ λέγειν φωνῆς τὰ σύμπαντα πληρώσας, « Πορεύεσθε », εἶπεν, « ἱερὰ καὶ μεγάλου πατρὸς ἄξια τέκνα, καὶ κατὰ μηδένα τρόπον νεωτερίζειν ἐπιχειρεῖτε μηδὲ ἀργὸν τῆς ἐξ αὐτῶν ὑπηρεσίας τὸν σύμπαντά μου κόσμον καταλείπετε. ἑτέρα γὰρ ἐν ὑμῖν τις ἤδη τῆς ἐμῆς ἀπόρροια φύσεως, ὃς δὴ καὶ ὅσιος ἔσται τῶν πραττομένων ἐπόπτης καὶ ζώντων μὲν κριτὴς ἀμεθόδευτος, φρικτὸς δ' οὐ μόνον, ἀλλὰ καὶ τιμωρὸς τῶν ὑπὸ γῆν τύραννος. καὶ ἑκάστῳ δὲ τῶν ἀνθρώπων ἀκολουθήσει διὰ γένους μισθὸς ἐπάξιος ».

63 καὶ οὕτως ἐπαύσατο τῆς ἐντυχίας τὰ στοιχεῖα τοῦ δεσπότου κελεύσαντος καὶ ἐχεμυθίαν εἶχον· καὶ ἕκαστον αὐτῶν τῆς ἰδίας ἐξουσίας ἐκράτει καὶ ἐδέσποζε ».

64 καὶ ἐκ τούτου εἶπεν Ὧρος· « Ὦ τεκοῦσα, πῶς οὖν τὴν τοῦ θεοῦ ἀπόρροιαν ἔχειν εὐτύχησεν ἡ γῆ ;»

καὶ εἶπεν Ἶσις· « Παραιτοῦμαι γένεσιν ἱστορεῖν· οὐ γὰρ θεμιτὸν σῆς σπορᾶς καταλέγειν ἀρχήν, ὦ μεγαλοσθενὲς

---

1 ἐπέστη Meineke : ἔπεστι FP — αὐτὴ Meineke : αὕτη FP || 3 ὁ ἐπὶ secl. Ferguson || 8-9 an ⟨εἰ⟩ καὶ... χωρεῖν, χωρῆσαι ? || 12 μεταποίησον Heeren : μετεποίησαν FP || 18 αὐτῶν Wachsmuth : αὐτῶν FP, fort. recte || 18-19 καταλείπετε P : καταλείπητε F.

ô très puissant Horus, de peur que jamais, à l'avenir, la génération des dieux immortels vienne aux oreilles des hommes. Je ne puis dire que ceci [229] : le Dieu Monarque, l'Ordonnateur et l'Artisan de l'univers, accorda †...† [230], pour un peu de temps [231], le très grand [232] Osiris ton père et la très grande déesse Isis pour qu'au monde qui manquait de tout ils vinssent porter secours [233].

65 Ce sont eux qui ont rempli de ressources la vie humaine [234].

Ce sont eux qui ont mis un terme à la sauvagerie des meurtres réciproques.

Ce sont eux qui ont consacré aux dieux ancêtres [235] des temples et des sacrifices.

Ce sont eux qui ont donné aux mortels des lois, des aliments, un toit.

66 « Ce sont eux », dit Hermès [236], « qui connaîtront à fond tous les secrets de mes écrits [237] et qui en feront le discernement ; et même s'ils en retiennent par devers eux quelques-uns [237 a], en revanche ceux d'entr'eux qui l'emportent eu égard aussi [238] au service qu'ils rendent aux mortels, ils les graveront sur des stèles et des obélisques ».

67 Ce sont eux qui les premiers, ayant fait connaître les tribunaux, ont rempli le monde d'équité et de justice.

Ce sont eux qui, premiers auteurs du contrat solennel et de la bonne foi, ont introduit dans la vie humaine le très grand dieu Serment lui aussi [239].

Ce sont eux qui ont appris à ensevelir comme il convient ceux qui ont cessé de vivre [240].

Ce sont eux qui, ayant examiné le phénomène cruel [241] de la mort, ont reconnu que, le souffle qui vient de l'extérieur [242] étant sujet à retourner périodiquement [242 a] dans les corps des hommes, s'il vient à tarder jamais, il produit un évanouissement qui ne comporte pas de rétablissement.

Ce sont eux qui, ayant appris d'Hermès que l'atmosphère est remplie de démons [243], l'ont gravé sur des stèles cachées.

68 Ce sont eux seuls qui, instruits par Hermès des secrètes ordonnances de Dieu, se sont faits pour l'humanité

Ὧρε, ὡς μήποτε ὕστερον εἰς ἀνθρώπους ἀθανάτων ἔλθῃ γένεσις θεῶν· πλὴν ὅτι γε ὁ μόναρχος θεός, ὁ τῶν συμπάντων κοσμοποιητὴς καὶ τεχνίτης, † τι † τὸν μέγιστόν σου πρὸς ὀλίγον ἐχαρίσατο πατέρα Ὄσιριν καὶ τὴν μεγίστην θεὰν Ἶσιν, ἵνα τῷ πάντων δεομένῳ κόσμῳ βοηθοὶ γένωνται.

65 οὗτοι βίου τὸν βίον ἐπλήρωσαν.

οὗτοι τὸ τῆς ἀλληλοφονίας ἔπαυσαν ἄγριον.

τεμένη προγόνοις θεοῖς οὗτοι καὶ θυσίας καθιέρωσαν.

νόμους οὗτοι καὶ τροφὰς θνητοῖς καὶ σκέπην ἐχαρίσαντο.

66 « Οὗτοι τὰ κρυπτά », φησὶν Ἑρμῆς, « τῶν ἐμῶν ἐπιγνώσονται γραμμάτων πάντα καὶ διακρινοῦσι, κἂν τινα μὲν αὐτοὶ κατασχῶσιν, ἃ δὲ καὶ πρὸς εὐεργεσίας θνητῶν φθάνει, στήλαις καὶ ὀβελίσκοις χαράξουσιν ».

67 οὗτοι πρῶτοι δείξαντες δικαστήρια εὐνομίας τὰ σύμπαντα καὶ δικαιοσύνης ἐπλήρωσαν.

οὗτοι δεξιᾶς καὶ πίστεως ἀρχηγέται γενόμενοι καὶ τὸν μέγιστον θεὸν Ὅρκον εἰσηγάγοντο εἰς τὸν βίον.

οὗτοι τοὺς παυσαμένους τοῦ ζῆν ὡς δέον ἐστὶν ἐδίδαξαν περιστέλλειν.

οὗτοι τὸ τοῦ θανάτου ζητήσαντες ἄγριον ἔγνωσαν ὡς, τοῦ ἔξωθεν πνεύματος φιλυποστρόφου τυγχάνοντος εἰς τὰ τῶν ἀνθρώπων πλάσματα, ἐὰν ὑστερήσῃ ποτέ, ἀνάκτησιν οὐκ ἔχουσαν ἐργάζεται λειποθυμίαν.

οὗτοι τὸ περιέχον ὅτι δαιμόνων ἐπληρώθη παρὰ Ἑρμοῦ μαθόντες κρυπταῖς στήλαις ἐχάραξαν.

68 οὗτοι μόνοι τὰς κρυπτὰς νομοθεσίας τοῦ θεοῦ παρὰ Ἑρμοῦ μαθόντες τεχνῶν καὶ ἐπιστημῶν καὶ ἐπιτηδευ-

---

3 τι FP : secl. Heeren γῇ Usener ἔτι Desrousseaux (coll. ἑτέρα 20.19) || 5 τῷ Ferguson : τῶν FP — δεομένῳ Canter : δεομένων FP || 6 βίου FP : τοῦ θείου Scott τοῦ ὁσίου Ferguson (cf. *Vivre et Penser* II 51, 8) || 8 οὗτοι Meineke : αὐτοὶ FP || 12 κἂν Desrousseaux : καὶ FP || 13 κατασχῶσιν P : κατάσχωσιν F καταχώσουσιν Usener || 24 ἔχουσαν FP : ἔχον P^2 — λειποθυμίαν Usener : λειποθυμίας FP (quo recepto, ἔχουσας Ferguson).

les initiateurs et législateurs des arts, des sciences et des occupations [244] de toute sorte.

Ce sont eux qui, ayant appris d'Hermès que les choses d'en bas ont reçu du Créateur l'ordre d'être en sympathie avec celles d'en haut, ont institué sur la terre les fonctions sacrées liées verticalement aux mystères du ciel [245].

Ce sont eux qui, ayant reconnu la corruptibilité des corps, ont ingénieusement créé l'excellence en tout des prophètes [246], en sorte que jamais le prophète destiné à élever ses mains vers les dieux n'ignorât aucun des êtres [247], afin que philosophie et magie nourrissent l'âme, et que la médecine guérît le corps quand il est affligé de quelque mal [248].

69 Après avoir accompli tout cela, mon enfant, Osiris et moi, comme nous voyions le monde parfaitement comblé [249], nous fûmes réclamés désormais par les habitants du ciel. Mais il ne nous était pas possible d'y retourner avant d'avoir invoqué le Monarque, afin que, de cette doctrine aussi, l'univers fût tout rempli [250] et que nous fussions nous-mêmes favorisés d'un bon accueil dans notre remontée : Dieu en effet se plaît aux hymnes ».

70 « Mère », dit Horus, « accorde-moi, à moi aussi, de connaître cet hymne, afin que je ne sois pas un ignorant [251] ». Et Isis répondit : « Écoute, fils [252] ».

μάτων ἁπάντων εἰσηγηταὶ τοῖς ἀνθρώποις ἐγένοντο καὶ νομοθέται.

οὗτοι παρ' Ἑρμοῦ μαθόντες ὡς τὰ κάτω συμπαθεῖν τοῖς ἄνω ὑπὸ τοῦ δημιουργοῦ διετάγη, τὰς προσκαθέτους τοῖς ἐν οὐρανῷ μυστηρίοις ἱεροποιίας ἀνέστησαν ἐν γῇ.

οὗτοι τὸ φθόριμον τῶν σωμάτων ἐπιγνόντες τὸ ἐν ἅπασι τέλειον τῶν προφητῶν ἐτεχνάσαντο, ὡς μήποτε ὁ μέλλων θεοῖς προσάγειν χεῖρας προφήτης ἀγνοῇ τι τῶν ὄντων, ἵνα φιλοσοφία μὲν καὶ μαγεία ψυχὴν τρέφῃ, σῴζῃ δ' ὅταν τι πάσχῃ ἰατρικὴ σῶμα.

69 ταῦτα πάντα ποιήσαντες, ὦ τέκνον, Ὄσιρίς τε κἀγώ, τὸν κόσμον πληρέστατον ἰδόντες ἀπῃτούμεθα λοιπὸν ὑπὸ τῶν τὸν οὐρανὸν κατοικούντων· ἀλλ' οὐκ ἦν ἀνελθεῖν, πρὶν ἐπικαλέσασθαι τὸν μόναρχον, ἵνα δὴ καὶ τῆς θεωρίας ταύτης πλῆρες τὸ περιέχον γένηται αὐτοί τε εὐπαράδεκτον εὐτυχήσωμεν τὴν ἀνάβασιν· χαίρει γὰρ ὕμνοις ὁ θεός ».

70 « Ὦ τεκοῦσα », εἶπεν Ὧρος, « κἀμοὶ χάρισαι τὴν τοῦ ὕμνου ἐπίγνωσιν, ὡς μὴ ἀμαθὴς ὑπάρχω ». καὶ εἶπεν Ἶσις· « Πρόσεχε, παῖ ».

---

4 προσκαθέτους (FP) mutare nolui (cf. Ferguson IV 467) || 20 deest hymnus.

NOTES

1. Sur ce titre, cf. *Intr.*, p. cxxviii, n. 1. [Plutôt « Pupille », cf. Phil., de *op. m.*, 66, W. Th.].

2. Ou « verse à H. en doux breuvage le premier coup d'ambroisie » (Desrousseaux). — Cf. C. H. I 29 et la n. 75, mon article *Hermetica* dans *Harv. Th. R.*, XXXI (1938), p. 1-7, le pap. démot. Griffith, *Demot. mag. pap. of London and Leiden*, p. 107 (cité Reitzenstein, *Hell. Myst. Rel.*³, p. 80, n. 1), où Osiris donne à boire son sang à Isis (R. cp. le λόγος λεγόμενος εἰς τὸ ποτήριον, *P. G. M.*, VII, 644-651), et le φάρμακον τῆς ζωῆς du texte alchimique étudié *Pisciculi*, p. 111. Scott (III, p. 479) cite déjà Diod. I 25 εὑρεῖν δ' αὐτὴν (τὴν Ἶσιν) καὶ τὸ τῆς ἀθανασίας φάρμακον, δι' οὗ τὸν υἱὸν Ὧρον... μὴ μόνον ἀναστῆσαι, δοῦσαν τὴν ψυχήν, ἀλλὰ καὶ ἀθανασίας ποιῆσαι μεταλαβεῖν et *P. Oxyrh.* XI 1380. 242 σὺ τὸν μέγαν Ὄσιριν ἀθάνατον ἐποίησας, ...ὁμοίως δὲ καὶ Ὧρον. Voir au surplus P. W., *Ambrosia* (4) (Wernicke). L'ambroisie peut être solide ou liquide.

3. Avec la plupart des éditeurs depuis Patritius j'ai ajouté ἀπό avant θεῶν, peut-être à tort. En effet, dans K. K., Hermès d'un côté, Osiris et Isis de l'autre, sont dits des âmes, cf. *Intr.*, pp. cxl-cxliii. On pourrait donc concevoir qu'Horus reçoive l'ambroisie en qualité d'« âme de dieu », c'est-à-dire proprement en tant que dieu. — Ou « chez les dieux » (W. Th.)

4. καὶ οὕτως : cf. 2.20 s.; 5.18; 18.8; 20.24 et mon article *Style*, p. 23.

5. Sur cette période et le style de cet exorde, cf. *Intr.*, pp. cxxxi, cxxxiv-cxxxv. Noter le scolaire ὑποπίπτειν διανοίᾳ ll. 15-16.

6. πεπληρῶσθαι : cf. 4.10,16; 20.4,15; 21.16; 22.12,15. Ou « pleinement achevée ».

7. μυστηρίοις : cf. 2.3.15; 4.16; 15.4; 17.16; 22.5. Le mot est expliqué aussitôt par ἡ τῶν μετεώρων διάταξις. La métaphore archibanale des grands et petits mystères d'Eleusis (ainsi Jambl., *Protr.* 2) a peut-être amené cette désignation τὰ ἐλάσσονα (sc. μυστήρια) pour la nature d'en dessous. Cf. au surplus μυστήρια γῆς XXV 11., 71.16 s.

8. Sur la coupure que représente ce changement de temps, cf. *Intr.*, p. cxxxiv. Sur le sens général du passage, p. cxxxv-cxxxvi.

9. διαμονήν : cf. *R. E. G.*, LIII (1940), p. 59-60.

10. Cp. φανταζόμενος | δὲ γυναιξὶ (« revêtant l'apparence d'une femme »), Esch., *Agam.* 1499-1500. L'idée paraît être que Dieu,

encore (ἔτι) inconnu, se laisse connaître par sa représentation, le Ciel.

10 *a*. Ou « conférée (à la nuit) par », ou « offerte (à la vue) avec ».

11. Cf. *P. G. M.*, XII 253-254 ⟨σ⟩οῦ (le Dieu suprême) αἱ ἀγαθαὶ ἀπόρροιαι τῶν ἀστέρων εἰσίν, δαίμονες καὶ Τύχαι καὶ Μοῖραι, et Reitzenstein, *Poimandres*, p. 16, n. 4.

12. Cf. *Intr.*, pp. CXXXVI ss. Pour ἐνεθουσίασε (2.9), cf. 6.15.

13. Formule tripartite chère à l'hermétisme, en particulier dans la « felix formula », cf. C. H. XIV 4 (223.6) νοῆσαι καὶ... θαυμάσαι καὶ... ἑαυτὸν μακαρίσαι, Exc. VI **18** 1-3 νοῆσαι... καὶ... θεάσασθαι καὶ... μακάριος γενέσθαι, aussi Exc. II B **8** 2-4 πρῶτον... ἐγκαταλεῖψαι καὶ νικῆσαι... καὶ... ἀνελθεῖν.

14. Pour τοῦτο δ' ἄν... οὐκ ἄν, cf. *R. E. G.*, LIII, p. 60.

15. Cf. *Intr.*, p. CXL, n. 1.

16. Cf. *Sap. Sal.* 9, 11 οἶδε γὰρ ἐκείνη (sc. ἡ Σοφία) πάντα καὶ συνίει et cp. la science universelle de Salomon, *ib.* 7, 17 ss.

17. Cf. *Intr.*, p. CLIV, n. 4.

18. Sur ce style paratactique, cf. *Style*, p. 20 ss. Même construction à trois membres que ci-dessus, 2.11-12, cf. n. 13. — Pour le thème de la « révélation » (δηλῶσαι, δεῖξαι), cf. mon article l'*Expérience religieuse du médecin Thessalos* dans *Rev. Bibl.*, XLVIII (1939), p. 46 ss., *Rév. H. Tr.*, I, Introd., p. 1 ss. ; S. Eitrem, *Daulis in Delphoi u. Apollons Strafe* dans ΔΡΑΓΜΑ... *Nilsson dedicatum* (1939), p. 179.

19. Cf. *Rev. Bibl.*, XLVIII, p. 46, n. 5.

19 *a*. Ou « qui naîtrait plus tard dans le monde », cf. 17.12.

20. J'entends δορυφορεῖν comme un infinitif de but, cf. Blass-Debrunner, § 390, 1, qui cite *Lc.* 18, 10 ἀνέβησαν προσεύξασθαι, *U. P. Z.*, I, n° 62 (161 ou 160 av. J.-C.), 33 ἐὰν ἀναβῶ κἀγὼ προσκυνῆσαι (voir aussi *Mt.* 14, 23, *Lc.* 9, 28), ou de conséquence (sans ὥστε), cf. Blass-Debrunner, § 391, 4. — δορυφορεῖν s'emploie en parlant des astres qui « flanquent » le Soleil, cf. Liddell-Scott-Jones (cité L. S. J.) 1 b et Vett. Val. 87.8-10 ἐὰν ὁ Ἥλιος καὶ ἡ Σελήνη... δορυφορηθῶσιν ὑπὸ τῶν πλείστων ἀνατολικῶν, 94.5 ἐδορυφορήθη γὰρ ὁ Ἥλιος ὑπὸ τῶν ἀγαθοποιῶν : voir Bouché-Leclercq, *Astr. Gr.*, p. 252-254, 437, et cp. Phil., *de somn.* II 114 οὐχ ἄνθρωποι μόνοι δοξομανοῦσιν, ἀλλὰ καὶ οἱ ἀστέρες καὶ περὶ πρωτείων ἁμιλλώμενοι δικαιοῦσιν οἱ μείζους ἀεὶ πρὸς τῶν ἐλαττόνων δορυφορεῖσθαι. La place de Mercure dans l'ordre des planètes explique cette fonction subalterne.

21. [L'idée que les doctrines doivent se transmettre avant tout à un fils vient de ce que l'ancien sacerdoce était héréditaire, cf. *Mages hellénisés*, I, p. 93, n. 1, II, p. 119, n. 3. F. C.].

22. Sur ces doubles noms divins, cf. *Style*, p. 53 ss. Pour Πτανὸς... βουλαῖς, cf. Péan d'Aristonous (vers 322 av. J.-C.), Powell, *Collectan. Alexandrina*, Oxford, 1924, v. 5-8 Ἄπολλον, Κοίου τε κόρας | Λατοῦς

σεμνὸν ἄγαλμα καὶ | Ζηνὸς ὑψίστου μακάρων | βουλαῖς. Mais peut-être exclure βουλαῖς avec Scott (cf. n. cr.). [Cf. Jambl. *de myst.* VIII 3 (263.12 P.) Φθά ("Ελληνες δὲ εἰς "Ηφαιστον μεταλαμβάνουσι τὸν Φθά). W. Th.].

23. τῷ περιέχοντι = plus probablement l'espace environnant (cf. 4.9) que l'Enveloppant (Dieu : cf. 16.15 s. οὐκ ἐναργὴς γενήσεται πνεύματος θείου φύσις ἡ τοῦ περιέχοντος où il s'agit évidemment du Dieu suprême = 16.16 s. εἶπε γάρ εἶναί με ταμίαν... ὁ τῶν συμπάντων δεσπότης) : *contra* Reitzenstein, *Poim.*, p. 136 (ὁ περιέχων = ἡ δύναμις μεγίστη).

24. Cf. C. H. XIV 1 ἐπεὶ ὁ υἱός μου Τάτ... τὴν τῶν ὅλων ἠθέλησε φύσιν μαθεῖν (cf. ici 2.25 s.) ...ὡς υἱὸς καὶ νεώτερος ἄρτι παρελθὼν ἐπὶ τὴν γνῶσιν.

25. τοῖς πάντα βλέπουσιν ὀφθαλμοῖς : cf. *Intr.*, p. CLIV, n. 2. Ce sont là des qualités en général appliquées à Hélios, voir en dernier lieu L. H. Vincent, *Rev. Bibl.*, XLIX (1940), p. 98 ss. (*Le dieu saint Paqeidas à Gérasa*), en particulier p. 103-104 (Paqeidas = le Surveillant, l'Inspecteur universel), 109-110 (Paqeidas dieu solaire assimilé à Hélios).

26. Cf. Scott, III, p. 489-493.

27. Cf. *Intr.*, p. CLV, n. 3 et 4.

28. ἐπικατεύχομαι semble un hapax.

29. Ou « rapport », ἀπαγγελίαν : cf. τάδε ἑρμηνευούσης σοι τῆς τεκούσης 16.10. — ἀτελῆ ...καταλεῖψαι (3.11 s.) : cf. ἀργόν... καταλείπετε 20.17-19, ἄθεον καταλεῖψαι 18.20 s. — On ne peut garder μὲν (με Meineke), qui donne un faux balancement avec εἰπεῖν δ', ce δέ répondant en réalité à la négation (cf. Denniston, p. 168). Pour le positif à tirer du négatif οὐ καθῆκον, cf. Kühner-Gerth, II, p. 566 k.

30. Sur le φάρμακον ἀθανασίας *baume*, cf. P. W., *Ambrosia*, 1809.60-62.

31. Cf. *Intr.*, p. CXLI. Il doit s'agir d'Isis et d'Osiris.

32. εἰπεῖν et l'acc. de personne (« s'adresser à ») est poétique (cf. Kühner-Gerth, I, p. 295, Rem. 3), mais la construction paraît certaine, τοσαῦτα... ἔργοις ne faisant que reprendre ἐπικατευξάμενον... εἰπόντα 3.8 ss. — « *A* ses propres œuvres », βίβλοι équivalant ici à la construction magique de l'univers, objet digne qu'on le prie (*sic* Theiler), ou « *pour* ses propres œuvres », cf. Eur. *Andr.* 1105 τί σοι θεῷ κατευξώμεσθα ; Aristoph. *Eq.* 928 εὔχομαι δέ σοι ταδί. — Ou « il reçoit son *téménos* » ?

33. Tour personnel, comme Plat., *Rép.*, VII, 537 b 3 Οὗτος γὰρ ὁ χρόνος, ἐάντε δύο ἐάντε τρία ἔτη γίγνηται, ἀδύνατός τι ἄλλο πρᾶξαι· κόποι γὰρ καὶ ὕπνοι μαθήμασι πολέμιοι (= durant le temps du service militaire, les jeunes gens sont incapables de faire autre chose, car etc.). — Sur le style de ce morceau **9-13**, cf. *Style*, p. 19-20.

34. La Nature en général, ou plus spécialement la nature du monde *supérieur* : c'est lui qui va être organisé et rempli d'astres, cf. *Intr.*, pp. CLXXXII-CLXXXIV, en particulier p. CLXXXIII, n. 2. C'est pour que cette nature soit vivante et peuplée que Dieu crée *Physis*.

35. Pour οἱ ἤδη περιπολεῖν..., cf. Plat. *Tim.* 41 a 3 ἐπεὶ δ' οὖν πάντες ὅσοι τε περιπολοῦσιν φανερῶς καὶ ὅσοι φαίνονται καθ' ὅσον ἂν ἐθέλωσιν θεοὶ γένεσιν ἔσχον, κτλ. Le mouvement est le même et le souvenir du *Timée* semble manifeste. Le sens (*sc.* astres) paraît assez clair sans l'addition θεοί (Wachsmuth). Pour l'inconséquence avec 4.16, cf. *Intr*., p. CLXXXIII, n. 1.

36. τῷ... θεῷ βασιλεῖ, 3.24 s. Cf. ⟨ὁ⟩ δυνάστης 8.21, ⟨ὁ⟩ μόναρχος 12.9 (ὁ μ. 17.3), τοῦ βασιλέως (Dieu) XXIV **2**.

37. Cf. dans le λόγος des Naasséniens, Hippol., *Elenchos*, V, 8, 22 (p. 93.8 W.) τὸ γὰρ ὄνομα, φησί, τοῦ πάντα πάντων ὁμοῦ ἐστι « τῶν ἐπουρανίων καὶ ἐπιγείων καὶ καταχθονίων » λεγόντων· 'παῦε παῦε τὴν ἀσυμφωνίαν τοῦ κόσμου'. Reitzenstein compare ce texte avec la plainte des Eléments **54** ss. (*Poim.*, p. 178).

37 *a*. Ainsi Desrousseaux (ἔχει χρείαν impersonnel). Ou « vois de quoi ce qui actuellement existe a besoin encore pour l'avenir ».

38. Sur ce passage (création de Physis), cf. Ferguson, IV, p. 449-451. Scott (III, p. 501) cp. déjà avec la *Kosmopoiia* du pap. W de Leyde : Dieterich, *Abraxas*, p. 182.32-35 = *P. G. M.*, XIII, 161-166 = 472-475. La Γέννα κρατοῦσα σποράν *ibid.* 175-176 = 491-492 correspondrait à notre Physis. Voir surtout l'étude (assez aventureuse) de Reitzenstein, *Psyché*, p. 23-24.

39. Προέρχεσθαι est le verbe employé aussi par Damasc., *de princ.*, pour désigner le jaillissement du deuxième Noûs, lequel est dit τὸ προελθόν, par ex. I, p. 193.20 R., et déjà par Porph., *hist. phil.*, fr. XVIII, p. 15.1 N². προῆλθε δὲ (sc. ὁ νοῦς) προαιώνιος ἀπ' αὐτοῦ τοῦ θεοῦ ὡρμημένος αὐτογέννητος καὶ αὐτοπάτωρ (il n'y a aucune raison d'enlever ce passage à Porphyre, cf. Scott, IV, p. 201, n. 2, contre Nauck). Ferguson (IV, p. 450, n. 1) cite *Eccli.* 24, 3 ἐγὼ (la Sagesse) ἀπὸ στόματος Ὑψίστου ἐξῆλθον.

40. Cf. Exc. II A **13** 3, II B **3** 7.

40 *a*. αὐτῇ (Heeren : ταύτης FP) est sans doute meilleur grec. Mais peut-être Scott a-t-il eu raison d'adopter le ταύτην de Patricius (ταύτῃ... γεννητικῇ [Meineke] serait aussi possible) vu le caractère volontairement naïf du récit. Noter les parataxes : καὶ ὅτι ... καὶ τοῦτο ὅτι ... καὶ εἶπε ... καὶ ταύτην ... καὶ αὐτῇ (ou ταύτην ou ταύτῃ l. 8) et cf. *Style*, p. 19-20.

41. Cf. *supra* n. 23 et *R. E. G.*, LIII, p. 65.

42. Cf. *supra* n. 6.

43. Cf. 11.4.

43 *a*. [εἶπεν ὁ θεὸς καὶ ἦν (4.11). Souvenir de la *Genèse*, cf. π.

ὕψους IX 9 et Gal. *de usu part.* XI 14 (II, p. 158, 2 ss. Helmreich). W. Th.].

44. Cf. *Intr.*, p. CLXXXIV et n. 1. Même hésitation chez les âmes quand elles sont invitées à créer, 7.12 ss. et *Intr.*, p. CLXXXIV.

45. = ἐχαρίσατο (Εὑρέσει) εἶναι (Theiler). — Pour χαρίζομαι et l'infinitif sans article, cf. *Ev. Luc.*, 7, 21 τυφλοῖς ... ἐχαρίσατο βλέπειν, Ign., *Eph.* 1, 3 εὐλογητὸς γὰρ ὁ χαρισάμενος ὑμῖν ... τοιοῦτον ἐπίσκοπον κεκτῆσθαι, [Luc.] *Amor.* 19 χάρισαι δὲ καὶ τοῖς ἀνδράσι μένειν ἄρρεσιν, *Anth. Pal.* V 236, 1-2 εὖτε δ' ἐπέλθῃ | ὄρθρος ἐλινῦσαι μικρὰ χαριζόμενος. En Plat., *Hipp. Min.* 364 c ἆρ' ἄν τί μοι χαρίσαιο τοιόνδε, μή μου καταγελᾶν (cité L. S. J., χαρίζομαι II 1 b), μή μου κ. explicite τοιόνδε et le cas est donc différent.

46. Garder le premier τούτων 4.16 (del. Heeren) qui explique le rôle de Heurésis. Physis, embarrassée (4.11 s.), s'unit à Ponos, d'où naît Heurésis. C'est celle-ci qui va « inventer » l'organisation du monde, et d'abord la parure des astres. — τὸ κατὰ τούτων ἡγεμονικόν : Heurésis guide les astres : cf. les arétalogies isiaques où Isis, qui est dite aussi l'εὑρέτις de toutes choses, a montré aux astres la route qu'ils doivent suivre, v. gr. Kymé 13 : ἐγὼ ἄστρων ὁδοὺς ἔδειξα. Comme Isis, Heurésis a un rôle cosmique, et elle sera en même temps, unie à Hermès, l'inventrice de tous les arts, cf. 9.13 s. (Hermès) οὐ παύσομαι τῇ Εὑρέσει συνών. Pour τὰ ἤδη γεγονότα (4.15), cf. 8.16, τὰ ἤδη ὄντα 5.26.

47. Garder τὸν ὑπεράνω κόσμον (τὸν ὑπουράνιον κόσμον Scott) : il s'agit maintenant de la création des âmes (et du zodiaque). Or c'est bien au ciel que les âmes doivent demeurer en principe. Elles ne le quittent que par leur faute. Cf. *Intr.*, p. CLXXXIV ss., et, sur les rapports de ce passage avec l'alchimie, *Pisciculi*, p. 102-116. Pour la personnification *Psychôsis*, cf. Reizenstein, *Psyché*, p. 71-72.

48. Sc. d'âmes, issues du souffle de Dieu, cf. 4.22 s. πνεῦμα γὰρ ... ἀπὸ τοῦ ἰδίου λαβών, 5.26 s. ὦ πνεύματος ἐμοῦ..., ψυχαί, καλὰ τέκνα, 6.8 s. [Cf. Phil., *de op, m.*, 135, W. Th.].

49. Οὕτως (« dans ces conditions ») résumant, en tête de l'apodose, la proposition participiale peut ou non être traduit : sur ce tour (qui reparaît 4.26), cf. *Style*, p. 28-29.

50. νοερῷ (Meineke) est spécieux, car la doctrine stoïcienne du πῦρ νοερόν est classique, cf., outre Scott (III, p. 506), *St. V. Fr.*, II, p. 307.1-3 (= Serv., *in Aen.*, VI 727) *aut certe secundum eos locutus est, qui ... deum ... ita definiunt* : πῦρ νοερόν, *id est ignem sensualem* (noter que *sensus* rend νοῦς dans l'*Asclépius*) [voir aussi I, p. 44.9-10 τὴν μὲν φύσιν εἶναι πῦρ τεχνικὸν ὁδῷ βαδίζον εἰς γένεσιν, II, p. 217.13 ss. (fr. 774), p. 328.19 ss. (fr. 1133). F. C.]. La correction pourtant n'est pas nécessaire : (*a*) l'âme composée de feu, ou de souffle, ou des deux, est une banalité (cf. *Dox.*, p. 388-389), et il s'agit ici, bien entendu, d'éléments supérieurs comme, plus bas (6.12 s.), pour le

zodiaque ; (*b*) νοερῶς donne un très bon sens, cf. εὖ μάλα 4.26, εὐτάκτως τε καὶ συμμέτρως κτλ. 5.11, εὖ τε κινήσας 6.15, εὖ καὶ καλῶς 7.1. Voir au surplus 5.3-4.

51. Cf. 6.13 s. καί τινας ὁμοίως κρυπτοὺς ἐπειπὼν λόγους et peut-être 5.12 (μετὰ) λόγου τοῦ καθήκοντος (mais cf. *infra* n. 56).

52. Noter l'accumulation des adjectifs en ἰδιο- (ἰδιοσύγκριτος et ἰδιότυπος hapax) pour marquer le caractère tout singulier de la mixture. Cf. ἰδιοφυές XXV **4** et, sur ces composés en ἰδιο-, Rudberg, *Forsch. zu Poseid.*, p. 313.

53. J'ai gardé ἣν δὴ καὶ (pour la reprise du substantif antécédent à la fin de la relative, cf. Kühner-Gerth, II, p. 420, § 556, 4, n. 1) en tenant ἐξ οὗ δὴ pour l'apodose (noter δή : cf. Denniston, p. 224), moyennant une anacoluthe après la parenthèse : cf. *Act. Ap.* 24, 5 ss. εὑρόντες γὰρ τὸν ἄνδρα τοῦτον λοιμὸν καὶ κινοῦντα στάσεις..., ὃς καὶ τὸ ἱερὸν ἐπείρασεν βεβηλῶσαι, ὃν καὶ ἐκρατήσαμεν, et, sur ce texte, Blass-Debrunner, p. 270 (*Anakoluth nach Zwischensatz*). Voir aussi Kühner-Gerth, II, 435, § 561 e.

54. Sc. « d'*Animation* ».

55. [Le mot Ψύχωσις paraît être emprunté aux pythagoriciens, cf. *Theolog. arithm.*, p. 74.10 Falco (= Diels-Kranz, *Vorsokr.*[5], 44 [32] A, 12) et Phil., I, 22.5, II, 43.24 Cohn-Wendl. F. C.].

56. (μετὰ) λόγου τοῦ καθήκοντος, cf. 5.23 s. τάξει τινὶ καὶ οἰκονομίᾳ καθηκούσῃ. Vu la suite, ce sens paraît préférable à « speaking the fitting spell » (Scott), cf. *supra*, n. 51.

57. ἐπειδήπερ explique ἣν ἀναγκαῖον. Pour ἤ sans μᾶλλον après un positif dans la langue hellénistique, cf. *Style*, p. 29 et Bl.-Debr., § 245, 3.

58. Ce chiffre reparaît Exc. XXV **11**.

59. πλὴν ὅτι γε (5.19, cf. 21.2), où γε spécifie πλήν, est la fusion de deux tours classiques πλήν γε (Soph., *Philoct.* 441 ποίου δὲ τούτου πλήν γ'' Ὀδυσσέως ἐρεῖς ; Aristoph., *Lys.* 4-5 νῦν δ' οὐδεμία πάρεστιν... πλὴν ἥ γ' ἐμὴ κωμῆτις ἥδ' ἐξέρχεται) et πλὴν ὅτι, cf. Plat., *Théét.* 183 a 9 πλήν γε... ὅτι, *Phéd.* 57 b 2 πλήν γε δὴ ὅτι.

60. ταμεῖον (ici probable) est l'orthographe du N. T. (4 ex.) et prévaut dans les papyrus, à partir du Ier s. ap. J.-C., sur ταμιεῖον (*infra* 8.4). Ne pas unifier. Notre auteur, dans la même page écrit ξύμπας et σύμπας (*supra* 2.7,8) et les anciens se souciaient peu d'être conséquents dans l'orthographe, cf. dans l'arétalogie isiaque de Kymé (Peek, p. 124) : 55 ἐγὼ τὸ ἱμαρμένον νικῶ = 56 ἐμοῦ τὸ εἱμαρμένον ἀκούει.

61. Cf. *Intr.*, p. CLXXXI, n. 1. — Sur le cylindre, cf. Ferguson *ap.* Scott, III, p. 509-510, et IV, Intr., p. XXXV, n. 2 (περιστροβῶσι actif, 5.23).

62. Je traduis d'après la correction d'Usener : le sens est clair. Cf. [Arist.] *de Mundo* 6, 397 b 24 τὴν μὲν οὖν ἀνωτάτω καὶ πρώτην

ἕδραν αὐτὸς ἔλαχεν, ὕπατός τε διὰ τοῦτο ὠνόμασται, κατὰ τὸν ποιητὴν « ἀκροτάτῃ κορυφῇ » τοῦ σύμπαντος ἐγκαθιδρυμένος οὐρανοῦ, 398 b 7 αὐτὸν μὲν ἐπὶ τῆς ἀνωτάτω χώρας ἱδρῦσθαι.

63. En τὰς τῶν ἤδη ὄντων ... φύσεις, ce φύσεις est purement pléonastique, cf. *infra*, n. 147 : fréquent déjà chez Platon, cf. L. S. J., s. v. II 5.

63 *a*. εὐσταθέω, vox hellenistica. Cf. Epicure 121.34 Us. (εὐσταθής), 283.27 (εὐστάθεια), fr. 68 et 413 (εὐσταθέω) : cf. P. Linde, *De Epicuri vocabulis ab optima Atthide alienis, Bresl. Phil. Abh.*, IX 3, 1906, p. 13, 19, εὐσταθής chez Démocr., fr. 191 (auquel sans doute Epicure l'a emprunté) et Hippocr., εὐσταθέω dans le *Rhésos* 317, adj. et subst. dans les LXX (fréquents chez Philon), subst. et verbe assez fréquents dans les inscriptions pour marquer qu'une ville, un pays, un collège, sont en tranquillité, cf. *O. G. I.* 669 (édit du préfet d'Egypte T. Jul. Alexander, 68 ap. J.-C.), 4 τὴν Αἴγυπτον ἐν εὐσταθείᾳ διάγουσαν, 45 τοῦ τὴν Αἴγυπτον ἐν εὐσταθείᾳ διαμένειν, *Syll.*³ 1109 (Iobacchoi, IIᵉ ap. J.-C.), 15 εὐστάθειαν τῷ Βακχείῳ καὶ εὐκοσμίαν, *O. G. I.* 56 (mon. Canope, 238 av. J.-C.), 19 ἀνθ' ὧν οἱ θεοὶ δεδώκασιν αὐτοῖς εὐσταθοῦσαν τὴν βασιλείαν, *Syll*³, 708 (Istropolis, IIᵉ s. av. J.-C.), 37 ἐφ' οἷς συνέβη τήν τε πόλιν εὐσταθεῖν καὶ τοὺς πολείτας (!) σῴζεσθαι.

64. πάλιν, condamné par Scott (III, p. 511), peut se défendre. Il semble que les âmes aient été distribuées dans différentes sections de l'atmosphère pour y remplir chacune sa fonction. Si elles ont bien obéi, elles remonteront au ciel supérieur, au ciel des astres fixes où elles sont présentement durant ce discours de Dieu. Cf. *infra* 6.19 ταῖς ἤδη προκοψάσαις ψυχαῖς, 6.20 s. ψυχαῖς δὲ ταύταις ταῖς εἰς χωρία θεῶν καὶ τοὺς ἐγγὺς ἄστρων τόπους καὶ ἱεροὺς δαίμονας μετακεκλημέναις. Le souvenir de *Timée* 41 d ss. semble manifeste : cf. 41 d 8 διεῖλεν ψυχὰς ἰσαρίθμους τοῖς ἄστροις, ἔνειμέν θ' ἑκάστην πρὸς ἕκαστον, 42 b 3 καὶ ὁ μὲν εὖ τὸν προσήκοντα χρόνον βιούς, πάλιν εἰς τὴν συννόμου πορευθεὶς οἴκησιν ἄστρου, βίον εὐδαίμονα καὶ συνήθη ἕξοι.

65. Pas nécessairement influence judaïque (*sic* Scott, qui cite, III, p. 512, *Daniel.* 7, 9 ; *Ev. Math.* 19, 28 ; *Col.* 1, 16 ; *Apoc.* 20, 4). Cf. en effet l'inscription d'Antiochus de Commagène, *Inscr. Syr.*, 1, l. 36 ss. ἐπεὶ δὲ ἱεροθεσίου τοῦδε κρηπεῖδα ... οὐρανίων ἄγχιστα θρόνων καταστήσασθαι προενοήθην, 41 s. πρὸς οὐρανίους Διὸς Ὠρομάσδου θρόνους. — ἀρετή au sens magique ; ou « pleins de gloire », sens également bien attesté à l'époque hellénistique.

66. Sur ce passage, cf. *Intr.*, pp. CLXXXVI s. [Pour cette création à l'aide d'un mélange de feu et de souffle, puis d'eau et de terre, cf. la cosmologie attribuée par Aristoxène à Zaratas, *Mages hellénisés*, II, p. 64 et la n. 5, cf. p. 329, n. 1. F. C.].

67. Ou : « certaines formules également secrètes ». En tout cas,

ὁμοίως réfère à l'opération précédente, cf. 4.25 μετά τινων ἐπιφωνήσεων κρυπτῶν.

68. Construction ἀπὸ κοινοῦ (Kühner-Gerth, II, P. 562) = εὖ τε κινήσας τὸ κρᾶμα καὶ ζωοποιὸν ἐνθουσιάσας αὐτῷ, ce dernier comme ἔρωτας ἐνεθουσίασε θεοῖς 2.9. Pour l'ellipse de τι, cf. v. gr. Plat., *Lois*, I, 642 a 4. Jul., *Or.* VI 193 B ἀλλ' ὅτι μεν οὐ χαλεπὸν οὐδὲ παράνομον οὐδὲ ἀσύνηθες ὑμῖν ὁ γενναῖος εἰργάσατο Διογένης, et v. Introd., p. CIX, n. 1.

69. ὁμοίως (6.16) : sc. comme dans l'opération précédente, cf. *supra* 6.14 et 4.26 s. οὕτως εὖ μάλα διεκίνησε κρᾶμα, ἕως ἐπεγέλασέ τις ὕλη τῷ μίγματι.

70. εὔβαφῆ (6.16) : cf. *Pisciculi*, p. 104, n. 11.

71. [Cf. Ptolémée, *Tetrab.*, III, 12, 12, p. 146.12 ss. Boll-Boer, *Cat. codd. astr.*, I, p. 165.6, 166.30, Bouché-Leclercq, *Astr. Grec.*, p. 149. F. C.].

72. Cf. *supra*, n. 64.

73. [χωρία θεῶν : cf. Phil., *Leg. All.* I, 44 (t. I, p. 72.4 C.-W.) θεοῦ γὰρ οὐδὲ ὁ σύμπας κόσμος ἄξιον ἂν εἴη χωρίον καὶ ἐνδιαίτημα. De même χῶρος pour le Ciel, l'Olympe, cf. l'index de Leisegang. F. C.].

74. ἱεροὺς δαίμονας (6.21) : cf. *P. G. M.* IV, 994-995 κατέχων δράκοντα, 'Αγαθὸν ἱερὸν Δαίμονα, 3169 ἱερὲ 'Αγαθὲ Δαίμων, VIII, 83 ἔκπεμψον τὸν ἱερὸν δαίμονα 'Ανούθ.

75. On peut prendre λαβών absolument (« ayant repris », sc. de la matière), comme dans les recettes alchimiques où, à côté de λαβών avec un complément d'objet (*Alch. Grec.*, 286.2, 14 ; 287.9, 15, 24, 28 ; 288.3, 5, 9), on a aussi λαβών au sens absolu = « ayant repris (la préparation, la matière, quelle qu'elle soit) », ainsi *ibid.* 285.14 καὶ λαβὼν εὑρήσεις σίδηρον, 286.1-2 κατάχωσον εἰς ἱππείαν ἐπὶ ἡμέρας ιε', καὶ λαβὼν ποίει οὕτως (en parlant d'une préparation indiquée 285.6 ss.), 286.17 εἶτα λαβών, συλλείωσον αὐτοῖς ταῦτα, 288.25 καὶ λαβὼν χώνευσον. — Ou λαβὼν... τὸν ζ. κόσμον ?

76. Garder συμφώνως ταῖς ψυχικαῖς κινήσεσι (7.1 s. : φυσικαῖς Scott), cf. Ptol., *Tetrab.*, III, 14.2 (p. 155.6 ss. Boll-Boer) : καὶ γὰρ αἱ τῶν ζῳδίων τῶν περιεχόντων τόν τε τοῦ 'Ερμοῦ καὶ τὴν σελήνην ἢ τοὺς τὴν ἐπικράτησιν αὐτῶν εἰληφότας ἀστέρας διαφοραὶ πολὺ δύνανται συμβάλλεσθαι πρὸς τὰ τῶν ψυχῶν ἰδιώματα ... καὶ ἔτι τὸ κατ' αὐτὴν τὴν ἑκάστου τῶν ἀστέρων φύσιν πρὸς τὰς ψυχικὰς κινήσεις ἰδιότροπον.

77. [Ou κόσμος = « ciel », comme souvent F. C.].

78. ἀπαρτίσας 7.3 : cf. ἀπήρτιστο 5.19.

79. οἷον : cf. L. S. J., s v., IV 2 e. Ou « pour ainsi dire », *ib.* IV 2 d.

80. τάς veut être traduit : cf. Bouché-Leclercq, *Astr. Gr.*, p. 130 ss. sur la δύναμις de chaque signe.

81. καθολικῶς, cf. *Intr*. p. CLXXXVII et, sur le rôle du zodiaque dans l'apotélesmatique universelle, Bouché-Leclercq, *Astr. Gr*., p. 328, 349 ss., en particulier 351-354.

82. Puisque les animaux se reproduisent d'eux-mêmes, cf. *Ascl*. 20 (321.14) *et futuris omnibus dehinc naturam ex se nascendi sufficiant*. J'entends, avec Theiler (οὕτως) ὅπως comme ὁμοιογονίας τοιαύτης... καθ' οἵανπερ κτλ.

83. κατενόουν = « examinaient » : cf. *Act. Ap*., 7, 31 προσερχομένου δὲ αὐτοῦ κατανοῆσαι = « comme il s'approchait pour examiner », 11, 5-6 εἶδον ἐν ἐκστάσει ὅραμα, καταβαῖνον σκεῦός τι ὡς ὀθόνην ... εἰς ἣν ἀτενίσας κατενόουν, καὶ εἶδον κτλ. — Sur cet examen et cette recherche (ἐπεζήτουν), cf. *Intr*., p. CLXXXIV.

84. Pour εὐμορφόω, cf. Vett. Val., p. 344.9 ὅπως καὶ ἡ γῆ ... χρωμάτων εἴδεσι μεταμορφουμένη εὐμορφώσῃ (εὐμορφῶσιν S, corr. Kroll).. Si le sens intransitif est possible (la correction paraît certaine), à fortiori le sens actif, d'après μορφόω.

85. ἡμιπαγοῦς (7.20). Cf. la neige, qui est ἡμιπαγές par rapport à la grêle et à la glace totalement condensées (παγέν), Plat. *Tim*. 59 e 2 ss. ; de même la potasse (λίτρον) et le sel, à demi condensés et solubles à nouveau par l'eau, ἡμιπαγῆ γενομένω καὶ λυτὼ πάλιν ὑφ' ὕδατος *Tim*. 60 d 7 s. Voir aussi [Arist.], *de mundo* 394 a 26 δροσοπάχνη δὲ ἡμιπαγὴς δρόσος.

86. Cette diversité des races animales en raison de la qualité différente du mélange originel est à la base de la doctrine de l'Exc. XXVI **19-23**, cf. *Intr*., pp. CCXXVI s. Les reptiles viennent ici en dernier lieu (ce sont les poissons en XXVI) parce qu'on va du moins au plus froid, la mixture se refroidissant au fur et à mesure de l'opération, cf. Ferguson, IV, p. 452.

87. Cf. 15.20 s. περίεργον ὁπλισθήσονται τόλμαν. Pour ὁπλίζεσθαι (moyen) au figuré et avec l'accusatif, cf. *Style*, p. 49, où je cite Soph., *El*. 996, *Anth. Pal*. V 93, *1 Petr*. 4, 1 τὴν αὐτὴν ἔννοιαν ὁπλίσασθε. Dans *P. G. M*. IV 209-210 σὺ δὲ μαγικὴν ψυχὴν ἔχων ὁπλισθεὶς μὴ θαμβηθῇς, le verbe (passif) est pris absolument, mais le sens est le même = « t'étant armé d'une âme magique ». Voir aussi Polyc., *ad Phil*. 4, 1 (avec datif) ainsi que l'image fréquente de ὅπλα chez S. Paul (*2 Cor*. 6, 7 ; *Éph*. 6, 11. 13. 14 ; *1 Thess*. 5, 8 : d'où Ignat., *ad. Pol*. 6, 2).

88. Sur cette intervention d'Hermès dans le récit, cf. *Intr*., pp. CXLIII ss. Hermès joue auprès d'Isis le rôle que celle-ci joue auprès d'Horus, d'où ma correction ὡς τάμοῦ (κάμοῦ FP) λέγων. On pourrait mettre ὦ τέκνον (8.7) dans la bouche d'Hermès, cf. *Intr*., p. CLIX et ajouter *P. G. M*. IV 2290 s. Ἑρμῆς ὁ πρέσβυς, Ἴσιδος πατὴρ ἐγώ. — καὶ... οὐκ ἐλάνθανεν (8.8 s.) pour οὐδὲ... ἐλάνθανεν est possible, οὐ λανθάνω formant une seule unité positive, cf. Kühner-Gerth, II, 182,3.

88 *a*. κύριον καὶ θεόν (8.8). Cp. le titre impérial bien connu *Deus et Dominus*, sur quoi voir p. ex. W. Ensslin, *Cambr. Anc. Hist.*, XII, p. 359 ss.

89. καὶ δὴ καί, passage du général au particulier (accentué par le changement de temps : οὐκ ἐλάνθανεν, ἐπεζήτει ➝ ἔδοξε), comme en **55** (18.17) : les Éléments décident de se plaindre au Créateur, et en particulier (καὶ δὴ καί) le Feu prend le premier la parole. C'est de bonne rhétorique, cf. p. *Style*, p. 25.

90. Sur le style de ce discours, cf. *Style*, p. 40.

91. Pour la forme, cf. *Tim*. 41 a 7 θεοὶ θεῶν, ὧν ἐγὼ κτλ. Garder ἱερός (ἱεροῦ Wachsmuth) : Hermès est un intellect sacré précisément en tant qu'issu de Dieu.

92. ἄχρι ποῦ (8.15) et ἄχρι πότε (8.16) me paraissent avoir ici même sens : simple variante de style. Cf. μέχρι πότε répété 17.8,9.

93. « Inertes » (ἄργα) et « sans louange » (ἀνεγκωμίαστα) parce qu'il n'y a pas d'hommes pour les mettre en œuvre et louer l'univers ainsi que son Créateur, cf. *Ascl*. 8 (306.6) *et mirari atque adorare caelestia et incolere atque gubernare terram* et *Intr*. pp. CLXXXVIII s. Sur ces présents de continuité, cf. Kühner-Gerth, I p. 134, § 3.

94. ἤδη (8.18) : cf. L. S. J., s. v., I, 3 et les formules ἄρτι ἄρτι ἤδη, ou ἤδη ταχύ, ou ἤδη ἤδη ταχὺ ταχύ fréquentes dans les textes magiques, cf. Moulton-Milligan, *Voc. of the Gr. Test.*, s. v. ; Deissmann, *Bible Studies*, p. 289.

95. Pour εἰπόντι ... συνήσθοντο, cf. Kühner-Gerth, I, p. 124, f. — εἴ τι = ὅ τι, peut-être en raison de l'affaiblissement de la valeur indéfinie dans ὅστις qui finit par = ὅς (Blass-Debrunner, § 293 ; Moulton, *Grammar N. T.*, I³, p. 91 ss.). Sur le présent δυνατός ἐστι, cf. Kühner-Gerth, II, p. 537, § 2 a α. — Ou, avec ὅτι (Usener) 8.22 et τι (FP : τις P²) 8.23 : « ils se rendaient compte avec le Prince qu'il (ὅτι) pouvait, sur les ressources de chacun, fournir quelque chose (τι) aux êtres à naître ».

96. Sur ce morceau astrologique, cf. *Intr*., p. CXCIV-CXCVIII.

97. πολεμήσαι (ci. Nock) serait certainement plus normal et la correction serait facile, cf. C. H. V 10 (64.11) εὐλογήσαι (Nock : εὐλογῆσαι codd.) avec la note 28 *ad. loc*. (On aurait ainsi ὡς final et l'optatif ici après un temps passé, ὡς et le subjonctif κολάζωνται 9.9 après le futur ἐπιζεύξω 9.7). Pour ὡς (= ὥστε) et l'infinitif πολεμῆσαι, voir cependant 10.1-3 ὡς ... νεαροποιήσασθαι, ὡς ... εἶναι et Blass-Debrunner, § 391, 1, Moulton-Milligan, s. v. 5.

98. ἐπὶ πλέον (9.10) est probablement faux (cf. n. cr.). Sans doute toute création, par définition, réjouit Dieu (cf. ὅπως ... τὸν πατέρα τέρπωσιν 5.24) et la promesse particulièrement favorable d'Aphrodite est destinée à le réjouir, mais cf. les formules stéréotypées ἔχαιρεν ὁ θεός 9.20, ἐτέρπετο ... Ἑρμῆς 16.13. — Τάδε (P) est intéressant comme exemple hellénistique de ὅδε = οὗτος, cf.

Rev. Et. Gr., LV, 1942, p. 98, n. 1, et *infra*, 12.8 τάδε εἰποῦσαι.

99. Isis reproduit le récit d'Hermès (εἶπεν Ἑρμῆς) et dans ce récit, Hermès reproduit ses propres paroles à l'assemblée des dieux, d'où ἔφην. On a le même complexe 16.24.

100. [Les signes où Mercure a ses domiciles sont la Vierge et les Gémeaux (Bouché-Leclercq, *Astr. Gr.*, p. 195). Ces signes sont ἀνθρωποειδῆ, φωνήεντα : cf. Ludwig, *Maximi et Ammonis reliq.*, p. 107 s. ; *Cat. codd. astr.*, I, p. 165 s. F. C.].

101. Il faut garder, je crois, ὅταν καὶ, ce καί ayant ici sa valeur propre de limitation, du fait qu'il marque une qualité additionnelle, cf. Denniston, p. 295.

102. Cf. Scott, III, p. 525.

103. Cf. *Intr.*, p. CLXXXI, n. 1.

104. Hermès a la parole de 8.7, à 10.7, cf. *Intr.*, p. CXLIV.

105. Prolepse. Pour le présent δέον ἐστί, cf. Xén., *Hell.* II, 2, 10 ἠπόρουν τί χρὴ ποιεῖν, *Ages.* 2, 13 ἠρώτων τί χρὴ ποιεῖν, Plat. *Apol.*, 21 b 7 ἠπόρουν τί ποτε λέγει et Kühner-Gerth, II, p. 537.

106. Les deux premiers ὡς (= ὥστε) avec l'infinitif (cf. *supra*, 9.3) marquent la conséquence, et cette conséquence est double : *a*) la matière étant sèche, il faut la rafraîchir ; *b*) l'excès d'humide affaiblira l'homme. Le troisième ὡς avec le subjonctif est final (cf. *supra*, 9.8-9). Pour la répétition, cf. *Style*, p. 50. Sur les inconséquences de ce passage, cf. *Intr.*, pp. CXCI s. Sur les déficiences du composé humain, Ferguson, IV, p. 453-454. [Le corps rempli d'humeurs (10.1 ss. cf. 11.14 s. ὑδαρεῖ καὶ ταχὺ διαλύτῳ σώματι) est une cause d'affaiblissement pour l'âme. Cf. la doctrine attribuée à Héraclite et indéfiniment répétée par les philosophes αὔη (ou ξηρή) ψυχὴ σοφωτάτη : Diels-Kranz, *Vorsokr.*[5], I, p. 177 (note au fr. 113 d'Héraclite). Voir aussi Porphyre dans *Mages hellénisés*, II, p. 78, n. 25. F. C.].

107. Cf. *Intr.*, p. CLXXXI, n. 1. Même style paratactique que *supra*, 8.20 s.

108. Nul changement nécessaire que de ponctuation. Après μαθοῦσαι, le τάδ' ἔφασαν (vel simile quid) attendu est remplacé par une exclamation personnelle d'Isis, οὖν étant repris par γάρ 10.15 après la parenthèse πρόσεχε κτλ. Le tout en vue de donner plus de vivacité au récit (brusquement interrompu ici par l'intervention d'Isis) et de mettre en valeur la plainte des âmes.

109. Sur la « tradition » kamèphienne, cf. *Intr.*, pp. CLIX ss.

110. Cf. *Intr.*, pp. CLXVI ss.

111. γὰρ (FP) en 10.16 est impossible ; γ' ἄρ', à quoi on pourrait songer, paraît n'être qu'une invention des modernes (cf. Wilamowitz, *Platon*, II, p. 351) : donc γε avec Heeren. Pour αἱ μέν γε avec le répondant αἱ δέ (10.22), cf. Denniston, *Gr. Part.*, p. 160.

112. αὐτὸ μόνον (10.17) : cf. L. S. J. αὐτός VI 1 = « simply,

merely ». *Ib.*, exemples du IIe s. ap. J.-C. (Lucien, Apollonius Dyscole).

112 *a*. Noter le pluriel παραδώσουσι (10.22) : cp. C. H. II 14, p. 38.6 τὰ δὲ ἄλλα πάντα ἀχώρητά ἐστι τοῦ τῆς ἀγαθοῦ φύσεως· σῶμα γάρ εἰσι καί ψυχή, τόπον οὐκ ἔχοντα χωρῆσαι δυνάμενον τὸ ἀγαθόν et cf. Bl.-Debr.[6] 133.

113. Sur ἔτριζον (10.23), Ferguson (*ap*. Scott, III, p. 528) cite *Od*. 24, 5.7.8 (âmes des prétendants). [Voir aussi Naass. ap. Hippol., *Elench*., V 7, 34 (p. 87.10 Wendl.) et 37 (p. 88.3). W. Th.].

114. τοὺς ὡς ἔτυχεν ἔχουσα ὀφθαλμούς : litt. « les yeux en la manière qu'elle se trouvait en avoir ». L'âme, non incarnée encore, n'a pas encore de vrais yeux. Cp. τὰς χεῖρας οἵας δεῖ θεὸν ἔχειν **52** (17.26 s.). — ἄνω καὶ κάτω : signe de l'agitation de l'âme, cf. Eur. *Herc. Fur*. 932 ἐν στροφαῖσιν ὀμμάτων ἐφθαρμένος, *Bacch*. 1166-7 ἐν διαστρόφοις ὄσσοις.

115. Sur cette invocation, cf. *R. E. G*., LIII, p. 62-63. Sur le style de tout ce discours, cf. *Style*, p. 35, 42-43.

116. Aux références indiquées *R. E. G*., LIII, p. 63, ajouter Cumont, *Eg. d. astrol*., p. 173, n. 5. — [ἱερὸν πνεῦμα (11.5) reparaît Exc. XXV **11**. Cp. *sacer spiritus*, Sen. *ep*. 41 in. W. Th.].

117. σύντροφα 11.7 : cf. σύσκηνα Exc. XXVI **26**. [Cf. *Ég. d. astrol*., p. 31, n. 1, E. Bikermann, *Instit. des Séleucides* (1938), pp. 42-43. F. C.]. [Cf. *Ascl*. 6 (302.7) *cum isdem se ortum esse cognoscat*. A. D. N.].

117 *a*. Peut-être faut-il garder ἐνάθλια (FP), voir n. cr. Philon a ἔναθλος, *de Somn*. I 168 (III, p. 241.6 C.-W.) ἔναθλοι καὶ ἐναγώνιοι πόνοι. Voir aussi *V. Mos*. I 323 (IV, p. 197.10 C.-W.) πολέμοις καὶ κακοῖς ἀμυθήτοις ἐναθλεῖν. Les âmes en vérité soutiennent un combat, cf. *supra* 10.22 s.

118. [περίχυμα (au sens d'atmosphère) semble un hapax, mais cf. Empédocle (*Vorsokr*.[5], I, p. 288.24) selon Plutarque : ἀέρα περιχυθῆναι κύκλῳ. F. C.].

119. τῆς μακαρίας μετὰ θεῶν πολιτείας (11.9 s) : cf. τῆς τῶν ἀνθρώπων ἀγρίου πολιτείας 18.13, πολιτεύεται XXIV **17**, XXVI **19**. πολιτεύεσθαι = *conversari* est constant dès l'époque hellénistique (*Macch*. II et III), πολιτεία = *conversatio* est peut-être déjà le sens d'*Eph*. 2, 12, et devient habituel dans la langue ecclésiastique, ainsi par exemple Pallad., *Hist. Laus*. (vers 419-420), éd. Lucot (Paris, Picard, 1912), pp. 2.7 ; 6.17, 19 ; 8.1 ; 16.12 ; 18.4 ; 22.2, etc.

120. Cf. C. H. XIII 15 (206.19), et l'abondant commentaire de Waszink à Tert. *de an*. 51, 4 *totam corporis scenam* (pp. 530-531). [De même σκήνωμα τῆς ψυχῆς, Sextus Pythag., *Sententiae*, éd. Elter (Bonn, 1891-2), 320. F. C.].

121. Cf. *supra*, 10.1 ss.

122. *Sc*. pour voir. Le contexte montre qu'il ne s'agit pas des

yeux comme réceptacle de l'âme (doctrine d'ailleurs inouïe), mais que les yeux du corps permettront à peine à l'âme de voir le Ciel. Pour ὀλίγοι, cf. *R. E. G.*, LIII, p. 63 et ajouter Manil., IV, 927-928 *parvula sic totum pervisit pupula caelum, | quoque vident oculi minimum est, cum maxima cernant*, dont l'esprit est d'ailleurs différent (optimiste). Pour χωρήσουσιν, cf. *infra*, 20.1,9,10, *Ev. Math.* 19, 11 οὐ πάντες χωροῦσι τὸν λόγον τοῦτον et Nock, *Sallustius*, p. xcix, n. 8.

122 *a*. La chose humide et ronde est la pupille. Garder καί et lire κυκλίῳ, plutôt que de conserver κύκλῳ en admettant ici un hendiadyn (notre auteur n'en offre pas d'exemple et ce serait bien artificiel). Pour les âmes incarnées il y a deux désavantages : leur regard sera troublé par l'ὑγρόν et limité par le petit cercle de la pupille (cf. Manilius, cité n. 122). — Pour πρόγονον οὐρανόν, cf. Manil. IV 884 *nostrumque parentem | pars sua perspicimus genitique accedimus astris*, 896 *an cuiquam genitos, nisi caelo, credere fas est | esse homines?*, 909-910 *et caelum scrutatur in alvo | cognatumque sequens corpus se quaerit in astris.*

123. Cf. Kern, *Orph. fr.* 345, p. 337-338. ἔνθ' ici, faisant double emploi avec γάρ (11.21), suffirait à prouver que le passage est interpolé (contre *R. E. G.*, LIII, p. 63). La glose se rapporte d'ailleurs à 11.22.

123 *a*. Pour οὐχ ἄντικρυς (11.21), cf. Ar. *Plut.* 334 s. κοὐ διοίσοντ' | ἄντικρυς τῶν Ἡρακλειδῶν... Παμφίλου (cp. ἄντικρυς κελεύω, lettre de Claude aux Alexandrins [P. Lond. 1912], l. 89). Noter la différence ici bien nette entre τὸ βλέπειν et τὸ ὁρᾶν. [Pour l'idée, cf. Phil., *de op. m.* 53. W. Th.].

124. Garder τόποι, cf. *R. E. G.*, LIII, p. 63-64 : mais il n'est même pas nécessaire de recourir au sens proprement médical, cf. iamata d'Epidaure, *I. G.* IV² 121, 72 ss. : Un borgne vient pour guérir, qui n'a que la paupière, sans rien dedans. On rit de sa naïveté, τὸ νομίζειν βλεψεῖσθαι ὅλως μηδεμίαν ὑπαρχὰν ἔχοντος ὀπτίλλου ἀλλ' ἢ χώραν μόνον. Voir aussi Ovid., *Métam.* VIII 805 (portrait de la Faim) *ventris erat pro ventre locus*, Luc., *Dial. des morts* XXVIII 1 ἅπασι γὰρ ἡμῖν τὰ ὄμματα κεναὶ μόνον εἰσὶ χῶραι αὐτῶν. [Porph. *Gaur.* 12.5, p. 51.14 Kalbfleisch (Abh. Berl. 1895) οὐδὲ τὰ ὄργανα δι' ὧν αἱ αἰσθήσεις οὐδ' οἱ τόποι οὐδὲ τὰ ἀποστήματα ἔνεστι. A. D. N.].

125. [Sur les vents et les âmes, cf. *Rev. archéol.*, janv.-mars 1939, p. 26 ss. Pour les Orphiques l'âme, portée par les vents, entrait dans le corps par la respiration, cf. Kern, fr. 27 (p. 96), et l'idée que les vents emportent les âmes est souvent exprimée par la sculpture funéraire. F. C.]. Voir aussi F. Cumont, *Symbolisme funéraire des Romains*, p. 104 ss. — ὅτι μή (12.1) est possible dans la grécité tardive, cf. Kühner-Gerth, II, p. 188 (§ 511, 3 c). [Pour cette plainte, cf. M. Aur., VIII 54. W. Th.].

126. Noter l'allitération voulue οἶκος (12.1) = ὄγκος (12.3).

127. Sc. ἀπολυθείσας ἀπὸ τούτων ἀφ' ὧν κτλ. Cp. *Ascl.* 32 (341.18) *vides ... in quibus constituti quae tractemus aut quae audeamus adtingere,* Soph. *Aj.* 501 ss. ἴδετε τὴν ὁμευνέτιν | Αἴαντος ... | οἵας λατρείας ἀνθ' ὅσου ζήλου τρέφει et, avec Theiler, Thuc. VII 75, 6 ἄλλως τε καὶ ἀπὸ οἵας λαμπρότητος καὶ αὐχήματος τοῦ πρώτου ἐς οἵαν τελευτὴν καὶ ταπεινότητα ἀφῖκτο, Hippol. *Ref.* V 7, 30 (Naass.), p. 86.6 W. ἐξ οἵης τιμῆς καὶ ὅσου μήκεος ὄλβου (Empéd. fr. 119 D.) ... κατηνέχθησαν ὧδε εἰς πλάσμα τὸ πήλινον. Voir aussi Kühner-Gerth, II, p. 522, en particulier Isocr. V 42 τίς οὐκ οἶδεν, ἐξ οἵων συμφορῶν εἰς ὅσην εὐδαιμονίαν κατέστησαν.

128. Noter l'asyndèse dans cette nouvelle phrase, comme plus haut οἶκος 12.1. Cette conclusion est pleine de pathos (deux impératifs asyndètes), cf. *Style,* p. 43-44 (plainte du Feu), 49-50 (Momus). [Noter au surplus les clausules prosodiques pareilles :

11.23 — ∪ — — — εἰσὶν ὀφθαλμοί
12.1 — ∪ ∪∪ — — συμπνέομεν αὐτοῖς
12.2 s. — ∪ — — — καρδίας ὄγκος
12.7 — ∪ — — — (ἔχο)μεν βλέπειν κόσμου. A. M. D.].

κἂν (12.6) = καί « même » est courant à l'âge hellénistique, cf. L. S. J., s. v. I 3, Blass-Debrunner, §§ 18, 374, 457.

129. Limites au châtiment, c'est-à-dire à la durée de la vie mortelle. Comme l'a vu Scott (III, p. 531), Dieu accorde cette requête au § **39**.

130. « Even yet hold us of some account » (Scott) serait excellent, mais je doute que le pluriel λόγων soit possible en ce sens.

131. παρῆν = « vint » : cf. *Ev. Math.* 26, 50, *Ev. Luc.* 13, 1 ; *Ev. Joh.*, 11, 28 ; Hermas, *Sim.* IX 11, 8 εἶτα παρῆν ὁ ποιμήν, καὶ λέγει ταῖς παρθένοις.

132. Le trône est royal (Esch., *Ag.* 259-260, Soph., *O. C.* 425 ὃς ... σκῆπτρα καὶ θρόνους ἔχει, etc.) et convient au Roi divin qui est ici législateur (ἐνομοθέτησα 13.3) et juge (καταδικασθεῖσαι 12.16 s., αἰτιώματα 12.18). Le Roi juge doit honorer la vérité, Isocr. *ad Nicocl.* 22 τὴν ἀλήθειαν ... φαίνου προτιμᾶν. Pour l'expression θρόνος τῆς ἀληθείας, cf. *Hébr.* 4, 16 θρόνος τῆς χάριτος, 8, 1 θρόνος τῆς μεγαλωσύνης. Il est curieux de noter que, selon Diodore I 48 (58), I 75 (87) et Elien, *Var. hist.* XIV 34, l'archidicaste en Égypte aurait porté au cou une statuette de saphir qu'on appelait 'Αλήθεια.

133. [Macrobe, *Sat.* I, 19, 17 *Aegyptii protendunt deos praestites homini quatuor esse, memorantes* Δαίμονα Τύχην Ἔρωτα Ἀνάγκην *et duo priores Solem et Lunam intelligi volunt etc.* Dans le traité d'Hermès intitulé Πανάρετος, si le Daimon et la Tyché appartiennent au Soleil et à la Lune, l'Éros et l'Ananké sont les κλῆροι de Vénus et de Mercure (Paul Alex., K. 2 et Bouché-Leclercq, *Astr. gr.*, p. 307), cf. Rhétorius, *Cat. codd. astr.*, I, p. 160.24 ss. F. C.]. Elpis et Tyché,

au service de l'Heimarménè, sont maîtresses des hommes chez Vett. Val., p. 219.26 ss. — Éros et Ananké : cf. Plat. *Tim.* 42 a 3 ss. (ce sont les νόμοι εἱμαρμένοι imposés aux âmes 41 e 2 ss.) : ὁπότε δὴ σώμασιν ἐμφυτευθεῖεν ἐξ ἀνάγκης, ... πρῶτον μὲν αἴσθησιν ἀναγκαῖον εἴη μίαν πᾶσιν ἐκ βιαίων παθημάτων σύμφυτον γίγνεσθαι, δεύτερον δὲ ... ἔρωτα, *Banq.*, 195 c (discours d'Agathon : Éros et Ananké sont opposés, malgré ce que disent Hésiode et Parménide, cf. R. G. Bury *ad. loc.*), Aristide, *Ad. Jov.* (XLIII) 16, p. 343.5 Keil Ἔρωτά τε καὶ Ἀνάγκην, δύο τούτω συναγωγοτάτω τε καὶ ἰσχυροτάτω, ἐν τοῖς πρῶτα ἐγέννησεν (sc. ὁ Ζεύς), ὅπως αὐτῷ τὰ πάντα συνέχοιεν et note *ad. loc.* [Voir aussi J. Amann, *Die Zeusrede des Ailios Aristeides* (1931), p. 76 ss. A. D. N.]. — Sur la prose rythmique dans ce discours, cf. Ed. Norden, *Agnostos Theos*[2], p. 66, n. 1.

134. ταξίαρχοι : emprunt à la langue militaire, cp. *Ev. Math.* 26, 53 πλείω δώδεκα λεγιῶνας ἀγγέλων.

135. Sur les différentes classes d'âmes ici distinguées et sur les contradictions entre ce discours et le suivant, cf. *Intr.*, pp. cc ss.

136. J'ai rattaché θνητοῖς ... σπλάγχνοις à προσμεμοιρασμένον (hapax), en supposant une construction analogue à εἵμαρταί (μεμοίραταί) τί τινι. On obtient en ce cas une doctrine analogue à Plat. *Tim.* 69 d ss. où l'âme mortelle est logée dans la cavité thoracique qui contient *également* tous les viscères (σπλάγχνα), cœur, poumon, foie, rate : καὶ αὐταί s'explique ainsi, et cf. οἶκος ἡμᾶς περιμένει καρδίας ὄγκος 12.1-3. Scott (III, p. 532) rapporte θνητοῖς ... σπλάγχνοις à καταδικασθεῖσαι (comme καταδικασθῆναι θανάτῳ), Ménard paraît construire ἐνοικήσετε à la fois avec le datif θν. σπλάγχνοις et avec l'accusatif χῶρον : « elles habiteront le séjour qui leur est destiné dans des organes mortels ». Noter la reprise au composé ἐνοικήσετε du simple οἰκήσετε, cf. 13.4 εἴ τι διαπράξετε ἄσχημον = 13.11-12 ἐάν τι ἀνάξιον ἐμοῦ δόξητε πράσσειν.

136 *a*. Garder ἦν (ᾖ Meineke), cette graphie étant fréquente dans les Papyri et les LXX, par confusion du subjonctif et de l'imparfait de εἶναι, cf. Blass-Debrunner, § 372, 1 a (p. 207, 8e l. à partir du bas) et Add. p. 312, Moulton-Milligan, *Voc. N. T.*, s. v. εἰμί (qui cite des papyrus du Ier s. av. J.-C au IIIe s. ap. J.-C.), Moulton, *Grammar N. T.*, I[3], p. 168.

137. ποιητικαί. Il y a ici une nuance voulue. En faisant le mal les âmes se rendent capables de péchés pires encore et dès lors passeront de corps humains en des corps d'animaux et, chaque fois, d'un rang inférieur, cf. 13.3-4 ἀλλ' ὡς ἐπὶ τὸ χεῖρον εἴ τι διαπράξετε ἄσχημον et *Intr.*, pp. cc ss.

138. τὰ πλάσματα = les corps, cf. 14.20, 21.23, XXIV **9**, XXV **5**, XXVI **4**, *Ascl.* 41 (355.1-2) *gaudemus, quod nos in corporibus sitos* = χαίρομεν ὅτι ἐν πλάσμασιν ἡμᾶς ὄντας (cf. *Test.* 1, p. 353.7).

139. Moins probablement « principes spirituels » (cf. Phil, *de op.*

m. 135) que, avec Scott (III, p. 532 : renvoie à C. H. X 13 et 16), πνεῦμα vêtement (ἔνδυμα) de l'âme, intermédiaire entre l'âme et le corps (sur quoi, cf. t. I, pp. 129 ss., n. 49, 56-58 et ajouter Plot. II 2, 2.21 ἴσως δὲ καὶ παρ' ἡμῖν τὸ πνεῦμα τὸ περὶ τὴν ψυχὴν τοῦτο ποιεῖ, Porph. *Sent.* 29 [p. 13.7 Mommert] ἐξελθούσῃ γὰρ αὐτῇ (τῇ ψυχῇ) τοῦ στερεοῦ σώματος τὸ πνεῦμα συνομαρτεῖ, ὃ ἐκ τῶν σφαιρῶν συνελέξατο, avec les parallèles cités par Mommert [mais *de phil. ex. or. h.*, p. 160 Wolff πνεῦμα γὰρ τὸ κατιὸν κτλ., d'ailleurs incomplètement cité, n'a pas trait au πνεῦμα vêtement]). Voir aussi *infra*, XXIV 10, p. 55.19 s.

140. μεταβολάς (Meineke) paraît une correction certaine, car avec ἐπὶ τὸ χεῖρον et ἐπὶ τὸ βέλτιον il faut sous-entendre μεταβαλεῖτε (ou μ. ἑαυτάς), v. gr. Plat. *Rép.* II 381 a 10 πότερον οὖν ἐπὶ τὸ βέλτιόν τε καὶ κάλλιον μεταβάλλει ἑαυτόν, ἢ ἐπὶ τὸ χεῖρον καὶ τὸ αἴσχιον ἑαυτοῦ ; cf. d'ailleurs 13.13-14 τὴν εἰς τὰ βελτίονα μεταβολήν, 13.15 τὴν εἰς τὸ θεῖον μεταβολὴν ἐνδεχόμεναι.

141. Le texte adopté donne un chiasme en rapprochant les deux attributs opposés (διαφορά ∼ εὐεργεσία) sans articles. [Les abréviations καί(ϛ') et ὡς(ϛ') sont assez semblables pour être regardées comme une répétition ; et de là l'omission, volontaire ou non, de ὡς. A. M. D.].

142. ἐάν τι ... δόξητέ πράσσειν : cf. *Ev. Math.* 3, 9 μὴ δόξητε λέγειν ἐν ἑαυτοῖς· πατέρα ἔχομεν τὸν 'Αβραάμ', *1 Cor.* 11, 16 εἰ δέ τις δοκεῖ φιλόνεικος εἶναι, ἡμεῖς τοιαύτην συνήθειαν οὐκ ἔχομεν.

143. Sur ce comparatif à valeur de superlatif, cf. *Intr.*, p. CCI, n. 3. Sur tout ce morceau 13.14-14.12, cf. *ib.*, pp. CCIV ss., en particulier CCIV, n. 2. [Ajouter Empéd. B 146 (rois), 127 (lions). W. Th.]

144. ῥιζοτόμοι : cf. A. Delatte, *Herbarius*² (Liège-Paris, 1938), F. Cumont, *Eg. d. Astr.*, p. 93, n. 4 et (avec Ferguson, IV, p. 455), *P. G. M.*, IV, 2967 ss. Les ῥιζοτόμοι reçoivent la même épithète que les philosophes, magie et médecine ayant le même haut rang que la philosophie, cf. *infra* 22.9-10.

145. Onosandre I, 7 (L. C. L., p. 376) veut que le général soit νοερός, ce qu'il explique ainsi : ὀξὺν γὰρ εἶναι δεῖ τὸν στρατηγὸν ἐπὶ πᾶν ᾄττοντα δι' ὠκύτητος ψυχῆς. De même l'astronome doit saisir promptement les phénomènes célestes qui souvent ne durent qu'un instant.

146. ἀκριβεῖς. Les prêtres doivent connaître et accomplir exactement tous les rites, cf. Stengel, *Gr. Kultusaltert.*³, p. 35. De là vient que leur incombe proprement le soin des sacrifices, cf. Plat. *Lois* X 909 d 8 ss. θύειν δ' ὅταν ἐπὶ νοῦν ἴῃ τινί, πρὸς τὰ δημόσια ἴτω θύσων, καὶ τοῖς ἱερεῦσί τε καὶ ἱερείαις ἐγχειριζέτω τὰ θύματα, οἷς ἁγνεῖαι τούτων ἐπιμελεῖς, *Syll.*³ 921, 52 ss., Ziehen, *Leg. Sacr.*, 41, 9 (παραβώμια δὲ μὴ θύειν), 33, 6 (μηδὲ πρὸς τοὺς βωμοὺς ... προσίωσιν ἄνευ ἱερέας).

147. Aigle : cf. *Intr.*, p. CCV-CCVI. Pour ἐκβοήσουσιν, cf. *Intr.*, p. CCV, n. 3. Pour ἡ τῶν ἀετῶν φύσις = l'aigle, cf. *supra*, n. 63.

148. Lion : cf. *Intr.*, p. CCVI-CCVII.

149. γυμναζόμενον moyen, comme γυμνάζεσθαι τέχνην.

150. Dragon : cf. *Intr.*, p. CCVIII-CCIX.

150 *a*. Cf. *Intr.*, p. CCVIII et Elien, *N. A.*, VIII 12 (à propos du serpent *paréias*) : δακεῖν οὐ σφαλερός, ἀλλὰ πρᾶος· ἔνθεν τοι καὶ τῷ φιλανθρωποτάτῳ θεῶν ἱερὸν ἀφῆκαν αὐτόν, καὶ ἐπεφήμισαν Ἀσκληπιοῦ θεράποντα εἶναι οἱ πρῶτοι ταῦτα ἀνιχνεύσαντες.

151. Dauphin : cf. *Intr.*, p. CCIX-CCXX.

152. Et, dès lors, en tant que νοῦς, nécessairement invisible (ἀόρατος ὢν ἄλλῳ πλὴν λογισμῷ, [Arist.] *de mundo* 399 a 3, cf. 399 b 12). Je crois, finalement, inutile de corriger. Pour γίγνεται = « se manifeste comme », cf. Eur. *Ba.* 271 κακὸς πολίτης γίγνεται, « *proves* a bad citizen » (E. R. Dodds). Pour l'idée, cf. C. H. I, 27 (16.16) ταῦτα εἰπὼν ὁ Ποιμάνδρης ἐμοὶ ἐμίγη ταῖς δυνάμεσιν, Plat. *Tim.* 42 e 5 καὶ ὁ μὲν δὴ ἅπαντα ταῦτα διατάξας ἔμενεν ἐν τῷ κατὰ τρόπον ἤθει (= μονῇ Proclus, ἤθεσι Wilamowitz, *Platon*, II, p. 390 : « lieu de séjour, demeure »).

153. Sur l'épisode de Momus, cf. *Intr.*, pp. CCX ss. Sur le personnage de Momus, voir déjà Scott, III, p. 536-537. Sur la forme du discours, cf. *Style*, p. 45-50.

154. Selon M. Theiler, il y a peut-être conflation (cf. n. cr.). Si l'on garde les deux versions, construire ἀκατάληπτον περιοχῇ μὲν σώματος ... ὑπάρχον. Si l'on ne retient que la première (ἀκατάληπτον ... ἐπυνθάνετο), construire avec Reitzenstein (*Psyche*, p. 79, n. 2) ἀκατάληπτον μὲν ... (ὄν), δυνάμει δὲ φρονήσεως ὑπάρχον = le démon Momus, étant πνεῦμα, n'a pas de forme visible aux yeux, mais existe seulement δυνάμει καὶ ἐνεργείᾳ (R. cp. C. H. XIII 3-6). Sur la taille immense, lieu commun, cf. C. H. I, 1 et note 3 *ad. loc.*

155. Si l'on garde les deux versions, δή (14.19) est résumptif après la proposition participiale (Denniston, p. 225-227). La construction malgré tout reste maladroite (cf. *Style*, p. 45, n. 3).

156. Sur l'abus des sens, cf. Ferguson, IV, p. 456, n. 3 et 4 : F. note justement que les mêmes traits peuvent servir à accuser l'homme (ici) ou à l'exalter (diatribe stoïcienne, *Asclepius* 6, C. H. X 24, p. 125.12). Sur τῷ τῆς ἁφῆς ἁπτικῷ, cf. *Style*, p. 46.

157. γενεσιουργέ : cf. C. H. XIII 4 et n. 27 *ad. loc.*

158. Sur l'abus de la raison, cf. Ferguson, IV, p. 456, n. 5 et 457 (Phil., *de migr. Abr.* 216 = II, p. 311.11 W. ; Cic., *de nat. deor.* II, 151-153 ; Némésius, 532 C Migne, en particulier τίς δ' ἂν ἐξειπεῖν δύναιτο τὰ τούτου τοῦ ζῴου πλεονεκτήματα ; πελάγη διαβαίνει, οὐρανὸν ἐμβατεύει τῇ θεωρίᾳ, ἀστέρων κίνησιν καὶ διαστήματα καὶ μέτρα κατανοεῖ κτλ.). Horace *Od.* I 3 (cité par Reitzenstein) a le

même climax (v. 37 ss.) *nil mortalibus arduist ; | caelum ipsum petimus stultitia*, etc.

159. μέχρι τῶν περάτων γῆς (15.5). πέραν serait possible (= πέρα), mais la correction paraît assurée, d'une part par le lieu commun (v. gr. Phil., *de agricultura* 22 ss. = II p. 99.20 ss. W.), d'autre part par la suite « terre (15.5-10), mer (10-12), ciel (13 ss.) ».

160. ποιότητα⟨ς⟩ (Ferguson) est nécessaire, cf. *Style*, p. 47.

161. ἑαυτούς = ἀλλήλους. Pour οὐ μόνον emphatique à la fin du premier membre, cf. *infra* 20.21 s. φρικτὸς δ' οὐ μόνον, ἀλλὰ καὶ τιμωρός. Pour la dissection et la vivisection du corps humain, cf. *Intr.*, pp. CCXII s.

162. ἐνδοτέρω τῶν ἱερῶν ἀδύτων. L'idée est peut-être que les adyta des temples cèlent des trésors de vérités divines. Cf., avec Nock, Firm. Mat., V pr. 6 (II p. 3.14 ss. Kroll-Skutsch) *ut quicquid divini veteres ex Aegyptiis adytis protulerunt*, la lettre de Thessalos, *Rev. Bibl.*, XLVIII, 1939, p. 59 ss., Luc. *Gall.* 18 ἀπεδήμησα δὲ καὶ ἐς Αἴγυπτον, ὡς συγγενοίμην τοῖς προφήταις ἐπὶ σοφίᾳ, καὶ ἐς τὰ ἄδυτα κατελθὼν ἐξέμαθον τὰς βίβλους τὰς Ὥρου καὶ Ἴσιδος, et d'une façon générale, le thème de la découverte d'un livre ou d'une stèle dans un temple, *Rév. H. Trism.*, I, p. 319 ss. Ou encore, 12 s. préparant 13 ss., ἱερὰ ἄδυτα = temple du Ciel.

163. La περιεργία porte sur trois objets : la terre et ses produits (y compris l'homme) 15.5-10, la mer et ce qui est au delà 15.10-12, les cieux 15.13-15. Pour τὰ μέχρις ἄνω, cf. τὸ μέχρι ἐμεῦ = « le temps jusqu'à moi », Hérod. III 10, V 115, τὸ μέχρι δεῦρ' ἡμῖν εἰρήσθω = « que suffise ce que nous avons dit jusqu'ici », Plat. *Lois* VII 814 d.

164. γῆς τόπος ἔσχατος : région extrême du Nord (cf. *Intr.*, p. CCXIII s.), ou centre de la terre (Erèbe).

165. μηδὲν οὖν etc. (15.17) pourrait être aussi bien une interrogation avec subjonctif délibératif. Pour μυεῖσθαι avec le datif, cf. *Style*, p. 49.

166. Cf. Plat., *Euthyphr.* 11 e 2, 12 a 5 (τρυφᾷς ὑπὸ πλούτου τῆς σοφίας), *Alcib.* 114 a 6, surtout Eurip., *Suppl.* 214 ss. (Thésée vient de résumer les dons faits par la Divinité à l'homme, sc. toutes les inventions, dont la navigation et la divination) ἆρ' οὐ τρυφῶμεν, θεοῦ κατασκευὴν βίῳ | δόντος τοιαύτην, οἷσιν οὐκ ἀρκεῖ τάδε ; | ἀλλ' ἡ φρόνησις τοῦ θεοῦ μεῖζον σθένειν | ζητεῖ, τὸ γαῦρον δ' ἐν φρεσὶν κεκτημένοι, | δοκοῦμεν εἶναι δαιμόνων σοφώτεροι.

167. Cf. 8.2 et note 87 *ad. loc.*

168. Vu le parallélisme des deux phrases (εἶτα οὐ ..., οὐκ ...), la présence de οὐρανοῦ dans la première favorise la traduction « astres » pour στοιχεῖα dans la seconde (déjà Ferguson, IV, p. 458, n. 6 fin).

169. Répétition de ἵνα (cf. *Style*, p. 49-50), ou doublet, cf. n cr.

170. Sur cette punition par les παθήματα (en particulier φόβος,

λύπη, ἀπορία), cf. Reitzenstein (*Psyche*, p. 79), qui cp. avec le *liber de castigatione animae* (Scott-Ferguson, IV, pp. 277 ss. : cf. Reitzenstein, *Psyche*, p. 52-64).

171. Cf. (avec Reitzenstein, *Psyche*, p. 79, n. 4) Plat., *Tim.* 69 d πρῶτον μὲν ἡδονὴν μέγιστον κακοῦ δέλεαρ.

172. εἰς ἄθλησιν τελειοτέρων κακῶν : cf. *Hebr.* 10, 32 πολλὴν ἄθλησιν ὑπεμείνατε παθημάτων.

173. Scott (III, p. 542) cp. déjà *Ascl.* 25 *quid fles, o Asclepi? et his amplius multoque deterius* etc.

174. οἰκείως : Cf. C. H. XIII 2 (201.6) οὐχ ὡς πατὴρ υἱῷ διαλέγῃ. Ou « d'une manière qui lui allait, appropriée à sa nature », cf. Épic., *ad Herod.*, I, 53 (les particules issues de l'objet odorant frappent l'odorat), οἱ μὲν τοῖοι τεταραγμένως καὶ ἀλλοτρίως, οἱ δὲ τοῖοι ἀταράχως καὶ οἰκείως ἔχοντες. [Ou simplement « d'une manière appropriée », cf. Agatharchid. ap. Phot. *Bibl.* 446 a 17.18 A. D. N.].

175. ἀλλά = « Oui, mais » au début d'une réponse : cf. Denniston, p. 7, L. S. J. II, 1.

176. Cette périphrase (πνεύματος etc.) désigne Dieu (dit peut-être ὁ περιέχων *supra* 3.2, cf. n. 23 *ad. loc.*), dont on a annoncé plus haut qu'il se manifestait comme Noûs immortel, donc invisible (14.12). φύσις pléonastique, cf. n. 63, 147. Sur ἐναργής, cf. mon *Épicure*, p. 86, n. 2.

177. Sur Adrastéia-Némésis, cf. Plat. *Phèdre* 248 c, Tümpel ap. P. W. I 409, Scott, III p. 543, n. 1, qui cite Amm. Marc. XIV 11, 25, XXII 3, 12.

178. Pour le futur 2^d passif ταγήσομαι, cf. Blass-Debrunner, § 76, 1 (ὑποταγήσομαι *1 Cor.* 15, 28, *Hebr.* 12, 9). L. S. J. cite aussi ἐνταγήσομαι Orib. 8, 1.

179. Sur l'engin, cf. Exc. XII 2 4 ὅπλον γὰρ εἱμαρμένης οἱ ἀστέρες et Scott, III, p. 543. Reitzenstein (*Psyche*, p. 78) cp. *P. G. M.* XIII 177 ss. (= 494 ss. Cosmogonie de Leyde) : Hermès et Moira se partagent le gouvernement du monde.

179 *a*. Pour ἀπαράβατος, cf. Exc. XXIV 1 ἀπαραβάτῳ νόμῳ et Exc. XIII, n. 2.

180. ἐχόμενον ... ἔχον paraît voulu. L'engin dépend d'une doctrine infaillible, et à son tour il « tient » l'enchaînement de la fatalité.

181. Sur le morceau qui suit (création du monde), cf. *Intr.*, pp. CXLVI s., CLXXXIX ss.

182. J'abandonne la leçon de F (préférée *R. E. G.*, LIII, p. 64-65), corruption probable de ἐνεσημματίσθησαν (P). M. Desrousseaux garderait ce dernier : « Hermès passe en revue le troupeau des âmes, classées et marquées pour le destin qu'elles auront à subir. »

183. Cf. *Intr.*, p. CXLVI.

184. Sur cette adresse, cf. *Style*, p. 40.

185. οἷς = « au regard de qui » ? ou « en l'honneur de qui » ? — ἀντιπαραδίδοντα : cf. Plat. *Tim.* 53 e 1 δεῖ δὴ λέγειν ποῖα κάλλιστα σώματα γένοιτ' ἂν τέτταρα, ἀνόμοια μὲν ἑαυτοῖς, δυνατὰ δὲ ἐξ ἀλλήλων αὐτῶν ἄττα διαλυόμενα γίγνεσθαι, 54 b 7 τὰ γὰρ τέτταρα γένη δι' ἀλλήλων εἰς ἄλληλα ἐφαίνετο πάντα γένεσιν ἔχειν κτλ., Phil. *de aet. mundi* 108-111 (t. IX, p. 260 Colson, L. C. L., 1941) χρὴ μέντοι καὶ τὴν ἐνυπάρχουσαν ἰσονομίαν τῷ κόσμῳ κατανοήσαντας ἢ δεῖσαι ἢ αἰδεσθῆναι τοσούτου θεοῦ κατηγορεῖν θάνατον· ὑπερβάλλουσα γάρ τις τῶν τεττάρων ἀντέκτισις δυναμέων ἰσότητος κανόσι καὶ δικαιοσύνης ὅροις σταθμωμένων τὰς ἀμοιβάς (cf. Anaximandre, fr. 1 D., W. Jaeger, *Paideia,* I², p. 159 ss., *Theol, of the early gr. phil.*, p. 34 ss.). (109) καθάπερ γὰρ αἱ ἐτήσιοι ὧραι κύκλον ἀμείβουσιν ἀλλήλας ἀντιπαραδεχόμεναι πρὸς τὰς ἐνιαυτῶν οὐδέποτε ληγόντων περιόδους, [εἰς] τὸν αὐτὸν τρόπον [τίθησι] καὶ τὰ στοιχεῖα τοῦ κόσμου ταῖς εἰς ἄλληλα μεταβολαῖς, τὸ παραδοξότατον, θνήσκειν δοκοῦντα ἀθανατίζεται δολιχεύοντα ἀεὶ καὶ τὴν αὐτὴν ὅδον ἄνω καὶ κάτω συνεχῶς ἀμείβοντα. (110) [Philon décrit ici le passage de la terre en eau, de l'eau en air, de l'air en feu, puis réciproquement du feu en air, etc.]. (111) εὖ καὶ ὁ Ἡράκλειτος ἐν οἷς φησι (fr. 36, cf. fr. 76)· « ψυχῇσι θάνατος ὕδωρ γενέσθαι, ὕδατι θάνατος γῆν γενέσθαι ». ψυχὴν γὰρ οἰόμενος εἶναι τὸ πνεῦμα τὴν μὲν ἀέρος τελευτὴν γένεσιν ὕδατος, τὴν δὲ ὕδατος γῆς παλιν γένεσιν αἰνίττεται, θάνατον οὐ τὴν εἰς ἅπαν ἀναίρεσιν ὀνομάζων, ἀλλὰ τὴν εἰς ἕτερον στοιχεῖον μεταβολὴν (cf. dans le même sens Simpl., *in de caelo,* p. 366.30 Heib. κἂν γὰρ τὰ ὑπὸ σελήνην στοιχεῖα γίνηται καὶ φθείρηται, ἀλλὰ κατὰ τὴν εἰς ἄλληλα μεταβολὴν ἔχοντα τὴν γένεσιν καὶ τὴν φθορὰν οὐ γίνεται οὕτως ὡς πρότερον μὴ ὄντα, οὐδὲ ἦν, ὅτε οὐκ ἦν, οὔτε αὐτὰ οὔτε τὰ τῶν συνθέτων εἴδη ζῴων τε καὶ φυτῶν), Vett. Val. 162.15 ss. ἀλλὰ καθάπερ ἐπὶ τοῦ κοσμικοῦ τὰ τέτταρα στοιχεῖα τὴν πρὸς ἄλληλα συμπάθειαν κέκτηται καὶ ἕκαστον ἀπὸ ἑτέρου ζωογονεῖται καὶ θάλπεται, τὸν αὐτὸν τρόπον καὶ ἐπὶ τῆς διαιρέσεως κατὰ τὴν ἁρμονίαν τῶν ζῳδίων τὰς παραδόσεις ποιεῖσθαι. οἷον ἐπεὶ τὸ πῦρ καὶ ὁ ἀὴρ ἀνωφερῆ ὑπάρχοντα ἀλλήλοις τὴν ἐπιμιξίαν ποιοῦνται ..., εὐλόγως ἄρα καὶ ὁ Λέων πυρώδης ὑπάρχων μετὰ τὸν κύκλον παραδώσει τὸν ἐπίλοιπον χρόνον τῷ τὴν συμπάθειαν ἔχοντι Ὑδροχόῳ, ὅ ἐστιν ἀήρ, καὶ πάλιν Ὑδροχόος τῷ Λέοντι. ὁμοίως δὲ καὶ ἡ γῆ, κατάξηρος οὖσα καὶ ὑπὸ τῆς ὑγρᾶς οὐσίας τρεφομένη ζωογονεῖ τὰ πάντα, καὶ αὐτὸ δὲ τὸ ὕδωρ διαβασταζόμενον ἐκ τῆς γῆς καὶ ἐξ αὐτῆς γεννώμενον τὴν συμπάθειαν φυλάσσει· εὐλόγως ἄρα καὶ ὁ Καρκίνος κάθυγρος ὑπάρχων καὶ ὁ Αἰγόκερως γεώδης ἀλλήλοις τὴν ἀντιπαράδοσιν ποιήσονται ...· καὶ τὰ λοιπὰ ζῴδια τὴν αὐτὴν δύναμιν ἐφέξει πρὸς τὰ διάμετρα (eu égard à l'aspect diamétral, Bouché-Leclercq, *Astr. Gr.*, p. 166) et encore Synés., *Hymn.*, I 323 ss. (p. 16 Terzaghi, Rome, 1939) : τὸ δὲ ταχθὲν ὅλως ἐς χορὸν ὄντων οὐκέτ' ὀλεῖται, ἄλλο δ' ἀπ' ἄλλου διά τ' (Wil. : διὰ δ' codd.) ἀλλήλων πάντα πολεύει (Wil. : παντ' ἀπολαύει codd.). ἐξ ὀλλυμένων

κύκλος ἀίδιος ταῖς σαῖς πνοαῖς ἀναθαλπόμενος : cf. Wilamowitz, *Sitz. B. Berl.*, 1907, p. 294, W. Theiler, *Gnomon*, 1942, p. 180, et ma recension de Terzaghi, *R. E. G.*, LVIII, 1945, p. 275.

186. Nul ne reconnaît cette autorité des dieux puisqu'il n'existe rien encore. Pour γενήσεται (17.10) = « durera », cf. Plat. *Rép.* VII 537 b 3 οὗτος γὰρ ὁ χρόνος, ἐάντε δύο ἐάντε τρία ἔτη γίγνηται.

186 *a*. ἕκαστον ἡμῶν ἐφ' ἑαυτῷ γεννάτω. Même mouvement que ci-dessus 6.24 ἑκάστη τῇ ἑαυτῆς φύσει πλασσέτω τι παραπλήσιον.

187. L'ἕνωσις μέλαινα de 17.15 est la σύστασις (masse) de 17.11 (pour le sens concret de σ., cf. n. 194). μελαίνης, suspecté par Scott (III, p. 499), peut se défendre. Le Chaos (cf. 17.13) est sombre par définition (cf. C. H. I. 4, p. 7.18 ss. et L. S. J., χάος 3 a-b) et il n'y a pas encore de soleil pour l'éclairer (17.9-10). — κοσμικῶς (17.14) n'est pas clair. L'adverbe revient cinq fois chez Vettius Valens (cf. index II, p. 381 Kroll), trois fois chez Ptolémée (*Tétrab.*, p. 114.15, 21 ; 121.18 Boll-Boer), au sens de « eu égard à l'univers » (de même κατὰ τὸ κοσμικόν, p. opp. à κατὰ τὴν γένεσιν, « eu égard à la nativité » (astrol.).

188. μυστηρίοις (17.16) : cf. 2.3 et la note 7.

189. Plutôt que « qui l'enveloppent », τοῖς περὶ αὐτὴν καλοῖς équivalant simplement à τοῖς ἑαυτῆς καλοῖς, comme 17.16 τοῖς ἑαυτοῦ μυστηρίοις.

190. Cf. W. Theiler ap. *Phyllobolia f. P. V. d. Mühll* (Bâle, 1946), pp. 54 ss.

191. Cf. *Intr.*, p. CLXXXI, n. 1.

192. Je construis ἰσοστασίας τῷ περιέχοντι. Pour d'autres constructions proposées, cf. *R. E. G.*, LIII, p. 65-66. [περιέχοντι = περιόντι (« ayant rempli ses mains du surplus ») ? Cf. l'emploi intransitif de ἀπέχω, προέχω, ὑπερέχω. On a περιέχειν = « être supérieur à ». A. D. N.].

193. Cf. ἰσοστασίας τῷ περιέχοντι 17.22 et *supra* 11.2 avec note 114.

194. Pour le sens concret de σύστασις, cf. *R. E. G.*, LIII, p. 60 et *Sap. Sal.* 7, 17 εἰδέναι σύστασιν κόσμου, Diod. Sic., 1, 7 κατὰ τὴν ἐξ ἀρχῆς τῶν ὅλων σύστασιν, Clem. Rom. *ad Cor.* I, 60, 1 σὺ τὴν ἀέναον τοῦ κόσμου σύστασιν ... ἐφανεροποίησας, Plut. *def. or.* 32 (p. 427 B) τῶν ἁδρομερῶν καὶ πολυσωμάτων καὶ τὴν σύστασιν ἐργωδεστέραν ἐχόντων, ἐξ ὧν τὸ δωδεκάεδρον.

195. Cf. *Intr.*, pp. CLIII s. Il s'agit ici de l'ἀγνωσία de Dieu, cf. ἄθεον 18.20.

196. Les âmes ont tout perdu, mais il leur reste les hommes dont elles se servent donc comme d'instruments. [ἀνθρώποις glose ? A. D. N.].

197. Sur καὶ οὕτως, cf. *supra*, n. 4 et *Style*, pp. 23-24.

198. Cf. Wilcken, *Chrest.* 15 (lettre du temps de la guerre des Juifs sous Trajan : Hermopolis) τῶν θεῶν [οὔ]ν θελόντων καὶ μάλιστα

τοῦ ἀνικήτου Ἑρμοῦ οὐ μή σε ὀπτήσωσι : allusion, selon Wilcken, à la cruauté des Juifs durant cette guerre.

199. καί (18.11) parce que la présence de cadavres dans un temple ajoute au crime une souillure. — Sans doute τῶν ἀδύτων (cf. 18.11) n'est pas pur synonyme de τῶν ἱερῶν, cf. *O. G. I*, 90 [mon. Ros.], 41 ss. ἱδρύσασθαι δὲ ... ξόανόν τε καὶ ναὸν χρ[υσοῦν ἐν ἑκάστωι τῶν] ἱερῶν καὶ καθιδρῦσαι ἐν τοῖς ἀδύτοις μετὰ τῶν ἄλλων ναῶν = les prêtres décident de « dresser (sc. au roi et à la reine) une statue et un édicule doré dans chacun des sanctuaires et de les consacrer dans les adyta », mais un doublet paraît ici manifeste (cf. n. cr.). En outre κατά et le gén. ne peut guère signifier ici que « du haut en bas » (cp. *Ev. Math.* 4, 5-6, l'expression κατὰ κρημνῶν, v. gr. κατὰ τῶν κ. ἄλλεσθαι Thuc. VII 45, κατὰ κρημνῶν ῥιφέντες Plat. *Leg.* XII 944 a 8, ὥρμησεν πᾶσα ἡ ἀγέλη κατὰ τοῦ κρημνοῦ εἰς τὴν θάλασσαν *Ev. Math.* 8, 32) et l'on ne voit pas pourquoi l'auteur aurait précisé « du haut des Saints des Saints ».

200. ἐντυγχάνειν (cf. ἐντυχία 20.24) est technique en ce sens à partir de l'époque hellénistique, particulièrement dans le pays des Ἐντεύξεις (éd. O. Guéraud, Caire, 1931-2) ou des ἐντυχίαι (prières) des papyrus magiques (cf. *P. G. M.* IV, 1930 ἐντυχία πρὸς Ἥλιον, XIII, 135-136 ἐπερεῖς τὴν ἐντυχίαν ταύτην). Voir aussi *Intr.*, p. CCXVII, n. 5, et généralement, sur tout ce morceau, *Intr.*, pp. CCXVII ss. Pour le plan de chacune de ces ἐντυχίαι, cf. *Style*, pp. 43 ss.

201. καὶ δὴ καί : cf. 8.10 et n. 89.

202. Cf. *Intr.*, p. CCXVIII, n. 1, *Ascl.* 41 et l'usage du nom sacré dans les textes magiques.

202 *a*. ἄθεον καταλεῖψαι (18.20-21) : cf. *supra*, n. 29. προαίρεσιν ἔχεις : cf. Exc. XXVI, n. 46.

203. Je continue à tenir pour impossible χρηματίζοντι (cf. *R.E.G.*, LIII, p. 66) : le monde ni ne délibère (comme une assemblée) ni n'est en affaire avec Dieu. En revanche χρηματίζειν (« donner une réponse ») en parlant d'un Dieu est tout à fait commun à l'âge hellénistique, comme, au passif, « recevoir réponse d'un dieu », cf. L. S. J., I, 4.

203 *a*. μύησον εἰρήνῃ (18.23) : cf. *supra* τῷ ... ἀγαθῷ μυηθῶσι (15.18) et n. 165.

204. Ou « au monde où l'on vit, aux hommes », sens hellénistique, cf. L. S. J., βίος III.

205. Ici encore παρὰ λοιβαῖς et παρὰ θυσίαις ne sont pas exactement synonymes (cf. *Style*, p. 44, n. 2 et ajouter Ap. Rh., I, 516 ss. κερασσάμενος Διὶ λοιβάς, | ἣ θέμις, εὐαγέως ἐπί τε γλώσσῃσι χέοντο αἰθομέναις, Stengel, *Opferbräuche*, p. 178 ss.), mais un doublet paraît plus probable (cf. *supra*, n. 199). Avec Scott, je prends τὸ πῦρ comme nominatif, cf. στοιχείων ἡμῶν 19.23.

206. Humaines ou autres : il est possible que le seul fait de consumer des chairs soit pour le feu une souillure ; on aurait ici l'opposition des sacrifices non sanglants aux sacrifices sanglants, cf. la fin de l'*Asclépius* et Porph., *de abst.*, passim. Voir aussi Bousset, *A. R. W.*, XVIII (1915), pp. 134-172, en particulier pp. 165 ss.

207. Le feu est le seul élément absolument pur et incorruptible, d'où sa vertu purificatrice : v. gr. Eur. *Herc. Fur.* 937 καθάρσιον πῦρ, 1145 χεῖρας ἡγνίζου πυρί, *Iph. Aul.* 1112 πῦρ καθάρσιον, *Hel.* 867 δὸς καθαρσίῳ φλογί, purifiant même les cadavres, *Or.* 40 θανοῦσα μήτηρ πυρὶ καθήγνισται δέμας (noter le changement dans K. K.) et Stengel, *Gr. Kultusalt.*[3], p. 97 : en lui faisant consumer des chairs (cadavres ?), on l'adultère et fait qu'il ne demeure pas en sa nature. — μένειν εἰς ὅ est à la rigueur possible, cf. Soph. *Aj.* 80 (cod.) ἐς δόμους μένειν, Luc. *Asin.* 1 οἰκεῖν εἰς τὰ Ὕπατα, Jambl. ap. Stob. I, 378.9 W. διατρίβειν εἰς, P. Fay. 111.12 (95/6 ap. J.-C.) εἰς Διονυσιάδα μεῖναι, P. Oxyr. III 523.2 (IIe s. ap. J.-C.) δειπνῆσαι ... εἰς κλείνην τοῦ κυρίου Σαράπιδος et L. S. J., s. v. εἰς, I, 2, mais ἐφ' ᾧ serait plus normal, cf. XXVI 25 et Plat. *Prot.* 356 e 2 τὴν ψυχὴν μένουσαν ἐπὶ τῷ ἀληθεῖ.

208. Cp. *Vita Barlaam et Joasaph,* 2, 9, p. 14 Mattingly (L. C. L. 1914) : αἵμασί τε καὶ κνίσαις τῶν θυσιῶν καὶ αὐτοῦ δὴ τοῦ ἀέρος μολυνομένου et *Ascl.* 25 (329.23) avec la n. 219.

209. Cf. *P. G. M.* IV 943 κάνθαρε κύκλον ἄγων σπορίμου πυρὸς αὐτογένεθλε. L'épithète (ou d'autres de même sens) est fréquemment appliquée à Dieu dans le néoplatonisme.

210. ἤδη ποτέ : cf. XXV 9 et *Rom.* 1, 10 δεόμενος εἴ πως ἤδη ποτὲ (*tandem aliquando* Vulg.) εὐοδωθήσομαι, *Phil.* 4, 10 ἐχάρην δὲ ... ὅτι ἤδη ποτὲ ἀνεθάλετε τὸ ὑπὲρ ἐμοῦ φρονεῖν, Epict. III 24, 9 οὐκ ἀπογαλακτίσομεν ἤδη ποτ' ἑαυτούς ; Mitteis, *Chrest* 87.7-8 (IIe s. ap. J.-C.) αὐτὸς ἔγραψεν τῷ στρατηγῷ ἐπαναγκάσαι τοὺς λογοθέτας ἤδη ποτὲ τὸ πρᾶγμα ἀποτελέσαι, P. M. Meyer, *Ostr. d. Samml. Deismann,* 57.6 (192 ap. J.-C.) καὶ ἤδη ποτὲ δὸς τῇ ἐμῇ παιδίσκῃ τὰς τοῦ πυροῦ (sc. ἀρτάβας).

211. ῥεῖθρα ποταμῶν : style poétique, de même κατ' ἐμῶν τενόντων 20.6.

212. [Cf. Strabon XV 3, 16 εἰς ποταμὸν οὔτε νίπτονται Πέρσαι οὔτε λούονται οὐδὲ νεκρὸν ἐμβάλλουσιν. Tout ce passage semble inspiré par les idées mazdéennes. La crainte de souiller les éléments (feu, eau, terre), en particulier par le contact avec un cadavre, est un des traits caractéristiques du mazdéisme, cf. *Mon. Myst. Mithra,* I, p. 104 ss. F. C.].

213. Nulle correction n'est satisfaisante. Celle de Theiler donne le sens attendu, cf. les deux formules précédentes εἶχε τὴν τοῦ λέγειν ἐξουσίαν 18.17, τὴν τοῦ λέγειν εἶχεν ἐξουσίαν 19.13. Sur le discours de la Terre, cf. *Style,* p. 45, n. 1.

214. αὐξήσεως καὶ μειώσεως fait bloc, ἀρχήν ne portant strictement que sur le premier terme. C'est à partir des éléments que toutes choses naissent, et cette naissance est le début d'une courbe unique de croissance et de décroissance. Au surplus l'alliance αὔξησις-μείωσις (ou plus généralement φθίσις) est si commune qu'elle vient tout naturellement sous la plume d'un rhéteur redondant.

215. [Cf. *Precatio Terrae* dans Baehrens, *Poet. Lat. Min.*, I, p. 138, v. 2 ss. *quae cuncta generas et regeneras indidem ... ita quidquid tribuis, in te omnia recidunt.* — Pour ὀφειλόμενον τέλος (l. 25), cf. *C. R. A. I.*, 1917, p. 279 ss. F. C.].

216. En faveur d'ἀπανθρώπων, cf. Exc. XXVI **6** τὰς ἀπανθρώπους (ψυχάς), **7** τῆς ἀπανθρωπίας ἐκπεσεῖν, *Cat. Cod. Astr.*, VIII, 1, p. 269.13-15 (Ἥλιος) ἐν τῇ τρίτῃ δεκαμοιρίᾳ (σημαίνει) ... πολλὴν ἀγριότητα καὶ ἀπανθρωπίαν, P. Flor. 367 (IIIe s. ap. J.-C.) l. 3 s. τὰς ἀπανθρώπους ... ἐπιστολάς, P. Oxy. 1681 (m. t.), l. 5 ss. βάρβαρόν τινα ἢ Αἰγύπτιον ἀπάνθρωπον. Theiler garderait ἀπ' ἀνθρώπων, « venue des hommes ».

217. Il n'y a pas opposition entre φέρω (l. 2) et δέχομαι (l. 3 : *contra*, Ferguson, IV, p. 464). La Terre, qui pourtant (a) contient tout et (b) accueille même les *bêtes* égorgées (τὰ φονευθέντα), se plaint (a) de ne pas contenir Dieu (l. 4) et (b) d'avoir à contenir les indignes (l. 8/9).

217 *a*. L'art de la guerre. Je prends καταπίπτουσι (l. 6/7) au sens passif, comme Ferguson, IV, p. 464, n. 5.

217 *b*. Ou « En conséquence », cf. 15.23.

218 Sur cette asyndèse, cf. *Style*, p. 45, n. 1 (à moins de corriger, v. n. cr.).

219. Cf. avec Scott (III, p. 547) C. H II 14 (38.6 ss.) τὰ δὲ ἄλλα πάντα ἀχώρητά ἐστι τῆς τοῦ ἀγαθοῦ φύσεως· σῶμα γάρ εἰσι καὶ ψυχή, τόπον οὐκ ἔχοντα χωρῆσαι δυνάμενον τὸ ἀγαθόν.

220. Cf. avec Ferguson (IV, p. 464) *Sap. Sal.* 7, 25 ἀτμὶς γάρ ἐστιν (sc. la Sagesse) τῆς τοῦ θεοῦ δυνάμεως, καὶ ἀπόρροια τῆς τοῦ παντοκράτορος δόξης εἰλικρινής.

221. Cf. *infra* 22.14 ss. ἵνα ... τῆς θεωρίας ταύτης πλῆρες τὸ περιέχον γένηται et *Ascl.* 1 (297.12) *sanctoque illo ... divina deî completo praesentia.*

222. Cf. ἀτελῆ ... καταλεῖψαι 3.11-12.

223. Cf. *Intr.*, pp. CXXXVII et n. 2, CLII, CLVII-CLVIII (ὅς au masculin parce qu'il s'agit d'Osiris). Ou : « un second (dieu), effluve de ma nature » (Theiler). De même Scott : « Another shall now come down..., an efflux of my being ». [Pour ἑτέρα, cf. *Ev. Joh.* 14, 16 καὶ ἄλλον παράκλητον δώσει ὑμῖν. A. D. N.].

224. Cp. Ael. Arist., εἰς Σάρ. (XLV K.) 32 (361.27 ss. K.) : Sarapis φύλαξ τῶν φανερῶν καὶ τῶν ἀπορρήτων, ἡγεμὼν ἀνθρώπων καὶ δαιμόνων. Un τιμωρὸς δαίμων paraît C. H. 123. Osiris gardien des

morts est bien connu : Diod. Sic., I, 25 τὸν δὲ Ὄσιριν οἱ μὲν ..., οἱ δὲ Πλούτωνα ... νενομίκασι, C. I. G 4708 (= Perdrizet, *Bronzes Fouquet*, 1911, p. 27) νῦν δ' Ἀβυδηναίου τὸν Ὀσείριδος ἀμφιπολεύω | θῶκον. Jugement des morts : Diod. Sic., I, 92. Osiris ἐπόπτης (20.20) : Osiris assimilé au Soleil, son nom même équivalant à πολυόφθαλμος, Diod. Sic., I, 11 πανταχῇ γὰρ ἐπιβάλλοντα τὰς ἀκτῖνας ὥσπερ ὀφθαλμοῖς πολλοῖς βλέπειν ἅπασαν γῆν καὶ θάλατταν, Plut., *Is. Os.* 10 (p. 355 A) ἔνιοι δὲ καὶ τοὔνομα διερμηνεύουσι πολυόφθαλμον, ὡς τοῦ μὲν ος τὸ πολύ, τοῦ δ' ιρι τὸν ὀφθαλμὸν Αἰγυπτίᾳ γλώττῃ φράζοντος. Osiris ὅσιος, allusion peut-être à une autre étymologie d'Osiris, Plut., *Is. Os.* 61 (p. 375 D-E) ὁ δ' Ὄσιρις ἐκ τοῦ ὁσίου καὶ ἱεροῦ τοὔνομα μεμιγμένον ἔσχηκε· κοινὸς γάρ ἐστι τῶν ἐν οὐρανῷ καὶ τῶν ἐν Ἅιδου λόγος, ὧν τὰ μὲν ἱερά, τὰ δ' ὅσια τοῖς παλαιοῖς ἔθος ἦν προσαγορεύειν. — Pour la place d'οὐ μόνον (20.21), cf. *supra* 15.9 τὰ ἄλογα οὐ μόνον, ἀλλὰ καὶ ἑαυτούς.

225. Il est curieux de voir conservée ici l'antique idée de la rétribution héréditaire, depuis longtemps abandonnée dans les milieux cultivés, mais courante encore dans le peuple, cf. *Ev. Joh.* 9, 2 (question des Apôtres à propos de l'aveugle-né) : ῥαββί, τίς ἥμαρτεν, οὗτος ἢ οἱ γονεῖς αὐτοῦ, ἵνα τυφλὸς γεννηθῇ ; ἀπεκρίθη Ἰησοῦς· οὔτε οὗτος ἥμαρτεν οὔτε οἱ γονεῖς αὐτοῦ.

226. Cf. 18.12 ἐντυχεῖν et note 200.

227. ἐξουσία = « domaine, champ d'action où s'exerce l'autorité d'un magistrat » : *Ev. Luc.* 4, 6, 23, 7 ἐκ τῆς ἐξουσίας Ἡρῴδου ἐστίν, 22, 53 αὕτη ἐστὶν ... ἡ ἐξουσία τοῦ σκότους (cf. *Col.* 1, 13), *Eph.* 2, 2 κατὰ τὸν ἄρχοντα τῆς ἐξουσίας τοῦ ἀέρος (« le royaume de l'air »). ἐξουσία est associé à βασιλεία (« royaume », au concret) *Ev. Luc.* 4, 6 et *Col.* 1, 13. Le sens d'« office, magistrature » serait possible, mais me paraît moins bon ici.

228. εὐτυχεῖν et infinitif, tardif : cf. Vett. Val. 241.11.

228 *a*. Ou : « de ta semence », cf. Plat. *Phèdre* 248 d 2 ἀλλὰ τὴν μὲν πλεῖστα ἰδοῦσαν (ψυχήν) εἰς γονὴν ἀνδρὸς γενησομένου φιλοσόφου.

229. πλὴν ὅτι γε : cf. *supra* 5.19 et note 59.

230. Aucune des corrections proposées n'est convaincante.

231. πρὸς ὀλίγον (21.4) : cf. 22.12 ἀπητούμεθα λοιπὸν ὑπὸ τῶν τὸν οὐρανὸν κατοικούντων et Hor., *Carm.* I, 2, 45 ss. *serus in caelum redeas ... neve te ocior aura tollat*, Ov. *Trist.* V, 2,52 *sic ad pacta tibi sidera tardus eas*, *Met.* XV 668 *tarda sit illa dies ... qua caput augustum ... accedat caelo*, Virg. *Georg.* I 503 *iam pridem nobis caeli te regia, Caesar, invidet*, Plut., *Alex. M. fort.* I, 8, p. 330 D εἰ δὲ μὴ ταχέως ὁ δεῦρο καταπέμψας τὴν Ἀλεξάνδρου ψυχὴν ἀνεκαλέσατο δαίμων, Th. Birt, *Horaz' Lieder*, I, 63 (je dois plusieurs de ces références à A. D. N.). Voir aussi Ferguson, IV, p. XXIV note, Reitzenstein, *Poimandres*, pp. 176 ss.

232. Superlatif très banal en Égypte pour maints dieux, cf. B. Mueller, Μέγας Θεός (Halle, 1913), pp. 339 ss.

233. Sur la suite (οὗτοι etc.), cf. *Intr.*, p. CXIII, n. 2 (et les articles indiqués en cette note), pp. CXLVII-CXLIX et *Style*, p. 50 ss. Ajouter Ael. Arist., εἰς Σάρ. (XLV K.) 29 (360.26 K.) οὗτός ἐστιν ὁ (puis quatre οὗτος et verbe), 32 (361.25) οὗτος quatre fois. Voir aussi Ferguson, IV, p. 465-467.

234. On peut, je crois, garder le texte : cf. *Style*, p. 51, n. 8 et cp. Tert. *de an.* 56, 7 *vita sine vita*, Aug. *trin.* 10, 7, 9 *vita carere vita non potest* (Waszink, p. 571).

235. [πρόγονοι θεοί est emprunté à la religion des rois hellénistiques, voir l'inscription de Doura commentée par Rostovtzeff, *J. Hell. St.*, LV (1935), pp. 56 ss. F. C.].

236. Sur 21.11-14, cf. *Intr.*, p. CXLVIII.

237. Écrits ou écritures ? Dans les parallèles (Andros 10-12, Kymé 3 a-b, Ios 2 a-b), il s'agit sûrement de lettres, de caractères d'écriture (γράμματα) : mais en ce cas la suite ἃ δέ etc., est peu claire, et d'autre part la mention d'écrits divins gravés sur des stèles est commune en Égypte, cf. *infra* 21.26 κρυπταῖς στήλαις ἐχάραξαν et *Rev. Bibl.*, XLVIII (1939), p. 46, n. 5, *Rév. H. Tr.*, I, p. 319 ss., Bidez-Cumont, *Mages hellénisés*, I, p. 285, s. v. *Stèle*. [Nock, *Am. J. of Phil.*, LXIII (1942), p. 222, n. 34 ; F. Jacoby, *F. Gr. Hist.*, III Komm., p. 83 (sur 264 F 26) A. D. N.]. Pour κἄν ... κατασχῶσιν, cf. *supra* 2.18 ss. [et *IV Esdr.*, 14,6 (Dieu à Moïse) : *haec in palam facies verba, et haec abscondes*. A. D. N.].

237 *a*. κἄν (Desrousseaux) s'impose si l'on garde κατασχῶσιν. On a sans doute ainsi un faux μέν ... δέ, mais l'auteur hermétique n'est pas toujours correct sur ce point, v. gr. Exc. XXIV **6** τῆς μὲν ... ἐπιλαθόμεναι ..., μέμνηνται δέ.

238. Ou « à cause aussi du ». De toute manière, εὐεργεσίας me paraît être un génitif.

239. Horkos est personnifié chez Hésiode, *Op.* 219 (voir le commentaire de P. Mazon, Paris, 1914, p. 78-79), et ailleurs, mais je ne connais pas d'inscription témoignant d'un culte au dieu Horkos. Cf. Roscher, *Lex. Myth.*, s. v. Horkos.

240. Le sens paraît être qu'Osiris et Isis ont appris aux hommes, non pas à ensevelir les morts, mais à les ensevelir ὡς δέον ἐστίν, c'est-à-dire par les procédés de momification. Le trait est spécifiquement égyptien, cf. Hopfner, *Fontes*, index, s. v. *mortui*. Sans parallèle dans Ios et Kymé, sans doute parce que les arétalogies concernent le culte d'Isis *urbi et orbi*. [Cf. *Harv. Th. Rev.*, XXV (1932), p. 334, n. 62. Les prêtres d'Isis ne cherchèrent pas à introduire dans le monde grec la momification, bien que les habitants non Égyptiens de l'Égypte aient souvent suivi cette pratique, *l. c.*, p. 329. A. D. N.].

241. [τὸ τοῦ θανάτου ἄγριον (21.21) : cf. *1 Cor.* 15, 56 τὸ δὲ κέντρον τοῦ θανάτου ἡ ἁμαρτία. A. D. N.].

242. Cf. les textes réunis par Kern, *Orph. fr.* 27, p. 95 ss. et F. Cumont, *Symb. Fun. des Rom.*, p. 104 ss.

242 *a*. φιλυπόστροφος est propre à la langue médicale, pour désigner un mal récurrent, cf. L. S. J., s. v.

243. Cf. C. H. XVI 10 (235.14 ss,) et la note 30 *ib.*, F. Cumont, *Symb. Fun. des Rom.*, p. 66, n. 2, 115, n. 1.

244. [ἐπιτηδεύματα : le mot est fréquent chez les astrologues, cf. *Cat. Codd. Astr.*, VIII 4, p. 214.1 ss. μετὰ τὸ σκοπῆσαι τὰς τέχνας καὶ τὰ ἐπιτηδεύματα ἀπὸ τῶν ἀστέρων τῶν παρεχόντων τὴν πρᾶξιν, ... ἀναγκαῖον ἡγησάμην κατὰ τὴν τῶν ἀστέρων χρηματουργίαν ὑποτάξαι τὰς τέχνας καὶ τὰ ἐπιτηδεύματα. Ces ἐπιτηδεύματα sont énumérés par la suite, 11.9-17 et ressortissent surtout à la palestre et à la musique (σπουδαίους περὶ τὰ μουσικά) F. C.].

245. Cf. 2.15 et *Intr.*, p. CXL, n. 1. [Sur cette συμπάθεια τῶν ὅλων, cf. Posid. ap. Phil., *de op. m.* 117. W. Th.].

246. Chez qui la *traditio* se fait de père en fils (cf. Herod. II 143, etc.) en sorte que jamais ne cesse la connaissance des mystères. — Prophètes au sens clérical (1re classe des prêtres en Égypte, venant aussitôt après l'archiéreus) : cf. en dernier lieu Cumont, *Eg. d. Astrol.*, pp. 119-121. — τὸ τέλειον répond à τὸ φθόριμον (l. 6) comme le remède au mal, cp. ἡ τελεία (sc. ἀντίδοτος, « le parfait antidote ») dans la langue médicale (L. S. J., τέλειος V 2).

247. τὰ ὄντα : cf. C. H. I, 3 (7.11) μαθεῖν θέλω τὰ ὄντα et *passim*.

248. Sur le sens de « philosophie » et sur l'association de cette philosophie avec la magie, cf. Cumont, *Eg. des Astrol.* p. 164, n. 4 ; avec la médecine, *ib.*, p. 122, 161 ss. L'association médecine-philosophie est d'ailleurs un lieu commun, cf. Plut., *de sanit. tuenda* 1, Gal., *quod opt. med. sit quoque philosophus* (*Script. min*, 2, 1 ss. Müller), Tertull., *de anima* 2, 6 (p. 4.14 Waszink et le commentaire *ib.*, p. 111-112) *sed et medicinam inspexi, sororem, ut aiunt, philosophiae*. Dans le préambule d'un traité alimentaire attribué, selon les manuscrits, soit au « philosophe Hiérophile » (Hérophile ?), soit à Hippocrate, mais qui en tout cas n'est pas antérieur à l'époque romaine, on lit (A. Delatte, *Anecdota Atheniensia*, II, 1939, p. 456) : ἡ θεία φύσις ποιήσασα τὸν ἄνθρωπον δύο πάνυ τισὶν αὐτῶν (des hommes ?) ἐπιστήμας ἀναγκαίας παρέθετο, φιλοσοφίαν τε καὶ ἰατρικήν, τὴν μὲν ἵνα τῆς ψυχῆς ἐπιμελῆται, τὴν δὲ τὸ σῶμα ἐπισπεύσειν (Delatte : ἐπίστευσεν cod.).

249. τὸν κόσμον πληρέστατον (22.12) : cf. *Tim.* 92 c 6 θνητὰ γὰρ καὶ ἀθάνατα ζῷα λαβὼν καὶ συμπληρωθεὶς ὅδε ὁ κόσμος et R. Bultmann, *Das Ev. Joh.* (1952), p. 49, n. 2

250. τὸ περιέχον (l. 15), usuellement l'air ou le ciel enveloppant, ne peut désigner ici que l'univers et équivaut à κόσμος (l. 12). Le

monde, déjà πληρέστατος (l. 12), doit être rempli *aussi* (καὶ l. 14) de la doctrine qu'Isis vient de révéler. C'est là le premier objet de sa prière. γάρ (l. 16) ne concerne que la deuxième demande (αὐτοί τε κτλ.).

251. ὡς μὴ ἀμαθὴς ὑπάρχω (22.19) a sa raison d'être (secl. Scott), ἀμαθής équivalant presqu'ici à ἀμύητος (cp. C. H. V 1 ὅπως μὴ ἀμύητος ᾖς κτλ. Exc. XXV **1** τῆς θεωρίας ταύτης μύστης γενόμενος, **4** μύστις δὲ ὥσπερ τῆς ἀθανάτου φύσεως καὐτὴ τυγχάνουσα, **11** πρόσεχε, παῖ, ἀρρήτων γὰρ ἐπακούεις μυστηρίων), cf. Eur. *Ba.* 480 (Dion. à Pentheus) Δόξει τις ἀμαθεῖ σοφὰ λέγων οὐκ εὖ φρονεῖν, 490 (le m. au m.) Σὲ δ' ἀμαθίας γε (sc. δίκην δοῦναι δεῖ) κἀσεβοῦντ' εἰς τὸν θεόν, 1345 (D. à Agavé) Ὄψ' ἐμάθετ' ἡμᾶς, Ar. *Nub.* 135 s. (le Disciple à Strepsiade) Ἀμαθής γε νὴ Δί' ὅστις οὑτωσὶ σφόδρα | ἀπεριμερίμνως τὴν θύραν λελάκτικας. L'opposé est εἰδώς, cf. Eur. *Ba.* 72 s. ὦ μάκαρ, ὅστις εὐδαίμων τελετὰς θεῶν εἰδώς, *Rhes.* 973 σεμνὸς τοῖσιν εἰδόσιν θεός. — Pour πλήρες (22.15), cf. *supra* 20.15 et la note 221.

252. Cf. C. H. XIII 15 (206.16) ἐβουλόμην, ὦ πάτερ, τὴν διὰ τοῦ ὕμνου εὐλογίαν, (207.5) θέλω, πάτερ, ἀκοῦσαι, καί βούλομαι ταῦτα νοῆσαι et la réponse ἡσύχασον, ὦ τέκνον, καὶ τῆς ἁρμοζούσης νῦν ἄκουε εὐλογίας.

FRAGMENT XXIV

XXIV

DANS LE MÊME LIVRE

1 « Mais toi, fils magnanime, si tu veux savoir autre chose, interroge ». Et Horus dit : « O Mère très honorée, je veux savoir comment se produisent les âmes royales ». Et Isis répondit : « Voici à peu près, mon fils Horus, comment se fait la distinction en ce qui concerne les âmes royales. Puisqu'il y a, dans le Tout, quatre lieux, qui sont soumis à une loi et à une autorité inviolables, le ciel, l'éther, l'air, la terre très sainte[1], en haut[2], mon enfant, dans le ciel, habitent les dieux, à qui commande, comme à tous les autres êtres, le Créateur de l'univers ; dans l'éther habitent les astres, auxquels commande le grand luminaire du Soleil ; dans l'air habitent les âmes démoniques[3], à qui commande la Lune ; sur la terre habitent les hommes et les autres animaux, auxquels commande celui qui pour l'instant est né roi[4]. Car[5] les dieux, mon enfant, engendrent des rois qui sont dignes d'être leur descendance sur la terre[6].
2 Les chefs[7] sont des émanations du Roi, et le chef qui en approche davantage est aussi plus royal que les autres. En effet le Soleil, dès lors qu'il est plus près de Dieu, est aussi plus grand[8] et plus puissant que la Lune : la Lune vient en second après lui et selon le rang et selon la puissance.

Nota. — Les notes sont reportées à la fin de l'Extrait, page 59.

Excerptum XXIV.

Stobaeus I. 49. 45, vol. i, p. 407 Wachsmuth.

Ἐν ταὐτῷ.

1 « Σὺ δέ, ὦ παῖ μεγαλόψυχε, εἴ τι θέλεις ἕτερον, ἐπερώτα ». καὶ εἶπεν Ὧρος· « Ὦ πολυτίμητε μῆτερ, εἰδῆσαι θέλω πῶς γίγνονται βασιλικαὶ ψυχαί ». καὶ εἶπεν Ἶσις· « Ἡ γιγνομένη, τέκνον Ὧρε, περὶ τὰς βασιλικὰς ψυχὰς διαφορὰ τοιαύτη τίς ἐστιν. ἐπεὶ γὰρ τόποι τέσσαρές εἰσιν ἐν τῷ παντὶ οἵτινες ἀπαραβάτῳ νόμῳ καὶ προστασίᾳ ὑποπίπτουσιν, ὅ τε οὐρανὸς καὶ ⟨ὁ⟩ αἰθὴρ καὶ ὁ ἀὴρ καὶ ἡ ἱερωτάτη γῆ, [καὶ] ἄνω μέν, ὦ τέκνον, ἐν οὐρανῷ θεοὶ κατοικοῦσιν, ὧν ἄρχει μετὰ καὶ τῶν ἄλλων πάντων ὁ τῶν ὅλων δημιουργός· ἐν δὲ τῷ αἰθέρι ἀστέρες, ὧν ἄρχει ὁ μέγας φωστὴρ ἥλιος· ἐν δὲ τῷ ἀέρι ψυχαὶ δαιμόνιαι, ὧν ἄρχει σελήνη· ἐπὶ δὲ τῆς γῆς ἄνθρωποι καὶ τὰ λοιπὰ ζῷα, ὧν ἄρχει ὁ κατὰ καιρὸν γενόμενος βασιλεύς. γεννῶσι γάρ, ὦ τέκνον, βασιλεῖς οἱ θεοὶ ἐπαξίους τῆς ἐπιγείου γονῆς. 2 καὶ εἰσιν οἱ ἄρχοντες τοῦ βασιλέως ἀπόρροιαι, ὧν ὁ μᾶλλον ἐκείνῳ πλησίον οὗτος καὶ τῶν ἄλλων βασιλικώτερος. ὁ μὲν γὰρ ἥλιος, καθὸ ἔγγιόν ἐστι τοῦ θεοῦ, τῆς σελήνης ἐπιμείζων καὶ δυναμικώτερος, ᾧ δευτερεύει ἡ

8 ὁ ins Heeren || 9 καὶ del. Meineke || 12 δαιμόνιαι Meineke : δὲ μόναι F μόναι P || 15 γονῆς FP : μονῆς Usener, qui et post μονῆς distinxit || 16 τοῦ FP : θεοῦ Usener. ' an τοῦ πρώτου (ᾱου) βασιλεως ? ' Nock || 17 οὗτος P : ἐκεῖνος F — ante τῶν add. ὁ P || 19 ἐπιμείζων P (ἐπὶ μείζων F) : ἐστὶ μείζων Scott — δυναμικώτερος F : δυναμικώτερον P.

3 Quant au roi, il est le dernier d'entre les dieux en général, mais il est le premier des hommes [9]. Tant qu'il est sur la terre, il demeure fort éloigné de la nature divine en sa vérité, mais il a, eu égard aux hommes, quelque chose d'exceptionnel qui est semblable à Dieu [10]. Car l'âme qui est précipitée [10a] en lui vient de cette région qui est placée au-dessus de celles d'où descendent les âmes qui sont précipitées dans les autres hommes. 4 Or les âmes sont précipitées de là-haut en vue de régner pour ces deux raisons-ci, mon enfant : celles qui ont fait noblement, d'une manière irréprochable, la course de leur vie et qui sont près de recevoir l'apothéose, afin que, par l'usage de la royauté, elles se préparent aussi à exercer l'autorité qui appartient aux dieux ; celles qui sont déjà divines en quelque sorte et n'ont que légèrement transgressé [11] la règle inspirée par Dieu, afin que [12], tout en endurant un châtiment du fait de l'incorporation, elles ne subissent, à cause de leur haut rang et de leur nature, rien de semblable aux autres hommes une fois qu'elles ont été incarnées, mais conservent, même enchaînées, ce qu'elles possédaient lorsqu'elles étaient libres.

5 Maintenant, quant au caractère, la différence entre les rois ne résulte pas d'une distinction propre à l'âme même, car toutes les âmes royales sont divines, mais de la diversité des anges et des démons [13] qui lui ont fait escorte dans son établissement [14]. Car les âmes d'une telle qualité et qui descendent sur la terre pour un tel office n'y descendent pas sans cortège et sans gardes du corps. La Justice d'en haut sait en effet départir à chacune le rang qui lui est dû, même si ces âmes sont chassées du Pays de la Bonne Vie [15]. 6 Quand donc, mon fils Horus, les anges et démons qui amènent l'âme en bas sont belliqueux, c'est leur manière de voir [16] que doit s'approprier [17] l'âme qui a oublié son propre

σελήνη καὶ κατὰ τάξιν καὶ κατὰ δύναμιν. **3** καὶ ὁ μὲν βασιλεὺς τῶν μὲν ἄλλων θεῶν ἐστιν ἔσχατος, πρῶτος δὲ ἀνθρώπων· καὶ μέχρις ὅτου ἐπὶ γῆς ἐστι, τῆς μὲν ἀληθοῦς θειότητος ἀπήλλακται, ἔχει δὲ ἐξαίρετόν τι παρ' ἀνθρώπους, ὃ ὅμοιόν ἐστι τῷ θεῷ. ἡ γὰρ εἰς αὐτὸν καταπεμπομένη ψυχὴ ἐξ ἐκείνου ἐστὶ τοῦ χωρίου ὃ ὑπεράνω κεῖται ἐκείνων ἀφ' ὧν εἰς τοὺς ἄλλους καταπέμπονται ἀνθρώπους. **4** καταπέμπονται δὲ ἐκεῖθεν εἰς τὸ βασιλεύειν διὰ δύο ταῦτα αἱ ψυχαί, ὦ τέκνον· αἱ γὰρ καλῶς καὶ ἀμέμπτως δραμοῦσαι τὸν ἴδιον αἰῶνα καὶ μέλλουσαι ἀποθεοῦσθαι, ἵνα κἀν τῷ βασιλεύειν τὴν τῶν θεῶν προγυμνασθῶσιν ἐξουσίαν· αἱ ⟨δὲ⟩ θεῖαί τινες ἤδη οὖσαι καὶ ἐπὶ μικρῷ τινι παραθεμιστεύσασαι τὸν ἔνθεον γνώμονα, ἵνα μὴ κόλασιν μὲν ἐν τῷ σεσωματίσθαι ὑπομένωσι, διὰ δ' ἀξίαν καὶ φύσιν μηθὲν ὅμοιον τοῖς ἄλλοις πάσχωσιν ἐνσωματισθεῖσαι, ἀλλ' ὅπερ εἶχον λελυμέναι, τοῦτο καὶ δεθεῖσαι ἔχωσιν.

5 αἱ μέντοι περὶ τὰ ἤθη τῶν βασιλευόντων γιγνόμεναι διαφοραὶ οὐκ ἐν τῇ τῆς ψυχῆς κρίσει κρίνονται, πᾶσαι γὰρ θεῖαι, ἀλλ' ἐν τῇ τῶν δορυφορησάντων αὐτῆς τὴν κατάστασιν ἀγγέλων καὶ δαιμόνων. αἱ γὰρ τοιαῦται καὶ ἐπὶ τοιαῦτα κατερχόμεναι δίχα προπομπῆς καὶ δορυφορίας οὐ κατέρχονται. οἶδε γὰρ ἡ ἄνω Δίκη τὴν ἀξίαν ἑκάστῃ νέμειν, κἂν ἐκ τῆς εὐημερούσης χώρας ἀπωθῶνται. **6** ὅταν οὖν οἱ κατάγοντες αὐτὴν ἄγγελοι καὶ δαίμονες, τέκνον Ὧρε, πολεμικοὶ ὦσι, τούτων περικρατεῖν τῆς

---

5 ἀνθρώπους Meineke : ἀνθρώποις FP — ὅ FP : ᾧ Desrousseaux || 9 αἱ γὰρ FP : αἱ μὲν Usener || 11 κἀν Wachsmuth : κἂν FP || 12 δὲ add. Heeren || 14 μὴ secl. Wachsmuth || 14-15 διὰ δ' ἀξίαν Theiler : δι' ἀδοξίαν FP || 15 πάσχωσιν Heeren : πάσχουσιν FP || 16 λελυμέναι FP^2 : λελυμένα P || 17 δεθεῖσαι FP^2 : θεῖσαι P || 18 ἤθη P : ἤδη F — τῶν FP^2 : τῷ P || 22 ante τοιαῦτα add. τὰ Meineke || 24 ἀπωθῶνται Wachsmuth : ἀποθῶνται FP.

comportement, ou plutôt qui ne s'en souvient que jusqu'à concurrence de celui, qui s'est surajouté au sien, de ses compagnons de route différents d'elle-même. Quand ils sont pacifiques, alors l'âme aussi rend pacifique sa propre course [18] ; s'ils se plaisent à rendre la justice, alors elle aussi fait office de juge ; s'ils sont musiciens, alors elle aussi chante ; s'ils aiment la vérité, alors elle aussi s'adonne à la philosophie. De fait, c'est presque une nécessité [19] que ces âmes s'approprient la manière de voir de ceux qui les amènent sur la terre : car, si, tombant dans l'humanité [20], elles ont oublié leur propre nature et cela d'autant plus qu'elles s'en sont éloignées davantage, en revanche elles se souviennent de la manière d'être de ceux qui les ont enfermées. »

7 « Tu m'as bien tout expliqué, ô Mère », dit Horus, « mais tu ne m'as pas montré encore comment se produisent les âmes nobles. » — « De même que sur la terre, mon fils Horus, il y a différentes sortes de rues [21], ainsi en va-t-il dans le cas des âmes. Elles aussi en effet, c'est à partir de lieux différents qu'elles prennent leur essor, et celle qui est issue d'un lieu plus glorieux est plus noble que celle qui n'avait pas ce privilège. De même que, parmi les hommes, celui qui est libre est tenu pour plus noble que l'esclave (car ce qui est supérieur et royal tient nécessairement en esclavage ce qui est inférieur) [22], de même, mon enfant, ⟨parmi les âmes⟩. »

8 «⟨Mais, ô Mère, comment⟩ se produisent les âmes masculines et les féminines [23] ? » — « Les âmes, mon fils Horus, sont toutes de même nature puisqu'elles proviennent d'un seul et même pays, où le Créateur les modèle, et elles ne sont ni masculines ni féminines. Car pareille condition ne vaut que pour des corps, non pour des incorporels.

γνώμης ἡ ψυχὴ ἔχει ἡ ἐπιλαθομένη τῶν ἑαυτῆς ἔργων, μᾶλλον δὲ μεμνημένη τούτων μέχρι τῶν τῆς ἑτέρας συνοδίας προσγεγονότων· ὅταν δὲ εἰρηνικοί, τότε καὶ αὐτὴ τὸν ἴδιον δρόμον εἰρηνοποιεῖται· ὅταν δὲ δικαστικοί, τότε καὶ αὐτὴ δικάζει· ὅταν δὲ μουσικοί, τότε καὶ αὐτὴ ᾄδει· ὅταν δὲ φιλαλήθεις, τότε καὶ αὐτὴ φιλοσοφεῖ. ὡς γὰρ ἐξ ἀνάγκης αἱ ψυχαὶ αὗται τῆς τῶν καταγόντων περικρατοῦσι γνώμης· πίπτουσι γὰρ εἰς τὴν ἀνθρωπότητα τῆς μὲν ἰδίας φύσεως ἐπιλαθόμεναι καὶ παρόσον μακρὰν αὐτῆς ἀπέστησαν, μέμνηνται δὲ τῆς τῶν κατακλεισάντων αὐτὰς διαθέσεως ».

7 « Καλῶς », εἶπεν Ὧρος, « ἅπαντά μοι, ὦ τεκοῦσα, πῶς δὲ εὐγενεῖς γίγνονται ψυχαί, οὐδέπω μοι διηγήσω ». « Ὃν τρόπον ἐπὶ γῆς, ὦ τέκνον Ὧρε, εἰσί τινες πλατεῖαι διαφέρουσαι ἀλλήλων, οὕτως καὶ ἐπὶ τῶν ψυχῶν ἐστι. καὶ αὗται γὰρ τόπους ἔχουσιν ὅθεν ὁρμῶσι, καὶ ἡ ἀπὸ τοῦ ἐνδοξοτέρου τόπου ὁρμηκυῖα εὐγενεστέρα ἐστὶ τῆς μὴ οὕτως ἐχούσης. ὅνπερ γὰρ τρόπον ἐν ἀνθρώποις ὁ ἐλεύθερος εὐγενέστερος εἶναι δοκεῖ δούλου (τὸ γὰρ [ἐν ταῖς ψυχαῖς] ὑπερέχον καὶ βασιλικὸν δουλοποιεῖ τὸ ὑπερεχόμενον ἐξ ἀνάγκης), οὕτω δή, ὦ τέκνον, καὶ ⟨ἐν ταῖς ψυχαῖς⟩ ».

8 « ⟨Πῶς δέ, ὦ τεκοῦσα⟩, ἀρρενικαὶ καὶ θηλυκαὶ γίγνονται ψυχαί; » « Αἱ ψυχαί, ὦ τέκνον Ὧρε, ὁμοφυεῖς εἰσιν ἑαυταῖς, καθάπερ ἐξ ἑνὸς οὖσαι χωρίου, ἐν ᾧ αὐτὰς διατυποῦται ὁ δημιουργός, καὶ οὔτε εἰσὶν ἄρρενες οὔτε θήλειαι. ἡ γὰρ τοιαύτη διάθεσις ἐπὶ σωμάτων γίγνεται καὶ

1 ἡ (post ἔχει) Nock : ἢ FP — ἐπιλαθομένη F : ἐπιλαθομένους P || 2 μεμνημένη F : μεμνημένοι P || 6 φιλαλήθεις P : φιλαλήθης F || 9 ἐπιλαθόμεναι Patr. : ἐπιλαθόμενοι FP — ἀπέστησαν F : ἐπέστησαν P || 10 μέμνηνται Patr. : μέμνηται FP || 12 post διηγήσω clausula in FP et titulus πῶς γίγνονται εὐγενεῖς ψυχαί (cf. ad 12.10) || 13 πλατεῖαι Theiler : πολιτεῖαι FP || 16 ὁρμηκυῖα FP : ὡρμηκυῖα Scott, fort. recte || 17 ἐν Theiler : ἐπ' FP || 18-19 ἐν τ. ψυχαῖς hic secl., 20 transt. Theiler || 21 πῶς... τεκοῦσα ins. Wachsmuth || 22 post ψυχαί ; clausula in FP et titulus πῶς ἀρρενικαὶ καὶ θηλυκαὶ γίγνονται ψυχαί (ψ. om. F) — ὦ P : om. FP²V.

9 Quant à la différence qui rend certaines âmes plutôt colériques, d'autres faciles à manier[24], elle tient, mon fils Horus, à l'air, dans lequel toutes choses naissent. Or l'air de l'âme, c'est le corps même dont elle est enveloppée, et qui est une combinaison des éléments, terre, eau, air et feu[25]. Puis donc que, dans la composition des femelles, il y a prédominance de l'humide et du froid, déficience du sec et du chaud, il en résulte que l'âme emprisonnée dans un ouvrage ainsi modelé[26] devient pénétrée d'humidité et toute molle, de même que, chez les mâles, on peut constater qu'il se produit tout l'opposé. Chez ceux-ci en effet, il y a prédominance du sec et du chaud, déficience du froid et de l'humide : pour cette raison les âmes sises en de tels corps sont rudes et plus laborieuses[27] ».

10 « Comment se produisent les âmes intelligentes, ô Mère[28] ? »

Et Isis répondit : « Le sens de la vue, mon enfant, est enveloppé de membranes. Quand ces membranes sont compactes et épaisses, l'œil a une vision affaiblie ; mais si elles sont de tissu lâche et fin, alors on jouit d'une vue très perçante. Il en va de même avec l'âme. Car l'âme aussi a ses enveloppes à elle, incorporelles, puisqu'elle est elle-même incorporelle. Ces enveloppes sont les couches d'air qui sont en nous[29]. Quand ces couches sont fines, lâches et translucides, alors l'âme est intelligente ; quand au contraire elles sont serrées, épaisses et brouillées, alors, comme par un mauvais temps, l'âme ne peut voir au loin, mais seulement ce qui est à ses pieds ».

11 Et Horus dit : « Pourquoi donc, ô Mère, les hommes qui habitent en dehors de notre très saint pays[30] ne sont-ils pas d'intelligence vraiment ouverte, comme nos compatriotes ? » Et Isis répondit[31] : « La terre, au centre du Tout,

οὐκ ἐπὶ ἀσωμάτων. **9** ἡ δὲ διαφορὰ τοῦ τὰς μὲν βριμωδεστέρας εἶναι τὰς δὲ εὐαφεῖς ὁ ἀήρ ἐστι, τέκνον Ὧρε, ἐν ᾧ πάντα γίγνεται. ἀὴρ δὲ ψυχῆς ἐστιν αὐτὸ τὸ σῶμα ὃ περιβέβληται, ὅπερ στοιχείων ἐστὶ φύραμα, γῆς καὶ ὕδατος καὶ ἀέρος καὶ πυρός. ἐπεὶ οὖν τὸ μὲν τῶν θηλειῶν σύγκριμα πλεονάζει μὲν τῷ ὑγρῷ καὶ ψυχρῷ, λείπεται δὲ τῷ ξηρῷ καὶ θερμῷ, παρὰ τοῦτο ἡ εἰς τοιοῦτον πλάσμα συγκλειομένη ψυχὴ δίυγρος γίγνεται καὶ τρυφερά, ὥσπερ ἐπὶ τῶν ἀρρένων τὸ ἐναντίον ἔστι γιγνόμενον εὑρεῖν. ἐπὶ γὰρ τούτοις πλεονάζει μὲν τὸ ξηρὸν καὶ [τὸ] θερμόν, λείπεται δὲ τὸ ψυχρὸν καὶ ὑγρόν· διὰ τοῦτο αἱ ἐν τοιούτοις σώμασι ψυχαὶ τραχεῖαι καὶ ἐργατικώτεραί εἰσιν. »

10 « Πῶς γίγνονται αἱ ψυχαὶ συνεταί, ὦ τεκοῦσα ; » καὶ ἀπεκρίθη Ἶσις· « Τὸ ὁρατικόν, ὦ τέκνον, περιβέβληται χιτῶσιν. ὅταν οὗτοι οἱ χιτῶνες πυκνοὶ ὦσι καὶ παχεῖς, ⟨οὐκ⟩ ὀξυωπεῖ ὁ ὀφθαλμός, ἐὰν δὲ ἀραιοὶ καὶ λεπτοί, τότε ὀξυωπέστατα βλέπουσιν. οὕτως καὶ ἐπὶ τῆς ψυχῆς. ἔχει γὰρ καὶ αὕτη ἴδια περιβόλαια ἀσώματα, καθὸ καὶ αὐτὴ ἀσώματός ἐστι. τὰ δὲ περιβόλαια ταῦτα ἀέρες εἰσὶν οἱ ἐν ἡμῖν. ὅταν οὗτοι ὦσι λεπτοὶ καὶ ἀραιοὶ καὶ διαυγεῖς, τότε συνετὴ ἡ ψυχή ἐστιν· ὅταν δὲ τοὐναντίον πυκνοὶ καὶ παχεῖς καὶ τεθολωμένοι, τότε ὡς ἐν χειμῶνι ἐπὶ μακρὸν οὐ βλέπει, ἀλλὰ ταῦτα ὅσα παρὰ ποσὶ κεῖται ».

11 καὶ εἶπεν Ὧρος· « Διὰ τίνα οὖν αἰτίαν, ὦ τεκοῦσα, οἱ ἔξω τῆς ἱερωτάτης ἡμῶν χώρας ἄνθρωποι ταῖς διανοίαις οὐκ ὄντως εἰσὶ συνετοί, ὡς οἱ ἡμέτεροι ; » καὶ εἶπεν Ἶσις· « Ἡ γῆ μέσον τοῦ παντὸς ὑπτία κεῖται, καὶ κεῖται ὥσπερ ἄνθρωπος οὐρανὸν βλέπουσα, μεμερισμένη δὲ

4 στοιχείων Patr. : στοιχεῖον FP || 9 ἐπὶ FP: ἐπεὶ W. Kroll, qui et post ὑγρόν (11) leuius distinxit || 10 τὸ (ante θερμόν) secl. Wachsmuth || 11 αἱ F : καὶ P || 14 post Ἶσις clausula in F et titulus πῶς γίγνονται (γίγνεται P) αἱ ψυχαὶ FP || 16 οὐκ ins. P² — ὀξυωπεῖ FP : ἀμβλυωπεῖ (οὐκ omisso) Canter || 17 βλέπουσιν FP : βλέπει Meineke || 18 αὕτη Wachsmuth : αὐτὴ FP || 19 ἀέρες P² : ἄρες FP || 23 ποσὶ Patr. : πᾶσι FP || 27 καὶ κεῖται om. P secl. Wachsmuth.

est couchée sur le dos, elle est couchée face au ciel comme un homme, et elle est divisée en autant de parties qu'il y a de membres dans l'homme [31a]. Elle tourne ses regards vers le ciel, comme vers son père, afin que, suivant les changements du ciel, elle change elle aussi en ce qui lui est propre [32]. Elle a la tête située vers le Sud de l'univers, l'épaule droite vers l'Est, ⟨l'épaule gauche vers l'Ouest⟩, les pieds sous l'Ourse [32a], ⟨le droit sous la queue⟩, le gauche sous la tête de l'Ourse, les cuisses dans les régions qui viennent après l'Ourse, les parties médianes dans les régions médianes. **12** Preuve en est que ceux des hommes qui vivent au Midi et qui habitent sur la tête de la terre ont le haut de la tête bien développé et de beaux cheveux [33]; les Orientaux sont disposés à l'attaque et sectateurs du Sagittaire [34], car ces qualités sont le fait de la main droite; les Occidentaux sont assurés contre le danger [35] en tant que le plus souvent ils combattent de la main gauche et tous les effets que produisent les autres en se portant sur la droite, ils les produisent en se portant sur la gauche [36]; ceux qui vivent sous l'Ourse sont †... † quant aux pieds [37] et ont par ailleurs la jambe bien faite [38]; ceux qui viennent après ceux-ci et un peu plus loin, la région géographique dite aujourd'hui italienne et hellénique [39], tous ces gens-là donc ont la cuisse belle et la fesse bien fournie, et de là vient aussi, que, à cause de l'extrême beauté de ces parties, les hommes de là-bas s'abaissent au commerce des mâles [40]. **13** Or, comme tous ces membres [41], comparés aux autres, sont paresseux, ils rendent aussi plus paresseux les hommes qui les habitent. Puisque,

καθ᾽ ὅσα μέλη ὁ ἄνθρωπος μελίζεται· ἐμβλέπει δ᾽ οὐρανῷ καθάπερ πατρὶ ἰδίῳ, ὅπως ταῖς ἐκείνου μεταβολαῖς καὶ αὐτὴ τὰ ἴδια συμμεταβάλλῃ. καὶ πρὸς μὲν τῷ νότῳ τοῦ παντὸς κειμένην ἔχει τὴν κεφαλήν, πρὸς δὲ τῷ ἀπηλιώτῃ ⟨τὸν⟩ δεξιὸν ὦμον, ⟨πρὸς δὲ τῷ λιβὶ τὸν εὐώνυμον⟩, ὑπὸ τῆς ἄρκτου τοὺς πόδας, ⟨τὸν μὲν δεξιὸν ὑπὸ τὴν οὐράν⟩, τὸν δὲ εὐώνυμον ὑπὸ τὴν κεφαλὴν τῆς ἄρκτου· τοὺς δὲ μηροὺς ἐν τοῖς μετὰ τὴν ἄρκτον· τὰ δὲ μέσα ἐν τοῖς μέσοις. **12** καὶ τούτου σημεῖόν ἐστι τὸ τοὺς μὲν νοτιαίους τῶν ἀνθρώπων καὶ ἐπὶ τῇ κορυφῇ οἰκοῦντας εὐκορύφους καὶ καλλίτριχας· τοὺς δὲ ἀπηλιωτικοὺς πρὸς μάχην προχείρους εἶναι καὶ τοξιανούς, αἰτία γὰρ τούτων ἡ δεξιὰ χείρ ἐστι· τοὺς δ᾽ ἐν τῷ λιβὶ ἀσφαλεῖς εἶναι καθὼς ἐπὶ τὸ πλεῖστον ἀριστερομάχους καὶ ὅσον ἄλλοι τῷ δεξιῷ μέρει ἐνεργοῦσιν αὐτοὺς τῷ εὐωνύμῳ προστιθεμένους· τοὺς δὲ ὑπὸ τὴν ἄρκτον † πρός τινα † τοὺς πόδας καὶ ἄλλως εὐκνήμους· τοὺς δὲ μετὰ τούτους καὶ μικρῷ πόρρω, τὸ νῦν Ἰταλικὸν κλίμα καὶ τὸ Ἑλλαδικόν, πάντες δὴ οὗτοι καλλιμηροί εἰσι καὶ εὐπυγότεροι, ὥστε τῇ τοῦ κάλλους τῶν μερῶν τούτων ὑπερβολῇ καὶ τοὺς ἐνταῦθα ἀνθρώπους καταβαίνειν πρὸς τὴν τῶν ἀρρένων ὁμιλίαν. **13** πάντα δὲ ταῦτα τὰ μέλη πρὸς τὰ ἄλλα ἀργὰ ὄντα ἀργοτέρους ἤνεγκε καὶ τοὺς ἐπ᾽ αὐτοῖς ἀνθρώπους. ἐπειδὴ δὲ ἐν τῷ

---

1 καθ᾽ Wachsmuth : καὶ FP — μέλη FP : μέρη Wachsmuth, uix necessarium — ὁ om. P — ἐμβλέπει δ᾽ οὐρανῷ V : βλέπει δ᾽ ἐν οὐρανῷ FP || 2 αὐτὴ P² : αὕτη FP || 4-6 suppl. Heeren || 5-6 τῆς ἄρκτου Heeren : τὰς ἄρκτους FP || 12 τοξιανούς FP : τοξικούς P² (v. p. 62, n. 34) || 13 καθὼς scripsi : καὶ ὡς FP καὶ secl. Wachsmuth || 16 locus conclamatus. ἄκρους τ᾽ εἶναι Theiler προτενεῖς εἶναι Desrousseaux πρωτεύοντας Heeren. possis et, πρός τινα seruato, lacunam statuere — ἄλλως Patr. : ἄλλους FP || 17 τοὺς δὲ FP : οἱ δὲ Scott — ante τὸ νῦν add. κατὰ Heeren. ‘ fort. post τὸ νῦν lacuna amplior statuenda ’ Theiler, τὸ νῦν... Ἑλλαδικόν (l. 18) secl. Scott || 18 δὴ Wachsmuth : δὲ FP || 19 εὐπυγότεροι Barth : εὐπωγονότεροι FP || 20 μερῶν Canter : μηρῶν FP || 22 μέλη FP : μέρη Heeren (cf. ad l. 1) || 23 ἐπ᾽ αὐτοῖς Usener : ἀπ᾽ αὐτῆς FP.

en revanche, c'est au milieu de la terre qu'est situé le très saint pays de nos ancêtres, que le milieu du corps humain est le sanctuaire du cœur seul, et que le cœur est le quartier général de l'âme[42], pour cette raison, mon enfant, les hommes dans ce pays-là, non moins bien pourvus que les autres quant au reste, sont, d'une manière exceptionnelle, plus intelligents que tous les autres et doués de sagesse, parce qu'ils sont nés et qu'ils ont été élevés à la place du cœur. **14** D'ailleurs, mon fils [43], le Sud rend flasque, car il reçoit les nuages qui naissent, par condensation, de l'atmosphère (en tout cas, par exemple[44], c'est précisément à cause de la précipitation des nuages[45] qui s'est ainsi produite là-bas, que notre fleuve aussi, dit-on, coule de cette région-là quand les frimas y fondent[46]), et là où s'est abattu un nuage, il a enveloppé de brumes l'air qui recouvre la terre[47] et en quelque façon l'a chargé de fumée; or fumée ou brume est un empêchement non seulement pour la vue, mais pour l'intellect. L'Est, très glorieux Horus, étant troublé et surchauffé par le lever du soleil qui se fait à proximité immédiate[48], et pareillement l'Ouest, qui lui est opposite, étant affecté de la même manière au coucher du soleil, sont cause qu'il n'y a aucune observation pure[49] chez les hommes nés dans leurs parages. Le Nord, par le froid correspondant à sa nature, congèle non seulement les corps, mais l'intellect de ceux qui vivent sous ce climat[49a]. **15** En revanche le pays du milieu, étant pur et sans trouble, l'emporte par lui-même et par tout ce qui est en lui : grâce à sa constante sérénité il engendre, embellit, éduque; il n'entre en rivalité[50] que pour la prééminence en de telles qualités, il y triomphe, et, comme il préside sur les autres[51], il va, comme un bon satrape[51a], jusqu'à faire part de sa victoire à ceux qu'il a vaincus[52] ».

μέσῳ τῆς γῆς κεῖται ἡ τῶν προγόνων ἡμῖν ἱερωτάτη χώρα, τὸ δὲ μέσον τοῦ ἀνθρωπίνου σώματος μόνης τῆς καρδίας ἐστὶ σηκός, τῆς δὲ ψυχῆς ὁρμητήριόν ἐστι καρδία, παρὰ ταύτην τὴν αἰτίαν, ὦ τέκνον, ἐνταῦθα ἄνθρωποι τὰ μὲν ἄλλα ἔχουσιν οὐχ ἧττον ὅσα καὶ πάντες, ἐξαίρετον δὲ τῶν πάντων νοερώτεροί εἰσι καὶ σώφρονες, ὡς ἂν ἐπὶ καρδίας γενάμενοι καὶ τραφέντες. **14** ἄλλως τε ὁ μὲν νότος ⟨νωθρός⟩, ὦ παῖ, δεκτικὸς ὢν τῶν ἐκ τοῦ περιέχοντος συνισταμένων νεφῶν (αὐτίκα γοῦν καὶ διὰ τὴν οὕτως αὐτῶν γενομένην ἐκεῖ κατακομιδὴν ἐκεῖθεν ῥεῖν λέγουσιν καὶ τὸν ἡμέτερον πο⟨ταμὸν⟩ λυομένης ἐκεῖ τῆς πάχνης) ὅπου δ' ἂν ἐμπέσῃ νεφέλη, τὸν ἐπικείμενον ἤχλυσεν ἀέρα καὶ τρόπον τινὰ καπνοῦ κατεγέμισε, καπνὸς δὲ ἢ ἀχλὺς οὐ μόνον ὀμμάτων ἐστὶν ἐμπόδιον, ἀλλὰ καὶ νοῦ. ὁ δὲ ἀπηλιώτης, ὦ μεγαλόδοξε Ὧρε, τῇ συνεχεῖ τοῦ ἡλίου ἀνατολῇ θορυβούμενος καὶ ἐκθερμαινόμενος, ὁμοίως δὲ καὶ ὁ ἀντικείμενος τούτῳ λὶψ μετέχων τῶν αὐτῶν κατὰ δυσμὰς οὐδεμίαν εἰλικρινῆ ἐπίστασιν ποιοῦνται τῶν παρ' αὐτοῖς γεννωμένων ἀνθρώπων. ὁ δὲ βορέας τῇ συμφώνῳ ψυχρίᾳ ἀποπήσσει μετὰ τῶν σωμάτων καὶ τὸν νοῦν τῶν ὑπ' αὐτὸν ἀνθρώπων. **15** τὸ δὲ μέσον τούτων εἰλικρινὲς ὂν καὶ ἀτάραχον ἑαυτῷ προέχει καὶ τοῖς ἐν αὐτῷ πᾶσι. τῇ γὰρ συνεχεῖ ἀμεριμνίᾳ γεννᾷ καὶ κοσμεῖ καὶ παιδεύει καὶ μόνον τοῖς τοιούτοις ἐρίζει καὶ νικᾷ καὶ ἐφιστάμενον τὴν ἰδίαν νίκην ὥσπερ σατράπης ἀγαθὸς τοῖς νενικημένοις καὶ ἐπιδίδωσι ».

---

1 γῆς κεῖται om. P — ἡμῖν FP : ἡμων Patr. || 4 ante ἐνταῦθα add. οἱ Heeren || 7 γενάμενοι FP : γενόμενοι P² (cf. 85.11 et Intr. p. VIII, n. 2) || 8 suppl. Theiler, cl. Hippocr. *Aph.* 3,5 ; Sext. Emp. adv. math. 6,49 || 10 γενομένην V : γενομένων FP, fort. recte || 11 πολυομένης FP, corr. Meineke — πάχνης F : τέχνης P || 12 ἐπικείμενον FP : ὑποκείμενον Scott || 13 κατεγέμισε scripsi : κατεκόμισε FP (quo retento, καπνὸν ci. Wachsmuth) || 14 ὀμμάτων Canter : ὀνομάτων FP || 15 συνεχεῖ P : συνεχῆ F || 17 τῶν om. P || 19 γεννωμένων F : γενομένων P || 22 προέχει Wachsmuth : προλέγει FP || 24 τοιούτοις Wachsmuth : τοσούτοις FP — ἐφιστάμενον scripsi : ἐπιστάμενον FP || 25 καὶ secl. Gaisford, ante τοῖς pos. Heeren.

16 [52a] « Explique-moi ceci encore, Madame ma Mère [53]. D'où vient que, dans les longues maladies, bien que l'homme continue de vivre, et la parole, et le raisonnement lui-même, que dis-je, l'âme elle-même parfois subissent une altération ? ». Et Isis répondit [54] : « Parmi les êtres vivants, mon fils, les uns ont affinité avec le feu, d'autres avec l'eau, d'autres avec l'air, d'autres avec la terre, d'autres avec deux ou trois de ces éléments, d'autres même avec tout l'ensemble. A l'inverse, les uns ont de l'aversion pour le feu, d'autres pour l'eau, d'autres pour la terre, d'autres pour l'air, d'autres pour deux de ces éléments, d'autres pour trois, d'autres pour tout l'ensemble. **17** Ainsi la sauterelle, mon enfant, et toute espèce de mouche fuit le feu ; l'aigle, l'épervier, et tous les oiseaux de haut vol fuient l'eau ; les poissons, l'air et la terre ; le serpent se détourne du plein air [54a]. Par contre les serpents et tout ce qui rampe aiment la terre ; aiment l'eau tous les animaux nageurs ; les volatiles aiment l'air, où aussi bien séjournent [55] tous ceux qui volent haut et qui sont proches de l'air par le genre de vie [56]. Bien plus, il y a même certains animaux qui chérissent le feu, ainsi les salamandres, qui vont jusqu'à nicher dans le feu [57]. **18** Chacun des éléments est en effet le vêtement des corps susdits. Toute âme donc, tant qu'elle est dans le corps, est appesantie et opprimée par ces quatre : elle aussi en effet, selon toute apparence, alors qu'elle a du goût pour certains d'entre eux, elle se sent opprimée par d'autres. De là vient donc qu'elle ne jouit pas de sa plus haute béatitude : mais, comme elle est divine par nature, même quand elle se trouve dans les éléments, elle lutte et pense, non pas toutefois autant qu'elle le ferait si elle était dégagée de corps [58]. Cependant, si ces corps sont en proie eux-mêmes à des coups de roulis et de bourrasque par suite de maladie ou de frayeur, alors l'âme, elle aussi, comme un homme plongé dans la mer, est ballottée par les vagues et ne porte rien de constant [59] ».

16 « Καὶ τοῦτό μοι, κυρία μῆτερ, ἔκθου· παρὰ ποίαν αἰτίαν ἔτι ζώντων ἀνθρώπων ἐν ταῖς μακραῖς νόσοις καὶ ὁ λόγος καὶ αὐτὸς ὁ λογισμὸς καὶ αὐτὴ ἡ ψυχὴ ἔσθ' ὅτε βλάπτεται; » καὶ ἀπεκρίθη Ἶσις· « Τῶν ζώντων, ὦ τέκνον, τὰ μὲν ᾠκείωται πρὸς τὸ πῦρ, τὰ δὲ πρὸς τὸ ὕδωρ, τὰ δὲ πρὸς ἀέρα, τὰ δὲ πρὸς γῆν, τὰ δὲ πρὸς τούτων δύο ἢ τρία, τὰ δὲ καὶ πρὸς τὰ ὅλα. πάλιν αὖ τὰ μὲν ἀπηλλοτρίωται τοῦ πυρός, τὰ δὲ τοῦ ὕδατος, τὰ δὲ τῆς γῆς, τὰ δὲ τοῦ ἀέρος, τὰ δὲ δύο τούτων, τὰ δὲ τριῶν, τὰ δὲ τῶν ὅλων. **17** οἷον ἀκρὶς μέν, ὦ τέκνον, καὶ πᾶσα μυῖα φεύγει τὸ πῦρ· ἀετὸς καὶ κίρκος καὶ ὅσα ὑψιπετέστερά ἐστιν τῶν ὀρνέων φεύγει τὸ ὕδωρ· ἰχθύες ἀέρα καὶ γῆν· ὄφις τὸν ἀέρα τὸν εἰλικρινῆ ἀποστρέφεται. φιλοῦσι δὲ τὴν μὲν γῆν οἱ ὄφεις καὶ ὅσα ἕρπει· τὸ δὲ ὕδωρ τὰ νηκτὰ πάντα· τὸν δὲ ἀέρα τὰ πτηνά, ἐν ᾧ καὶ πολιτεύεται [τὸ δὲ πῦρ] ὅσα ὑπερπετῆ ἐστι καὶ ἐγγὺς τὴν δίαιταν· οὐ μὴν ἀλλὰ καί τινα τῶν ζῴων φιλεῖ τὸ πῦρ οἷον αἱ σαλαμάνδραι, ἐν γὰρ τῷ πυρὶ καὶ φωλεύουσιν. **18** ἕκαστον γὰρ τῶν στοιχείων περιβολή ἐστι τῶν σωμάτων. πᾶσα οὖν ψυχὴ ἐν τῷ σώματι οὖσα βαρεῖται καὶ θλίβεται τοῖς τέτταρσι τούτοις· καὶ γὰρ εἰκός ἐστι καὶ ταύτην τισὶ μὲν τούτων τέρπεσθαι, τισὶ δὲ ἄχθεσθαι. διὰ τοῦτο οὖν οὐκ ἔχει αὐτῆς τὴν ἀκροτάτην εὐδαιμονίαν· ἀλλ' ὡς ἂν φύσει θεία οὖσα, κἂν τούτοις οὖσα μάχεται καὶ νοεῖ, ἀλλ' οὐχ ὅσα ἂν ἐνόησεν ἀσύνδετος οὖσα σωμάτων. ἐὰν μέντοι καὶ ταῦτα σάλον λάβῃ καὶ ταραχὴν ἤτοι ἀπὸ νόσου ἢ φόβου, τότε καὶ αὐτὴ ὥσπερ ἐν βυθῷ ἄνθρωπος ἐπικυμαίνεται καὶ οὐδὲν ἑσταμένον φέρει ».

---

7 αὖ τὰ Canter : αὐτὰ FP || 11-12 ὑψιπετέστερά Gaisford : ὑψιπέτερα FP || 14 νηκτὰ P² : κινητὰ FP || 15 ᾧ Heeren : οἷς FP || 15-16 τὸ δὲ πῦρ secl. Theiler || 16-18 οὐ μὴν... φωλεύουσιν secl. Scott (v. n. 54) || 22 αὐτῆς scripsi : αὑτῆς FP || 24 ' an νοεῖν ? ' Theiler (coll. Arist. *H. A.* 552 a 23) — ἂν Heeren : ἃ FP.

NOTES

1. Cette division n'est pas identique à celle des quatre régions élémentaires, *infra* **17-18**, Exc. XXV **6**, mais associe à l'antique distinction « dieux-ciel, hommes-terre » l'éther siège des astres (Ancienne Académie, Aristote) et l'air siège des âmes (cf. n. 3). — ἱερωτάτη parce que c'est Isis, déesse de la terre, qui parle (Ferguson) : cf. Arétalogie de Kymé, v. 3 Εἶσις ἐγώ εἰμι ἡ τύραννος πάσης χώρας.

2. καί apodotique est rare en prose, et l'origine de la faute paraît évidente (καί machinalement répété après les trois καί de la l. 8).

3. ψυχαὶ μόναι serait à la rigueur possible (cf. *Intr.*, p. CXXXIX, n. 2), mais δαιμόνιαι (Meineke) paraît plus normal (*sic* Nock, Theiler). Pour l'air séjour des âmes, cp. Exc. XXV **9** (70.26) ἤδη ποτε ἄνω, μεγαλοφυέστατε παῖ, βλέπε ψυχῶν διατάξεις· τὸ ἀπ' οὐρανοῦ κορυφῆς μέχρι σελήνης θεοῖς καὶ ἄστροις ... σχολάζει· τὸ δὲ ἀπὸ σελήνης ... ἐφ' ἡμᾶς ψυχῶν ἐστιν οἰκητήριον, Exc. XXIV **9** (55.3) ἀὴρ δὲ ψυχῆς ἐστιν αὐτὸ τὸ σῶμα (le lieu naturel de l'âme est l'air : durant son séjour ici-bas, c'est le corps lui-même qui devient son « air ») [cf. Phil., *de somn.* I 135. W. Th.].

4. ὁ κατὰ καιρὸν γεν. βασιλεύς. Cf. dans les inscriptions et papyrus l'expression οἱ κατὰ καιρὸν ἡγεμόνες (ἄρχοντες, etc.) : « les chefs pour l'instant en fonction », *O. G. I.* 629.13 (Palmyre, 137 ap. J.-C.) ἐπιμελεῖσθαι δὲ τοὺς τυγχάνοντας κατὰ καιρὸν ἄρχοντας, *B. G. U.* 15.10 (IIe s. ap. J.-C.) οἱ κατὰ καιρὸν ἡγεμόνες, P. Ryl. II 76.9 (fin IIe s. ap. J.-C.) τῶν κ. κ. ἐπιτρόπων τε καὶ ἡγεμόνων, *ib.* 104.9 (167 ap. J.-C.) ταῖς κ. κ. κατ' οἰκίαν ἀπογραφαῖς. Selon L. Robert (*Mél. Dussaud*, p. 738, n. 6), l'expression ὁ κατὰ καιρόν ne se rencontrerait que dans les inscriptions de l'époque impériale.

5. γάρ explique ὁ κατὰ καιρὸν γενόμενος βασιλεύς.

6. Allusion aux croyances égyptiennes sur la naissance divine du Pharaon.

7. οἱ ἄρχοντες reprend les trois derniers ἄρχει de 52.11, 13, 14. Le Roi (suprême) est Dieu, cf. 3.25.

8. ἐπιμείζων se rencontre Démocr. 211, mais Diels a conjecturé ἔτι μείζων.

9. Cf. Firm. Mat., *Math.*, II 30, F. Cumont, *Eg. d. Astrol.*, p. 26.

10. Ou, avec ᾧ, « par quoi il est une chose semblable à Dieu ».

— Sur le roi image de Dieu, cf. E. H. Kantorowicz ap. *Varia Variorum* (Reinhardt-Festschrift) Münster-Köln, 1952, pp. 169 ss., en part. p. 172 ou l'auteur se réfère à notre passage.

10 *a*. καταπεμπομένη. Cf. F. Boll, *Kl. Schr.*, p. 337, n. 6, qui cp. Virg. *Ecl.* IV 7 *caelo demittitur alto*.

11. παραθεμιστεύω semble un hapax. Sur ces « mots nouveaux » dans les écrits hermétiques, cf. A. D. Nock ap. *Coniectanea Neotestamentica* XI (Lund, 1947), pp. 163 ss.

12. ἵνα μὴ ... μηθέν, les deux négations se confirmant.

13. Même association *Ascl.* 37 (347.16) *evocantes animas daemonum vel angelorum*. ἄγγελοι ne prouve pas nécessairement une influence juive, le paganisme hellénistique ayant connu aussi des ἄγγελοι, cf. Moulton-Milligan, s. v., C. H. Dodd, *The Bible and the Greeks* (Londres, 1935), p. 21-22, F. Cumont, *Les anges du paganisme*, *R. H. R.*, 1915, p. 159 ss.

14. Sur κατάστασις, cf. *R. E. G.*, LIII, 1940, p. 68.

15. L'expression, à ma connaissance, ne revient pas ailleurs, bien que l'idée soit banale, cf. les Iles des Bienheureux, Rohde, *Psyché*, tr. fr., p. 87 et Virg. *Aen.* VI 713-715.

16. γνώμη = « sentiment, *Gesinnung* ». Déjà classique (cf. *Syll.*[3] 75 (428/7), 1.28 γνώμας ἀγαθὰς ἕξουσι περὶ αὐτοῦ Ἀθηναῖοι et L. S. J. II, 2), notamment dans l'expression κατὰ γνώμην (Eurip. *Androm.* 737 κ. γνώμην ἐμήν), fréquent dans la Koinè (κ. γνώμην en particulier dans les en-têtes de lettres : καλῶς ἂν ἔχοι — ou καλῶς ποιεῖς — εἰ ἔρρωσαι καὶ τὰ λοιπά σοι κατὰ γνώμην ἐστίν, Witkowski, n°s 2, 3, 5, etc.), v. g. *1 Cor.* 1, 10 ἦτε κατηρμοσμένοι ἐν τῷ αὐτῷ νοῒ καὶ ἐν τῇ αὐτῇ γνώμῃ, Barnab. 21, 2 εἴ τινά μου γνώμης ἀγαθῆς λαμβάνετε συμβουλίαν, Ign. *ad Eph.* 3, 2 ὅπως συντρέχητε τῇ γνώμῃ τοῦ θεοῦ ... ὡς καὶ οἱ ἐπίσκοποι ... ἐν Ἰησοῦ Χρίστου γνώμῃ εἰσίν, *ad Philad.* 1, 2 διὸ μακαρίζει μου ἡ ψυχὴ τὴν εἰς θεὸν αὐτοῦ γνώμην, *ad Rom.* 7, 1 ὁ ἄρχων τοῦ αἰῶνος τούτου ... βούλεται ... τὴν εἰς θεόν μου γνώμην διαφθεῖραι, 8, 3 οὐ κατὰ σάρκα ὑμῖν ἔγραψα, ἀλλὰ κατὰ γνώμην θεοῦ, *ad Polyc.* 1, 1 ἀποδεχόμενός σου τὴν ἐν θεῷ γνώμην, 8, 1 ὡς θεοῦ γνώμην κεκτημένος, *ad Smyrn.* 6, 2 ἐναντίοι εἰσὶν τῇ γνώμῃ τοῦ θεοῦ.

17. περικρατεῖν : cf. K. K. **53** (18.4), Exc. XXVI **4** (81.11) et *R. E. G.*, LIII, 1940, p. 69, n. 1.

18. Sa course sur la terre, cf. δραμοῦσαι τὸν ἴδιον αἰῶνα 53.10.

19. ὡς va avec ἐξ ἀνάγκης (= ἀναγκαίως), comme ὡς ἀληθῶς etc.

20. πίπτουσι γὰρ εἰς τὴν ἀνθρωπότητα (54.8) : cf. Clem. Alex. *Protr.* 9, p. 63.4 Stählin εἰς ἄνθρωπον ὑποφέρεσθαι et mes notes *Rev. Sc. Phil. Th.*, XX, 1931, pp. 476 ss., XXVI, 1937, pp. 41-42.

21. Malgré Pl. *Rép.* IV 445 c 9 ὅσοι... πολιτειῶν τρόποι εἰσὶν εἴδη ἔχοντες, τοσοῦτοι κινδυνεύουσι καὶ ψυχῆς τρόποι εἶναι, la correction πλατεῖαι (Theiler) paraît évidente : il s'agit de lieux (τόπους 54.16)

22. δουλοποιεῖν hapax. — ἐν τ. ψυχαῖς (FP) dans la parenthèse est impossible puisqu'il s'agit des hommes. ἐν τῇ ψυχῇ ne vaudrait guère mieux, car pourquoi expliquer la distinction banale de l'homme libre et de l'esclave par celle des parties de l'âme ? Il faut donc corriger et les corrections de Theiler donnent certainement le sens qu'on attend.

23. Sur cette question alors disputée, voir surtout Tertull. *de anima* 36 avec le commentaire de Waszink (pp. 419 s.), et, plus anciennement, P. Wendland, *Hell. Röm. Kult.*, p. 184, n. 1, J. Kroll, *Lehren*, p. 282, n. 1. Dans les textes évangéliques (*Mat.* 22, 30 ; *Mc.* 12, 25 ; *Lc.* 20, 35-36), il est fait allusion à l'abolition des sexes après la résurrection. Selon Tertullien (*l. c.*), l'hérétique Apelle enseignait une distinction de sexes propre aux âmes mêmes avant leur incorporation. De même l'ἄνθρωπος κατὰ τὴν εἰκόνα θεοῦ de Philon n'est ni ἄρρεν ni θῆλυ, *de op. m.* 134.

24. βριμώδης est un hapax. Pour εὐαφεῖς, cf. εὔκρατον εἰς ἀφήν XXVI **18**. Sur ce passage, cf. K. Reinhardt, *Poseidonios*, p. 385.

25. [Homme microcosme, formé des mêmes quatre éléments que le monde macrocosme. Doctrine courante chez les astrologues, cf. p. ex. Firm. Mat., *Math.*, III proem. (I, p. 90 Kroll). F. C.].

26. Ou simplement « dans un tel corps », cf. πλάσματα 12.21, 21.23 et Ex. XXIII, n. 138.

27. Sur cette doctrine bien connue, cf. p. ex. Hippocr., *de victu*, I, 27 (VI 500 L.) τὰ δὲ θήλεα πρὸς ὕδατος μᾶλλον ἀπὸ τῶν ψυχρῶν καὶ μαλθακῶν αὔξεται ..., τὰ δὲ ἄρσενα πρὸς πυρὸς μᾶλλον, ἀπὸ τῶν ξηρῶν δηλαδὴ καὶ θερμῶν κτλ., 34 (VI 512 L.) τῶν δὲ πάντων τὰ μὲν ἄρσενα θερμότερα καὶ ξηρότερα, τὰ δὲ θήλεα ὑγρότερα καὶ ψυχρότερα, *Aer.* 10 (p. 65.27 H.) τὰς δυσεντερίας εἰκὸς γίγνεσθαι καὶ τῇσι γυναιξὶ ... διὰ τὴν ὑγρότητα τῆς φύσιος. Voir aussi (avec Scott, III, p. 569) Arist., *de gen. an.*, IV, 6, 775 a 14 ψυχρότερα τὰ θήλεα τὴν φύσιν [et Theophr., *de caus. plant.*, I, 22, 1. Macrobe, *Sat.*, VII, 7, 2 ss. discute la question. A. D. N.].

28. Cf. Reinhardt, *l. c.*, p. 384.

29. Cf. *supra* 13.2 et note 139. Voir aussi Scott, III, p. 570.

30. L'Égypte. Sur la suite, cf. F. Boll, *Kl. Schr.*, pp. 215 s. et 423 (ad. p. 214).

31. Cf. *Intr.*, p. CCXXI, n. 1. On trouve une description analogue de la terre en sept parties corporelles dans [Hippocr.] *de hebd.* 11 (cf. F. Boll, *N. Jahrb.*, XVI, 1913, pp. 137-140 : *Kl. Schr.*, pp. 213 ss.). Selon Roscher, *Abh. Sächs. Ges.*, XVIII, 5 (1911), p. 12 (v. aussi *Memnon*, V, 3/4, 1912, fig. 1), ces représentations dériveraient d'œuvres d'art égyptiennes : de même (dubitanter) Scott, III, p. 571. Pour la chorographie et l'ethnographie astrologiques, cf. Bouché-Leclercq, *Astr. Gr.*, p. 328 ss., en particulier p. 336 ss., Ferguson, IV, p. 467 ss. Pour le caractère de la doctrine,

Reinhardt, *Poseid.*, p. 382-383. Je suis persuadé pour ma part que les particularités physiques ou morales indiquées pour les différents peuples ont été imaginées par l'auteur en fonction de leur position géographique et qu'elles ne correspondent pas nécessairement à des traits réels. Selon F. Cumont, que j'avais consulté, le système de l'Exc. XXIV ne se retrouverait nulle part ailleurs.

31 *a*. Cf. Heliod. X 4, 2 θόρυβον δέ τινα καὶ ταραχὴν προμηνύει τὸ δαιμόνιον... ὡς μέλους μὲν ὑμῶν τοῦ σώματος ἢ μέρους τῆς βασιλείας ἀπολωλότος et K. Kerényi, *Die Griechisch-Orientalische Romanliteratur* (Tübingen, 1927), p. 51.

32. Sur cette συμπάθεια entre ciel et terre, cf. K. K. **68** (22.3 ss.) οὗτοι ... μαθόντες ὡς τὰ κάτω συμπαθεῖν τοῖς ἄνω ὑπὸ τοῦ δημιουργοῦ διετάγη.

32 *a*. Les anciens ont connu sans doute les deux Ourses (L. S. J., I 2), mais l'auteur, dans la suite (56.7, 8, 16), ne parle que de l'Ourse, et il vaut mieux corriger avec Heeren.

33. D'autres précisent : « cheveux crépus », οὐλότριχας (Posid. *ap*. Strab. II, 2, 3), *crispo capillo* (Vitr. VI, 1, 4), cf. Ferguson, III, p. 573, IV, p. 467. Il est possible que, comme le pense Scott (III, p. 573), εὐκορύφους vise la touffe abondante de cheveux au sommet de la tête des nègres du Soudan.

34. Garder avec soin le rare τοξιανούς (FP). Sur la terminaison en -ιανός, cf. Buck-Petersen, *Reverse Index*, p. 264 (liste complète), P. Chantraine, *Formation des noms en grec*, p. 197, K. Lake-H. J. Cadbury, *Beginnings of Christianity*, I, vol. 5, pp. 384-385. τοξιανοί = « sectateurs du Sagittaire » (donc évidemment bons archers), cf. *CCAG*. VII, p. 112.7 (= VIII, 4, p. 191.7) et Boll-Bezold-Gundel, *Sternglaube u. Sterndeutung*[4], 1931, p. 133. — Allusion possible aux Parthes : en ce cas, on aurait là un indice de la date relativement tardive du morceau. Car, dans les chorographies astrologiques plus anciennes, les archers par excellence sont les Crétois, dévolus au Sagittaire, cf. Bouché-Leclercq, *Astr. Gr.*, pp. 330-331 et tableau p. 332, Cumont, *La plus ancienne géographie astrologique*, Klio, IX, 1909, pp. 263 ss. (tableau p. 265).

35. Ou « Gute Verteidiger » (Reinhardt).

36. J'avais pensé jadis (*R. E. G.*, LIII, p. 70) aux procédés d'art augural des Romains qui se tournent vers la gauche, mais τοὺς ἐν τῷ λιβί (56.13) désigne probablement les peuples d'Espagne ou de l'Afrique Occidentale, et d'autre part l'auteur ne vise sans doute aucune particularité réelle, cf. *supra* n. 31.

37. Les corrections proposées donnent le sens : nulle n'est paléographiquement satifaisante.

38. La κνήμη est la partie de la jambe entre le genou et la cheville. Ces gens-là sont le plus au Nord et ils ont donc cette partie bien formée.

39. Scott (III, p. 574) tient ces mots pour une glose — *a*) il n'est fait ailleurs nulle mention des pays ; *b*) « aujourd'hui » dans la bouche d'Isis est un anachronisme étrange ; *c*) il n'y a pas de connection grammaticale, — mais le changement de construction πάντες δὴ οὗτοι (δὴ [Wachsmuth] paraît sûr) est moins dur après cette interruption.

40. Pour le sens métaphorique de καταβαίνειν, cf. v. gr. Procl. *in Eucl.*, 84.18 ss. Friedlein : δεῖ τὴν γεωμετρίαν ἐκείνην μεταδιώκειν, ἣ καθ' ἕκαστον θεώρημα βῆμα τίθησιν εἰς ἄνοδον καὶ ἀπαίρει τὴν ψυχὴν εἰς ὕψος, ἀλλ' οὐκ ἐν τοῖς αἰσθητοῖς καταβαίνειν ἀφίησιν. Il y a ici une nuance de mépris, sinon de condamnation comme dans *Rom.* I, 27, *Or. Sib.* V, 162 ss., en particulier 166 μοιχεῖαι παρά σοι (Rome) καὶ παίδων μῖξις ἄθεσμος. [Theopomp. *ap.* Ath. 518 A, Boll, *Stud. Prol.*, p. 207. A. D. N.].

41. Je ne vois aucune raison de corriger ici μέλη (μέρη Heeren), pas plus qu'en 56.1.

42. Lieu commun, ici appliqué à l'Égypte. Ailleurs le pays du milieu est la Grèce, v. gr. Plat. *Epin.* 987 d 5 τὸ δ' ἐπαινετὸν αὐτοῦ (sc. τόπου τοῦ τῶν Ἑλλήνων d 4) χρὴ λέγειν ὅτι μέσος ἂν εἴη χειμώνων τε καὶ θερινῆς φύσεως. Pour le cœur, cf., avec Scott (III, p. 575). Plut., *Is. Os.* 33, p. 364 C [et K. Kerényi, *Die griech.-oriental. Romanliteratur*, p. 50 ss. A. D. N.]. Il est possible que ce passage ou un texte hermétique analogue soit la source de Tert. *de an.* 15, 5 sur le cœur siège de l'ἡγεμονικόν : Tertullien se réfère aux *Aegyptii*. Cf. Waszink, p. 228, qui cite aussi Horap. I 36 Ἑρμῇ ... πάσης καρδίας καὶ λογισμοῦ δεσπότῃ.

43. Sur ce passage, cf. Reinhardt, *Poseid.*, p. 382 ss. et Ferguson, IV, pp. 468-469. Après une explication de fantaisie, une explication plus scientifique. Pour νωθρός (Theiler), cf. aussi 81.17, 86.22.

44. αὐτίκα : cf. L. S. J., s. v. II. γοῦν confirme ce sens de « par exemple » (sur γοῦν introduisant un exemple chez Platon, cf. E. des Places, *Études sur quelques particules de liaison chez Platon*, Paris, 1929, p. 135) et introduit la parenthèse, cf. Denniston, p. 453. — Question du Nil, classique dans les écoles : cf. Diels, *Dox.*, pp. 226-227 et la section d'Aétius IV, 1 (περὶ Νείλου ἀναβάσεως), p. 384 a 19 ss., Ael. Arist., Αἰγύπτιος (XXXVI K.), 3 (sur quoi v. Wilamowitz, *Sitz. Berl.*, 1925, pp. 336 s.), Procl. *in Tim.* I, 119.12 ss. Diehl. Voir aussi W. Capelle, *N. Jahrb.*, 1914, p. 317, Scott, III, p. 576, Ferguson, *ib.*, p. 567.

45. καταχομιδήν : transformation en pluie (« Niederschlägen » Reinhardt, de même Ferguson, IV, p. 469). Si l'on garde γενομένων (FP) : « à cause de la précipitation des nuages qui se sont ainsi formés là-bas ».

46. λυομένης τῆς πάχνης. Pour λυομένης, cf. Hor. *Carm.* I, 4 *solvitur acris hiems.* πάχνη est la pluie congelée selon Posidonius *ap.*

Diog. L. VII, 153, Sen. *N. Q.* III, 25, 12 (cf. Reinhardt, *Poseid.*, p. 172-173). Il s'agit de prouver qu'il y a des nuages dans le Sud. La preuve est double : *a*) les chutes d'eau (nuages condensés) et *b*) la fonte des neiges (même cause) dans le Sud, les unes et les autres alimentant le Nil. Ces deux causes de l'ἀνάβασις du Nil se retrouvent ailleurs : pour les pluies, cf. p. ex. Eudoxe *ap.* Aet., p. 386 a 1, Ératosthène *ap.* Procl., *l. c.* (n. 44), 120.4 ss. ; pour la fonte des neiges, Anaxagore, *Dox.*, p. 385 a 5, Hippol., *ib.*, p. 562.12. Proclus nie la fonte des neiges (*l. c.*, p. 119.21, 25 ss.) et ne retient que les chutes de pluies (p. 120.12 ss.). Notre auteur associe les deux.

47. « It may be suspected that ἐπικείμενον expresses the relation of the moisture-laden air to the people beneath » (Ferguson, IV, p. 469). Plutôt que, comme Reinhardt (p. 383) : « Da verdunkelt sie die Luft, die über ihr ist ».

48. συνεχής au sens local (σύνεγγυς Scott donne le sens, mais la correction est inutile) et pris absolument : cf. [Arist.] *de mundo* 2, 392 a 33 συνεχής ἐστιν ἡ δι' ὅλων παθητή (sc. φύσις).

49. Ou (avec Ferguson, IV, p. 469), en prenant ἐπίστασις au sens d'ἐπιστασία (L. S. J., s. v. ἐπίστασις E 11, 3), « n'exercent aucune influence (litt. autorité) pure sur ».

49 *a*. Cp. Tert. *de an.* 25, 7 *atquin ... apud orientalem et meridialem temperaturam ... ingenia expeditiora, omnibus Sarmatis etiam mente torpentibus* et Waszink, p. 331 (ce contraste est un lieu commun depuis [Arist.] *Problem.* 14, 15). ἀποπήσσει (57.20) hapax.

50. Ou « ce n'est que juste dans ces qualités-là qu'il rivalise et triomphe », en gardant τοῖς τοσούτοις.

51. Ou « en qualité d'ἐπιστάτης (administrateur, gouverneur) ».

51 *a*. ὥσπερ σατράπης ἀγαθός (57.25) : sur l'emploi du mot σατράπης, bien après la domination perse en Égypte, cf. Scott, III, p. 580 et E. Peterson, *Der Monotheismus als politisches Problem* (Leipzig, 1935), p. 108, n. 30.

52. [Cf. le *topos* des *Laudes Romae* (Rut. Nam. I, 64) *profuit invitis te dominante capite*. Voir aussi l'édit d'Asoka cité *Conversion*, p. 45 : « and again the conquest thereby won everywhere is everywhere a conquest full of delight. Delight is found in the conquest made by the Law » A. D. N.].

52 *a*. Dans Scott, ce paragraphe porte par erreur le chiffre 17 (d'où un décalage pour les deux suivants).

53. κύριος, κυρία simple terme de courtoisie ou même de tendresse (« chère Maman ») à l'égard d'un proche parent (père, mère, frère, sœur ou femme, voire un fils), fréquent dans les lettres privées dès le Ier s. av. J.-C. : cf. Moulton-Milligan, *Vocab.*, s. v. κυρία, κύριος (2).

54. Ce morceau se rattache directement au précédent en ce qu'il fait appel lui aussi à une doctrine de l'environnement (περιβολή

58.19). L'argument est en deux temps. corps (58.4-19), âme (58.19-28). (A) Tout corps vivant, étant formé des quatre éléments avec prédominance de l'un d'entre eux (cf. Exc. XXIII **23** [cf. note 86], XXVI, **19-23**), trouve son milieu approprié (ᾠκείωται 58.5) en l'une des quatre régions du cosmos (feu, air, eau, terre). Exemples. Explication (58.18 s.) : « chacun des éléments est le vêtement (ou l'enveloppe) pour ces corps (περιβολή ἐστι τῶν σωμάτων) ». Cette doctrine est classique et remonte à l'Ancienne Académie : *Epin.* 981 b 3 ss., Arist. π. φιλοσοφίας, cf. W. Jaeger, *Aristoteles*, pp. 146 ss. Garder la salamandre, qui donne le climax (même le feu est un milieu approprié pour certains animaux) : sur la salamandre et le feu, cf. Orth, P. W., IA, 1822.29-45, Waszink ad Tertull. *de an.* 32, 3, p. 386), bien que, pour Tertullien, la salamandre soit ennemie du feu (p. 44.21 W.) : *sive enim ignis anima, sive aqua, ... sive aer, sive lumen, recogitare debemus contraria quaeque singulis speciebus animalia ; igni quidem ea quae rigent, colubros stelliones salamandras, etiam quaecumque de aemulo producentur elemento, de aqua scilicet ; perinde contraria aquae illa quae arida et exsuccida : denique siccitatibus gaudent lucustae papiliunculi chamaeleontes... ; item aeri contraria quae semper subterraneum et subaquaneum viventia carent haustu eius (res magis quam nomina noveris) ; item contraria lumini quae caeca in totum vel solis tenebris habent oculos, talpas vesperugines noctuas.* (Cp. ici 58.7 ss. : ce n'est pas le seul parallèle entre Tertullien et l'auteur hermétique, cf. sur la dissection dans le discours de Momus : ils puisent l'un et l'autre à la science populaire de l'époque). La salamandre remplace ici les πυρίγονα qui font partie de l'argument en sa teneur ordinaire, cf. Phil. *de gig.* 2, 7-8 (II, p. 43.11 ss. C.-W.), *de plant.* 3, 12 (II, p. 135.17 ss.), *de aet. mundi* 45 (VI, p. 87.1), Cic., *n. d.* I, 103 *sunt quaedam etiam quae igne nasci putentur*, Apul. *de deo Socr.* 8, 137 (p. 15.12 ss. Th.), Plot. VI 7, 11.53 ἀλλὰ γίνεται καὶ ἐν πυρὶ ζῷα, καὶ ἐν ὕδατι δὲ φανερώτερον. Quant au corps de l'homme, il a affinité avec les quatre éléments (58.7 : cf. Ferguson, IV, p. 470, qui cite Phil. *de op. mundi* 146, I, p. 51.5), et il est sous-entendu que ce corps est en bon état quand les quatre éléments y sont en repos (en contraste de 58.25 ss.). — (B) L'âme, qui est enveloppée par le corps, dont le corps est comme l'air (ἀὴρ δὲ ψυχῆς ἐστιν αὐτὸ τὸ σῶμα ὃ περιβέβληται 55.3 s.), n'a pas affinité avec lui ; car, même si elle a plus de goût pour certains éléments (air et feu), elle est opprimée par certains autres (eau et terre). Elle n'est donc pas heureuse dans le corps ; cependant, étant divine, elle garde le pouvoir de lutter (cf. Ferguson, IV, p. 470) et de penser (ou « elle lutte pour penser » Theiler). Mais, si son corps (σώματα) est lui-même troublé par suite de maladie ou frayeur, elle perd toutes ses facultés comme un homme plongé dans les flots.

54 *a*. Litt. « Sans mélange, pur » (εἰλικρινῆ 58.13). Les serpents

se plaisent dans les trous de la terre (τὰ μύχια τῆς γῆς XXV 7) où l'air est impur et vicié.

55. πολιτεύεται : cf. Exc. XXIII, n. 119. Ou : « ont leur patrie », cf. *Phil.* 3, 20 ἡμῶν γὰρ τὸ πολίτευμα ἐν οὐρανῷ ὑπάρχει, Moulton-Milligan, s. v. πολιτεία (in fine).

56. δίαιταν: cf. διαιτᾶσθαι XXV 7 et [Arist.] *de mundo* 398 b 31 δῆλον γὰρ ὅτι τὸ μὲν νηκτὸν ἁλόμενον εἰς τὴν ἑαυτοῦ δίαιταν ἐκνήξεται (tout le passage est à comparer depuis 398 b 30, cf. Ferguson, IV, p. 470).

57. Cf. Cic. *n. d.* I 103, cité Exc. XXV, n. 13 (noter *sunt quaedam etiam quae igne nasci putentur* et cp. ici οὐ μὴν ἀλλὰ καί τινα τῶν ζῴων φιλεῖ τὸ πῦρ).

58. Le pluriel σωμάτων s'explique sans doute parce que l'auteur songe à la succession des corps dans la palingénésie.

59. Au sens où l'on dit que l'âme *porte* le corps (cf. C. H. VII, 2 (81.21) τὸν περιφόρητον τάφον, M. Aur. IV 41 ψυχάριον εἶ, βαστάζον νεκρόν, IX, 24 πνευμάτια νεκροὺς βαστάζοντα)? Plutôt « ne produit rien qui tienne, aucune pensée stable ». — Pour l'image, cf. *R. E. G.*, LIII, pp. 71-72 et *supra* ὡς ἐν χειμῶνι 55.22. Voir aussi Tert. *de an.* 52, 4 *animae navigatio* et Waszink, p. 539.

FRAGMENT XXV

XXV

D'HERMÈS : DISCOURS D'ISIS A HORUS

1 « C'est de façon admirable », dit Horus, « que tu m'as exposé en détail, ô puissante mère Isis, l'admirable création des âmes par Dieu, et mon admiration n'a point de cesse ; mais tu ne m'as pas encore rapporté où vont les âmes, une fois délivrées des corps. Je veux donc, devenu le myste de cette doctrine aussi, en rendre grâces à toi seule, Mère immortelle [1] .»

2 Et Isis dit : « Prête l'oreille, enfant : c'est là en effet une recherche de la plus grande nécessité. 3 Eh bien, car telle va être la teneur de mon discours [2], ce qui a consistance et n'est pas anéanti occupe un lieu. Il n'est pas vrai, en effet, fils admirable, puissant rejeton du puissant Osiris ton père, que les âmes, quand elles sont sorties des corps, vont pêle-mêle et d'un même élan s'épancher dans l'air et se disperser [3] parmi le reste du souffle infini, et qu'ensuite il ne leur soit plus possible de rebrousser chemin dans des corps en gardant leur identité, ni non plus de retourner au lieu d'où elles étaient venues d'abord, ainsi [5] qu'on ne peut non plus reverser au lieu même d'où on l'a tirée l'eau prise aux vases

Nota. — Les notes sont reportées à la fin de l'Extrait, page 68.

EXCERPTUM XXV.

Stobaeus I. 49. 68, vol. i, p. 458 Wachsmuth.

Ἑρμοῦ λόγος Ἴσιδος πρὸς Ὧρον.

1 « Θαυμαστῶς », εἶπεν Ὧρος, « ἕκαστά μοι διηγήσω, ὦ μέγα δυναμένη τεκοῦσα Ἶσι, ὑπὲρ τῆς θαυμαστῆς ψυχοποιίας τοῦ θεοῦ καὶ θαυμάζων διατελῶ· οὔπω δέ μοι ἀπήγγειλας ποῦ τῶν σωμάτων ἀπολυθεῖσαι χωροῦσιν αἱ ψυχαί. βούλομαι οὖν καὶ τῆς θεωρίας ταύτης μύστης γενόμενος εὐχαριστῆσαι σοὶ μόνῃ, ἀθάνατε μῆτερ ».

2 καὶ εἶπεν Ἶσις· « Πρόσεχε, παῖ· ἀναγκαιοτάτη γὰρ ζήτησις αὕτη· 3 ἀλλ', ὧδε γὰρ ἐρεῖ λόγος ἐμός, τὸ συνεστὸς καὶ μὴ ἀφανιζόμενον χῶρον ἔχει. οὐ γάρ, ὦ θαυμαστὲ καὶ μεγάλου πατρὸς Ὀσίρεως μέγα τέκνον, ἀκρίτως καὶ ὁρμηδὸν τῶν σωμάτων προελθοῦσαι εἰς ἀέρα ἀναχύνονταί τε καὶ διασκεδάννυνται μετὰ τοῦ ἄλλου ἀπείρου πνεύματος, εἶτα οὐκετι δύναται πάλιν τὰς αὐτὰς οὔσας εἰς σώματα παλινδρομῆσαι, ἀλλὰ μηδὲ εἰς ἐκεῖνον ἔτι τὸν χῶρον [εἶναι], ὅθεν ἦλθον τὸ πρότερον, ἀναστρέφειν, καθάπερ οὐδὲ τὸ λαμβανόμενον ἐκ τῶν κάτω ἀγγείων ὕδωρ εἰς τοὺς αὐτοὺς τόπους ὅθεν ἐλήφθη ἐπιχεῖν ἐστί

---

7 μόνῃ Patr. : μόνη FP — ἀθάνατε F : ἀθάνατος P || 9 ἀλλ' ὧδε... ἐμός post ἔχει (10) hab. FP, huc transpos. Wachsmuth. post ἐμός, clausula in FP, qui tituli instar add. ποῦ τῶν σωμάτων ἀπολυθεῖσαι διατρίβουσιν αἱ ψυχαί || 14 οὐκέτι FP : οὐχ ⟨οἴει⟩ ἔτι Nock, qui, infinitiuis δύνασθαι et εἶναι (sensu ἐξεῖναι) retentis, signum interrogationis post ἀναστρέφειν (l. 17) ponit — δύναται Theiler coll. Plut. *virt. mir.* 440 D-E : δύνασθαι FP || 16 εἶναι secl. Heeren || 17 κάτω ἀγγείων FP : καταγείων (uel κατωγείων) W. Kroll || 18 ἐπιχεῖν Meineke : ἐπέχειν FP (quo recepto, ἔτι uel εἶτα pro εἰς Heeren).

en dessous[6], bien plus, même si on reverse l'eau aussitôt après l'avoir puisée, elle ne reprend pas sa propre place, mais va se mêler à toute la masse du liquide. **4** Non, il n'en va pas de la sorte, magnanime Horus, mais, puisque je me trouve être initiée moi-même pour ainsi dire à la nature immortelle[7], et que j'ai fait route à travers la plaine de la Vérité [8], je t'exposerai d'un bout à l'autre tout le détail de la nature des choses[9], après t'avoir marqué d'abord ce point, que l'eau est un corps irraisonnable, formé par compression, jusqu'à l'état fluide, d'une multitude de composés, tandis que l'âme est une chose qui a sa nature propre, enfant, une chose royale, œuvre des mains de Dieu et de son intellect, et qui d'elle-même, guidée par ses seules lumières, se porte vers l'intellect. Or[10] ce qui est constitué d'une substance unique et ne comporte pas d'élément étranger ne peut se mélanger à une chose différente. D'où il faut conclure aussi que l'union de l'âme et du corps est un coajustement résultant d'une compulsion divine[11]. **5** Que d'autre part les âmes ni ne retournent confusément en un seul et même lieu, ni ne se dispersent au hasard et comme cela se trouve, mais que chacune est renvoyée à sa région propre, cela résulte aussi à l'évidence de ce qui arrive à l'âme quand elle est encore dans le corps et le moule charnel, alors qu'elle s'est alourdie d'une épaisseur contraire à sa nature[12].

6 Allons, prends garde, bien aimé Horus, à la comparaison qu'on répète[13]. Oui, suppose qu'on ait enfermé dans un seul et même lieu de détention[14] des hommes, des aigles, des colombes, des cygnes, des faucons, des hirondelles, des moineaux, des mouches, des serpents, des lions, des léopards, des loups, des chiens, des lièvres, des bœufs, des moutons, et quelques-uns des animaux appartenant au genre ambigu[15], tels les phoques, les serpents d'eau[16], les tortues et les crocodiles de chez nous, et qu'ensuite, d'un seul

δυνατόν, ἀλλ' οὐδ' αὐτὸ παραυτίκα λαμβανόμενον καὶ χεόμενον τὴν ἰδίαν λαμβάνει χώραν, πλὴν ἀναμίγνυται τῷ παντὶ τοῦ ὕδατος χύματι. 4 ἀλλ' οὐκ ἔχει οὕτως, ὦ μεγαλόφρων Ὧρε, μύστις δὲ ὥσπερ τῆς ἀθανάτου φύσεως καὐτὴ τυγχάνουσα καὶ ὡδευκυῖα διὰ τοῦ πεδίου τῆς Ἀληθείας διεξελεύσομαί σοι τῶν ὄντων τὸ καθ' ἕκαστον, ἐκεῖνό σοι φήσασα πρῶτον, ὡς δὴ τὸ ὕδωρ σῶμά ἐστιν ἄλογον, ἐκ πολλῶν συγκριμάτων παρατεθλιμμένον εἰς χύσιν, ἡ δὲ ψυχὴ πρᾶγμα ἰδιοφυές, τέκνον, καὶ βασιλικὸν καὶ ἔργον τῶν τοῦ θεοῦ χειρῶν τε καὶ νοῦ, αὐτό θ' ἑαυτῷ εἰς νοῦν ὁδηγούμενον· τὸ τοίνυν ἐξ ἑνὸς καὶ οὐκ ἐξ ἄλλου ἀδύνατον ἑτέρῳ ἀναμιγῆναι· ὅθεν δεῖ καὶ τὴν πρὸς τὸ σῶμα αὐτῆς σύνοδον ἁρμονίαν θεοῦ ὑπὸ ἀνάγκης γενομένην εἶναι. 5 ὅτι δὲ οὔτε εἰς ἕνα καὶ τὸν αὐτὸν τόπον χυδαίως, οὔτε εἰκῇ καὶ ὡς ἔτυχεν, ἀλλὰ ἑκάστη ἐπὶ τὴν ἰδίαν ἀναπέμπεται χώραν, φανερὸν καὶ ἐξ ὧν ἔτι ἐν τῷ σώματι οὖσα καὶ τῷ πλάσματι πάσχει [γὰρ] παρὰ τὴν ἰδίαν φύσιν πεπαχυμμένη.

6 ἀλλὰ καὶ πρόσχες, ὦ περιπόθητε Ὧρε, τῷ λεγομένῳ ὁμοιώματι. φέρε γὰρ εἰς ἓν καὶ τὸ αὐτὸ συσχετήριον ἐγκεκλεῖσθαι ἀνθρώπους τε καὶ ἀετοὺς καὶ περιστερὰς καὶ κύκνους καὶ ἱέρακας καὶ χελιδόνας καὶ στρουθοὺς καὶ μυίας καὶ ὄφεις καὶ λέοντας καὶ παρδάλεις καὶ λύκους καὶ κύνας καὶ λαγωοὺς καὶ βόας καὶ ποίμνια καί τινα τῶν τῆς κοινότητος ἐχομένων ζῴων, οἱονεὶ φώκας καὶ ἐνύδρεις καὶ χελώνας καὶ τοὺς ἡμετέρους κροκοδείλους, ἔπειτα τούτους, ὦ τέκνον, ὑπὸ μίαν ῥοπὴν ἀπολυθῆναι τοῦ

1-2 καὶ χεόμενον om. P || 2 λαμβάνει FP : ἀναλαμβάνει Meineke || 4 μύστις Nock (cf. Sap. Sal. 8, 4) : μύστης FP || 10 τε om. P — αὐτὸ Canter : αὐτῷ FP, cf. C. H. XIV 6 (224.4) et *ib.* 226, n. 16 || 12 δεῖ Heeren : δὴ FP || 16 ἔτι FP² : ἐστιν P || 17 γὰρ secl. Heeren || 18 πεπαχυμμένη P : πεπαχυμένη F || 19 πρόσχες FP : πρόσσχες Scott (cf. tamen Sap. Sal. 13, 1 προσχόντες) || 25 ante κοινότητος add. ὕδατος καὶ γῆς Nock (γῆς < τε καὶ ὕδατος > [κοινῶς ?] ἐχομένων ci. Scott).

coup, enfant, on les ait mis en liberté hors de la prison :
7 ne vont-ils pas se tourner, à coup sûr [17], l'homme vers des places publiques et des maisons, l'aigle vers l'éther où aussi bien c'est sa nature de faire son séjour, les colombes vers l'air proche de la terre, les faucons plus haut que les colombes ? Et les hirondelles n'iront-elles pas aux lieux habités par les hommes, les moineaux à l'entour des arbres fruitiers, les cygnes là où il leur est possible de chanter [18], les mouches à proximité de la terre même, ne s'en éloignant qu'autant qu'elles peuvent monter avec l'odeur humaine (car la mouche, mon enfant, est particulièrement friande de l'homme et elle aime à voler à terre), les lions et les léopards vers les montagnes, les loups vers les lieux déserts, le chien sur la piste de l'homme, les lièvres vers les fourrés, les bœufs vers les étables et les prés, et vers les pâturages les moutons, les serpents vers les cavernes de la terre, les phoques, les tortues ainsi que les animaux de même sorte [19] vers les fonds et les eaux courantes, afin de n'être ni privés de terre ferme ni abandonnés par l'eau, leur élément congénial, chaque être étant ramené par son discernement intérieur [20] au séjour qui lui
convient ? 8 Ainsi chaque âme, qu'elle soit incarnée dans un homme ou qu'elle habite la terre sous une autre forme [21], sait où il lui faut aller, à moins que [22] quelques fils de Typhon [23] ne vienne nous déclarer, enfant, qu'un taureau peut passer sa vie au fond de la mer ou une tortue dans l'air [24]. S'il en va donc ainsi des âmes, que, même immergées dans la chair et le sang, elles ne font rien contre la règle [25] bien qu'elles subissent un châtiment (car c'est un châtiment pour elles que l'incorporation), combien le sera-ce davantage ⟨quand elles auront été délivrées⟩ de ce châtiment de l'immersion et qu'elles auront participé à la liberté qui leur est propre ?

9 Voici d'autre part quelle est l'ordonnance très sacrée. Jette maintenant enfin [26] les yeux là-haut, fils d'une très illustre race, vois les arrangements des âmes [27]. Ce qui s'étend du sommet

συσχετηρίου· 7 ⟨οὐ⟩ πάντως τραπήσονται ὁ μὲν ἄνθρωπος εἴς τε ἀγορὰς καὶ στέγας; ὁ δὲ ἀετὸς εἰς τὸν αἰθέρα ὅπου καὶ φύσιν ἔχει διαιτᾶσθαι; αἱ δὲ περιστεραὶ εἰς τὸν πλησίον ἀέρα; οἱ δὲ ἱέρακες ὑπεράνω τούτων; αἱ δὲ χελιδόνες οὐχὶ ὅπου ἂν οἰκῶσιν ἄνθρωποι; οἱ δὲ στρουθοὶ περὶ τὰ καρποφόρα τῶν δένδρων; οἱ δὲ κύκνοι ὅπου ἔξεστιν αὐτοῖς ᾄδειν; αἱ δὲ μυῖαι περὶ αὐτὴν τὴν γῆν, τοσοῦτον αὐτῆς ἀπέχουσαι ὅσον ⟨συν⟩αναβῆναι δύνανται ἀνθρώπων τῇ ὀσμῇ (ἀνθρωπόλιχνον γὰρ ἰδίως, ὦ τέκνον, ἐστὶν ἡ μυῖα καὶ χαμαιπετές); οἱ δὲ λέοντες καὶ παρδάλεις οὐκ ἐπὶ τὰ ὄρη; οἱ δὲ λύκοι ἐπὶ τὰς ἐρημίας; οἱ δὲ κύνες κατ' ἴχνος ἀνθρώπων; λαγωοὶ δὲ ⟨εἰς⟩ δρυμοὺς καὶ βόες ⟨εἰς⟩ αὐλιστήρια ⟨καὶ⟩ πεδία; καὶ εἰς τὰς νομὰς τὰ ποίμνια; οἱ δὲ ὄφεις εἰς τὰ μύχια τῆς γῆς; φῶκαι δὲ καὶ χελῶναι μετὰ τῶν ὁμοίων εἰς βάθη καὶ νάματα, ὡς μὴ πεδιάδος γῆς στεροῖντο μηδὲ τοῦ συγγενοῦς ἀπολειφθεῖεν ὕδατος, ἑκάστου εἰς τὴν οἰκείαν χώραν ὑπὸ τοῦ ἔνδον κριτηρίου ἀνατρεπομένου; 8 οὕτως ἑκάστη ψυχὴ καὶ ἀνθρωπευομένη καὶ ἄλλως ἐπιγείζουσα οἶδεν ὅπου πορευτέον ἐστὶν αὐτῇ, πλὴν εἰ μή τις τῶν Τυφωνίων, ὦ τέκνον, παρελθὼν λέγοι, ὅτι δυνατὸν ταῦρον μὲν ἐν βυθῷ, ἐν δὲ ἀέρι χελώνην διαζῆν. εἰ δὴ τοῦτο πάσχουσι σαρκὶ καὶ αἵματι βεβαπτισμέναι, ὡς μηδὲν παρὰ τάξιν πράσσειν κἂν κολάζωνται (κόλασις γὰρ αὐταῖς ἡ ἐνσωμάτωσις), πόσῳ πλέον βαπτισμοῦ καὶ κολάσεως ⟨. . .⟩ καὶ ἐλευθερίας ἰδίας μετασχοῦσαι;

9 Ἔχει δὲ ἡ διάταξις ἡ ἱερωτάτη οὕτως. ἤδη ποτὲ ἄνω, μεγαλοφυέστατε παῖ, βλέπε ψυχῶν διατάξεις. τὸ ἀπ' οὐρανοῦ κορυφῆς μέχρι σελήνης θεοῖς καὶ ἄστροις

---

1 οὐ ins. Meineke || 5 ὅπου om. F || 8 συναναβῆναι Nock : ἀναβῆναι FP || 12 εἰς ins. bis Meineke || 13 καὶ ins. P² || 18 ἡ post ψυχὴ add. P || 19-20 ἐστίν αὐτῇ P : αὐτῇ ἐστι F || 21 ἐν δὲ P² : ἐν P καὶ ἐν F || 24 πόσῳ Scott : πόσου FP || 25 lacunam statuit Meineke, < ἀπολυθεῖσαι > ci. Wachsmuth || 27 ψυχῶν διατάξεις secl. Scott.

du ciel à la lune est réservé aux dieux, aux astres, et à la Providence [28] en général ; ce qui s'étend depuis la lune, mon enfant, jusqu'à nous est l'habitacle des âmes [29]. **10** Maintenant [30], cette vaste étendue de l'air [31] a en elle-même une issue, que nous avons coutume de nommer vent [32], un espace propre dans lequel l'air se meut pour le rafraîchissement des choses terrestres, comme je le montrerai plus loin. Toutefois ce mouvement de l'air sur lui-même ne devient d'aucune façon une gêne pour les âmes ; car, tandis qu'il se meut, il est loisible aux âmes de s'élancer vers le haut et vers le bas, comme cela se trouve, sans aucun obstacle. Elles coulent en effet à travers lui sans s'y mêler ni s'y coller, comme l'eau à travers l'huile [33]. **11** Cet espace, mon fils Horus, comporte quatre divisions générales et soixante régions particulières [34]. Des quatre divisions celle qui s'élève à partir du sol comporte quatre régions, en ce sens que la terre s'étend jusqu'à certaines hauteurs et certains sommets, et qu'elle s'arrête à ce point : car ce n'est pas sa nature d'atteindre une altitude qui dépasse ces sommets. La division à partir de celle-ci comporte huit régions, dans lesquelles se produisent les mouvements des vents (prête l'oreille, mon fils, car tu entends ici les mystères ineffables de la terre, du ciel, et de tout le souffle sacré intermédiaire) [34a] ; or là où il y a mouvement du vent, il y a aussi vol des oiseaux : car, au delà de cette région, l'air ne se meut plus et il ne porte plus d'être vivant. Quoi qu'il en soit, tel est le pouvoir [34b] que cet air a reçu de la nature, en sorte qu'il circule, lui et les animaux qu'il contient, et dans les huit régions qui lui sont propres et dans les quatre de la terre, alors que la terre ne peut s'élever jusqu'aux huit régions de l'air. **12** La troisième division comporte seize régions, et elle est remplie d'un air subtil et pur. La quatrième comporte trente-deux [35] régions, dans lesquelles l'air est le plus subtil, absolument sans mélange, transparent, formant à sa limite

καὶ τῇ ἄλλῃ προνοίᾳ σχολάζει· τὸ δὲ ἀπὸ σελήνης, ὦ τέκνον, ἐφ' ἡμᾶς ψυχῶν ἐστιν οἰκητήριον. **10** ἔχει μέντοι ἐν ἑαυτῷ ὁδὸν ὁ τοσοῦτος ἀήρ, ὃν ἄνεμον καλεῖν ἔθος ἐστὶν ἡμῖν, ἴδιον μέγεθος ἐν ᾧ κινεῖται πρὸς ἀνάψυξιν τῶν ἐπιγείων, ὃ δὴ καὶ ὕστερον ἐρῶ· κατ' οὐδένα μέντοι τρόπον πρὸς ἑαυτὸν κινούμενος ἐμπόδιον γίγνεται ψυχαῖς· κινουμένου γὰρ τούτου ἐξὸν ψυχαῖς ἀνᾴσσειν καὶ κατᾴσσειν, ὡς ἂν τύχῃ, ἀδιακωλύτως. ῥέουσι γὰρ δι' αὐτοῦ ἀμιγῶς καὶ ἀκολλητί, ὡς δι' ἐλαίου ὕδωρ. **11** τὸ δὲ διάστημα τοῦτο, ὦ τέκνον Ὧρε, μοιρῶν μέν ἐστι γενικῶν τεσσάρων, ἰδικῶν δὲ χωρῶν ἑξήκοντα. ὧν ἡ μὲν ἀπὸ γῆς ἄνω χωρῶν ἐστι τεσσάρων, ὡς τὴν γῆν κατά τινας λόφους καὶ ἀκρωρείας ἀνατεῖναι καὶ φθάνειν ἄχρι τοσούτου· ὑπὲρ γὰρ ταύτας αὐτὴν ἀναβῆναι τὸ ὕψος οὐκ ἔχει φύσιν. ἡ δ' ἀπὸ ταύτης δευτέρα ἐστὶ χωρῶν η', ἐν αἷς γίγνονται ἀνέμων κινήσεις (πρόσεχε, παῖ, ἀρρήτων γὰρ ἐπακούεις μυστηρίων γῆς τε καὶ οὐρανοῦ καὶ παντὸς τοῦ μέσου ἱεροῦ πνεύματος)· ὅπου ⟨δὲ⟩ ἡ τοῦ ἀνέμου κίνησις, καὶ ἡ τῶν ὀρνέων πτῆσις· ὑπὲρ γὰρ ταύτης οὔτε ἀὴρ κινεῖται οὔτε ζῷον βαστάζει· ἔχει μέντοι παρὰ τῆς φύσεως ταύτην τὴν ἐξουσίαν ὁ ἀὴρ οὗτος, ὥστε καὶ ἐν ταῖς ἰδίαις η' χώραις καὶ ἐν ταῖς τῆς γῆς τέτταρσι περιπολεῖν μεθ' ὧν ἔχει ζῴων, τῆς γῆς εἰς τὰς η' αὐτοῦ ἐπαναβῆναι ⟨μὴ⟩ δυναμένης. **12** ἡ δὲ τρίτη χωρῶν ἐστιν ἑκκαίδεκα, ἀέρος λεπτοῦ καὶ καθαροῦ πλήρης. ἡ δὲ τετάρτη ἐστὶ δύο καὶ τριάκοντα, ἐν αἷς ἐστι λεπτότατος καὶ εἰλικρινέστατος ἀὴρ καὶ διαυγής, διορίζων ἐφ' ἑαυτοῦ τοὺς ἄνω οὐρανούς, ἐκπύρους ὄντας τὴν

---

3 ἑαυτῷ F : ἑαυτοῦ P || 7-8 καὶ κατᾴσσειν om. P || 11 ἰδικῶν FP : εἰδικῶν Meineke (cf. *REG*. LIII 72) || 11 ἑξήκοντα Canter : ἕξ FP || 13 ἀκρωρείας F : ἀκρωτηρίας P || 15 η' Canter (*octo* interpr.) : ἣ F om. P || 18 δὲ add. Scott. fort. duae lectiones conflatae (ἐν αἷς… κινήσεις 15/16 secl. Wachsmuth) || 21 η' Heeren (ὀκτὼ) : ἣ FP || 22 περιπολεῖν Patr. : περιπολεῖ FP || 23 η' αὐτοῦ Nock : ἑαυτοῦ FP αὐτοῦ Heeren — μὴ ins. Canter || 26 διαυγής Usener : δι' αὐτῆς FP.

supérieure la frontière [36] des cieux d'en haut, qui sont ignés par nature. **13** Telle est l'ordonnance établie en ligne droite du haut en bas, les parties étant non cohérentes par nature [36a], en sorte qu'il y a quatre divisions générales, douze (?) spatiales [37], soixante régions. Dans ces régions, qui sont soixante en nombre, habitent les âmes, chacune suivant la nature qui lui est propre, et elles ont toutes une seule et même constitution, mais non plus même dignité [38]. En effet, plus chacune de ces régions dépasse l'autre par son éloignement de la terre, plus aussi les âmes qui y sont logées : l'une surpasse l'autre en excellence, mon enfant, et la région et l'âme.

14 Quelles âmes donc s'en vont [39] dans l'une ou l'autre de ces deux directions [40], je vais, glorieux Horus, reprenant à nouveau mon exposé à partir de ce point [41], te l'expliquer dans l'ordre, en commençant par le haut jusqu'aux lieux proches de la terre. »

φύσιν. **13** καὶ ἔστιν ἡ διάταξις αὕτη κατ' εὐθυτενῆ γραμμὴν ἄνωθεν κάτω ἀκολλητὶ τὴν φύσιν, ὡς εἶναι μοίρας γενικὰς μὲν τέσσαρας, διαστηματικὰς δὲ δώδεκα, χώρας δὲ ἑξήκοντα. ἐν δὲ ταῖς χώραις ταύταις, ἑξήκοντα οὔσαις τὸν ἀριθμόν, οἰκοῦσιν αἱ ψυχαί, ἑκάστη πρὸς ἣν ἔχει φύσιν, μιᾶς μὲν καὶ τῆς αὐτῆς συστάσεως οὖσαι, οὐκέτι δὲ τιμῆς. ὅσῳ γὰρ ἑκάστη τῶν χωρῶν ἀπὸ γῆς ὑπερβέβηκε τῆς ἑτέρας, τοσούτῳ καὶ ⟨αἱ⟩ ἐν αὐταῖς ψυχαί· ἑτέρα τὴν ἑτέραν καθ' ὑπεροχὴν λείπει, ὦ τέκνον, χώρα καὶ ψυχή.

14 τίνες μὲν οὖν εἰς ἑκάτερα τούτων ἀναλύουσι ψυχαί, ἐντεῦθέν σοι πάλιν, ὦ μεγαλόδοξε Ὧρε, καταλέγειν ἄρξομαι, ἄνωθεν ἐπὶ τὰ πρόσγεια τὴν τάξιν ποιουμένη.

---

2 ἀκολλητὶ servandum puto (cf. n. 36 *a*) : secl. Scott (e 71.9 repetitum) κολλητῇ Theiler || 3 διαστηματικὰς... δώδεκα secl. Scott. locus sane turbatus. ' an ιε′ pro ιβ′ legendum ? ' Theiler || 4 ἑξήκοντα Canter : ἓξ FP || 8 αἱ add. Heeren — αὐταῖς F : ταῖς P — ψυχαί P : ψυχαῖς F. post ψυχαί distinxit Desrousseaux || 9 λείπει Heeren : λείπειν FP || 12 ποιουμένη Patr. : ποιούμενος FP.

NOTES

1. Sur ce début (question de l'élève), cf. Exc. XXIV 7 (διηγήσω- aussi 54.13), C. H. XIII, 1, XI, 4 (147.4 ss.) et, sur ce genre qui rappelle les mœurs scolaires, mon article *R. E. G.*, LV, 1942, p. 83, n. 4, pp. 87 ss. Pour τῆς θεωρίας ταύτης μύστης (68.6), cf. C. H. V. 1 (60.4) ὅπως μὴ ἀμύητος ᾖς τοῦ κρείττονος θεοῦ ὀνόματος et Exc. XXIII, n. 251. Au μύστης répond le μύστις καὐτὴ τυγχάνουσα de 69.4 En tant qu'initiée plus avancée (ὠδευκυῖα), Isis peut instruire son fils. Pour ἀπήγγειλας (l. 5), cf. ἀπαγελίαν 3.11. Il est possible que ce début fasse allusion à l'exposé de XXIII **14** ss.

2. Sur ἀλλ', ὧδε γὰρ κτλ., cf. Denniston, p. 98, I : ἀλλὰ ... γάρ, *complex :* « ἀλλά goes with the main clause, and γάρ with a dependent clause ». Sur l'argumentation, cf. Ferguson, IV, pp. 471 ss. μὴ ἀφανιζόμενον : qui ne perd pas son être propre en se mêlant à autre chose. Expliqué par 68.12 ss.

3. διασκεδάννυνται (68.13) : cf. Plat. *Phéd.* 70 a 4 καὶ ἐκβαίνουσα ὥσπερ πνεῦμα ἢ καπνὸς διασκεδασθεῖσα οἴχηται διαπτομένη καὶ οὐδὲν ἔτι οὐδαμοῦ ᾖ, 77 d 7 μὴ ... ὁ ἄνεμος αὐτὴν (sc. τὴν ψυχήν) ἐκβαίνουσαν ἐκ τοῦ σώματος διαφυσᾷ καὶ διασκεδάννυσιν, 78 b 6. — Pour μετὰ τοῦ ἄλλου πνεύματος (68.13), sc. la couche d'air située entre la terre et le ciel, cp. *infra* **11** (71.17) παντὸς τοῦ μέσου ἱεροῦ πνεύματος, XXIX v. 8 τοὔνεκ' ἄπ' αἰθερίου μεμερίσμεθα πνεύματος ἕλκειν |-δάκρυ κτλ.

4. J'adopte δύναται (Theiler), la phrase entière restant commandée par l'οὐ γάρ initial (68.10), repris par ἀλλ' οὐκ ἔχει οὕτως (69.3). Noter, dans l'Exc. XXV, les traits ressortissant à l'exposé scolaire (πρόσεχε παῖ 68.8 [cf. 69.19, 71.16], ἀλλ', ὧδε γὰρ κτλ. 69.9, διεξελεύσομαι 69.6, ἐκεῖνο... φήσασα πρῶτον 69.7, τοίνυν 69.11, ὅθεν 69.12, ὅτι δὲ ..., φανερὸν καὶ ἐξ ὧν 69.14-16, ὃ δὴ καὶ ὕστερον ἐρῶ 71.5, τίνες μὲν οὖν 72.10, ἐντεῦθέν σοι πάλιν ... καταλέγειν ἄρξομαι 72.11-12), et au langage savant (ἀναχύνονται 68.13 [hapax : cf. ἐπιχύνουσαι XXVI **11** et ἀνάχυσις dans la langue médicale], παρατεθλιμμένον εἰς χύσιν 69.8 s. [l. médicale], συγκρίματα 69.8 [cf. 55.5 et Chrysippe, *St. v. Fr.*, II, p. 186. 31 Arn. τὰ ζῷα καὶ τὰ ἐπὶ γῆς πάντα συγκρίματα : Ferguson, IV, p. 472], ἰδιοφυές 69.9 [cf. Rudberg, *Forsch. zu Poseidonios*, p. 313 et *supra* 5.5-7], πεπαχυμμένη 69.18, cf. XXVI **17** et Rudberg, p. 319, Ferguson, III, p. 588, IV, p. 472).

5. Pour la métaphore de l'eau, cf. le bon commentaire de Ferguson, IV, pp. 471-472.

6. τὰ κάτω ἀγγεῖα = simplement « les vases qui se trouvent placés en dessous », comme, par exemple, les *pithoi* qui servaient de réservoirs pour les liquides (*sic* Theiler).

7. Cf. *Sap. Sal.* 8, 4 μύστις γάρ ἐστιν τῆς του θεοῦ ἐπιστήμης,

Phil. *de sacr. Ab.* 60 (I, p. 226.12 C.-W.) τῶν τελείων μύστις γενομένη τελετῶν (sc. ἡ ψυχή).

8. Cf. (avec Scott, III, p. 583) Plat. *Phèdre* 248 b τὸ ἀληθείας ἰδεῖν πεδίον, [Plat.] *Axioch* 371 c, Plut. *de def. or.* 22, p. 422 B. Trône de la Vérité, Exc. XXIII 38 (12.9-10).

9. διεξελεύσομαι (l. 6) : cf. *R. E. G.*, LV, p. 91, n. 8.

10. τοίνυν transitionnel, introduisant la mineure, la conclusion étant marquée par ὅθεν δεῖ : cf. Denniston, p. 576. Soit : (I) L'âme est un ἰδιοφυές (= ἰδιοσύγκριτον). (II) Or ce qui est ἰδιοσύγκριτον ne peut se mêler à autre chose (sc. est ἀσύγχυτον). (III) Donc l'union de l'âme et du corps est un état forcé (ὑπὸ ἀνάγκης γενομένην 69.13) — et par suite le sort normal de l'âme est de reprendre sa place au ciel, c. q. f. d.

11. Ou « l'inévitable destinée réglée par Dieu », cf. ἀνάγκη δαιμόνων Eur. *Phén.* 1000, αἱ ἐκ θεῶν ἀνάγκαι *ib.* 1763. — La phrase associe assez gauchement ces deux vérités : (*a*) la σύνοδος est une ἁρμονία forcée ; (*b*) dès lors cet état antinaturel ne peut être que le résultat d'une compulsion effectuée par Dieu.

12. Cf. déjà βαρύνεται Plat. *Phéd.* 81 c 10. L'image de l'âme alourdie par le corps ou l'alimentation matérielle nécessaire au corps est fréquente dans la littérature dévote de l'Empire, Porph. *de antro n.* 11, p. 64.13 ss. N., Philostr. *V. Ap.* I, 8 τὰς μὲν ἐμψύχους βρώσεις ὡς ... τὸν νοῦν παχυνούσας παρῃτήσατο, Sall. *de diis* 4, p. 8.20 Nock σίτου τε καὶ τῆς ἄλλης παχείας καὶ ῥυπαρᾶς τροφῆς ἀπεχόμεθα (ἑκάτερα γὰρ ἐναντία ψυχῇ), Procl. *in remp.*, I, p. 119.2 ss. Kr. (dans un passage de même doctrine que l'Exc. XXV) : λέγωμεν τοίνυν ... ὅτι καὶ τῶν ψυχῶν αἱ ἕξεις εἰσὶ διάφοροι τῶν ἀπαλλαττομένων τοῦ σώματος καὶ οἱ τόποι τοῦ παντὸς εἰς οὓς ἐνοικίζονται πολυειδεῖς τυγχάνουσιν ὄντες. καὶ τὰς μὲν οὕτω χωριζομένας τῶν ὀργάνων τῶν θνητοειδῶν, ὡς μήτε σχέσιν ἔχειν πρὸς τὰ χείρονα μήτε ἀναπίμπλασθαι τῆς ἐν αὐτοῖς ταραχῆς καὶ τῆς ὑλικῆς φλυαρίας, καὶ τὰ περιβλήματα τὰ αὐγοειδῆ (le corps pneumatique) καθαρὰ φέρειν ἀνάγκη καὶ μὴ ἐπιθολούμενα ὑπὸ τῶν ἐνύλων ἀτμῶν μηδὲ παχυνόμενα ὑπὸ τῆς γηΐνης φύσεως· τὰς δὲ μὴ πλέως αὐτὰς διὰ φιλοσοφίας καθηραμένας, ἀλλὰ καθελκομένας εἰς τὴν πρὸς τὸ ὀστρεϊνον σῶμα (Plat. *Phèdre* 250 c 6) προσπάθειαν καὶ τὸν μετὰ τούτου διωκούσας βίον, τοιαῦτα καὶ τὰ ὀχήματα τὰ ἐξηρτημένα αὐτῶν δεικνύναι τοῖς ὁρᾶν δυναμένοις σκιοειδῆ καὶ ἔνυλα καὶ ὀπισθοβαρῆ καὶ πολὺ τῆς θνητοειδοῦς ἐφελκόμενα συστάσεως.

13. τῷ λεγομένῳ ὁμοιώματι peut difficilement signifier « à la comparaison que je vais te faire » (« which I am about to set forth » Scott). Au surplus, on rencontre cette comparaison dans [Arist.] *de mundo* 398 b 30 ss. (dans un passage plein de lieux communs) et Gal. *de usu part* I, 3, 7, t. I, p. 5.5 ss. Helmreich εἰ γοῦν ἐθέλοις ᾠὰ τρία λαβὼν τὸ μὲν ἀετοῦ τὸ δὲ νήττης τὸ δ' ὄφεως αὐτὰ θερμήνας

συμμέτρως ἐγκλύψαι, τὰ γεννώμενά σοι ζῷα τὰ μὲν τῶν πτερύγων ἀποπειρώμενα θεάσῃ καὶ πρὶν δύνασθαι πέτεσθαι, τὸ δ' ἰλυσπώμενόν τε καὶ σπεῦδον ἕρπειν, κἂν ἔτι μαλακὸν καὶ ἀδύνατον ᾖ. κἂν εἰ τελεώσας αὐτὰ καθ' ἕνα καὶ τὸν αὐτὸν οἶκον (= εἰς ἓν καὶ τὸ αὐτὸ συσχετήριον Stob. 69.20) ἔπειτ' (= ἔπειτα Stob. 69.26) εἰς τόπον ὑπαίθριον ἀγαγὼν μεθείης (= ἐκβάλοι *de mundo* 397 b 31, ἀπολυθῆναι Stob. 69.27), ὁ μὲν ἀετὸς ἀναπτήσεται πρὸς τὸ μετέωρον (= μετάρσιον οἰχήσεται πετόμενον *de mundo* 398 b 34), ἡ νῆττα δ' εἰς λίμνην τινὰ καταπτήσεται, ἡ δ' ὄφις εἰς τὴν γῆν καταδύσεται (= οἱ δὲ ὄφεις εἰς τὰ μύχια τῆς γῆς Stob. 70.13-14). εἶθ' ὁ μὲν θηράσει μὴ μαθών, ἡ δὲ νήξεται (= τὸ μὲν νηκτὸν ... ἐκνήξεται *de mundo* 398 b 31), ὁ δ' ὄφις φωλεύσει [εἰς γῆν] (cf. Stob. 58.18). « φύσιες γὰρ τῶν ζώων ἀδίδακτοι », φησὶν ὁ Ἱπποκράτης. ταύτῃ μοι δοκεῖ τὰ μὲν ἄλλα τῶν ζώων φύσει μᾶλλον ἢ λόγῳ τέχνην τινὰ διαπράττεσθαι, πλάττειν μὲν αἱ μέλιτται, θησαυροὺς δέ τινας καὶ λαβυρίνθους δημιουργεῖν οἱ μύρμηκες, νήθειν δὲ καὶ ὑφαίνειν αἱ ἀράχναι. τεκμαίρομαι δὲ τῷ ἀδιδάκτῳ. D'autre part l'idée du lieu approprié à chaque espèce animale est un thème classique, cf. Cic. *n. d.* I, 103 *nam locus quidem his etiam naturis quae sine animis sunt suus est cuique proprius* (χώρα οἰκεία), *ut terra infimum teneat, hanc inundet aqua, superior aeri, aetheriis ignibus altissima ora reddatur; bestiarum autem terrenae sunt aliae, partim aquatiles, aliae quasi ancipites in utraque sede viventes, sunt quaedam etiam quae igne nasci putentur apparentque in ardentibus fornacibus saepe volitantes* et (avec Ferguson, IV, p. 472) Cic. *n. d.* II, 124 *est etiam admiratio non nulla in bestiis aquatilibus is quae gignuntur in terra : veluti crocodili fluviatilesque testitudines quaedamque serpentes ortae extra aquam, simul ac primum niti possunt, aquam persequuntur*. On peut enfin cp. *Gen.* 7-8 (arche de Noé), mais le trait final (chaque animal retourne en son lieu) manque dans ce récit.

14. συσχετήριον (69.20) hapax. Cf. σύσχεσις « emprisonnement » chez Vett. Val. 292.9, 336.17. Pour la comparaison, cf. note précédente et Exc. XXIV 17.

15. Sc. à la fois terrestres et aquatiques. Les suppléments proposés (voir n. cr.) donnent certainement le sens requis, cf. 70.14 ss. (et d'ailleurs Pline, *N. H.* XXXII 145 *communes terrae mari amni hippopotami crocodili et amni tantum ac mari thynni*, etc.), mais on peut se demander s'ils sont indispensables. L'auteur met l'article, indiquant qu'il s'agit d'une κοινότης bien connue. Or, (*a*) d'une part κοινός s'emploie, tout au moins chez les grammairiens, pour désigner le caractère ambigu d'une chose (κοινὴ συλλαβή = *syllaba anceps*, κοινὰ ποιήματα = « d'une forme métrique ambiguë », κοινὰ ὀνόματα = « noms à genre commun » (masculin ou féminin : v. gr. Apoll. Dysc., *de synt.*, p. 105.23 Bekk. τὰ γοῦν κοινὰ λεγόμενα ἐν γένει, λέγω ἐπὶ τῶν προσηγορικῶν, ἐξ ἀποστήματος ἐπινοηθέντα οὐκ ἐξίσχυσε τὸ γένος διαστεῖλαι, λέγω ἐπὶ τοῦ ἵππος ἢ

ἄνθρωπος, cf. ἐκ κοινότητος τοῦ γένους = « par suite de l'ambiguïté du genre », *ib.*, p. 200.27), d'où κοινότης = « ambiguïté » ; (*b*) d'autre part Cic., pour parler des amphibies, use précisément du mot *anceps* (= κοινός, cf. κοινὴ συλλαβή), cf. *n. d.* I, 103 *aliae quasi ancipites in utraque sede viventes* (*supra* n. 13) et *communis* est employé pour indiquer un être ou une chose de nature ambiguë, cf. *Th. L. L.* qui cite Manil. II, 242 *communisque Aries* (= fecundus sive infecundus), Greg. M. *moral.* I, 22 *cameli communia sunt animalia ... cameli namque ruminant, sed nequaquam ungulam findunt* (I, 40). J'hésite donc à corriger. — Pour les amphibies, voir encore Colum. VIII, 13 *venio ad eas aves, quas Graeci vocant* ἀμφίβια, *quia non tantum terrestria, sed aquatilia quoque desiderant pabula, nec magis brumo quam stagno consueverunt* et Varron, *rer. rust.* III, 10 (même exemple).

16. « Serpents d'eau » en raison du parallèle dans Cicéron (cf. n. 13) : ἔνυδρις peut désigner cet animal ou la loutre.

17. πάντως τραπήσονται : cf. [Arist.] *de mundo* 398 b 31 δῆλον γὰρ ὅτι κτλ. — Pour διαιτᾶσθαι 70.3, cf. δίαιταν 58.16 et p. 66, n. 56.

18. Cf. Ferguson, IV, p. 473.

19. Sc. les autres animaux amphibies (ἐνύδρεις et crocodiles) mentionnés 69.25 s. Il ne peut guère s'agir de la doctrine d'ailleurs classique de l'ὁμογένεια (καὶ γὰρ ζῷα ὁμογένεσι ζῴοις συναγελάζεται Dém., fr. 164 D.), car ce trait n'est pas propre au phoque et à la tortue (*contra :* Ferguson, IV, p. 473).

20. κριτήριον est nettement emprunté à la langue philosophique (cf. Scott, III, p. 590-591) : usuel depuis Épicure et la Stoa pour distinguer le principe de discernement du vrai (κριτήριον τῆς ἀληθείας). Ici équivalent au principe de discernement infaillible de l'instinct. Cp. *de mundo* 397 b 34 μιᾶς τῆς πρώτης αἰτίας πᾶσιν ἀποδούσης τὴν οἰκείαν εὐμάρειαν (dextérité, sûreté dans le choix), Cic. *n. d.* II, 124 (à propos des amphibies) *tantam ingenuit animantibus conservandi sui natura custodiam* et Galien cité *supra* n. 13.

21. ἐπιγείζειν (70.19) est un hapax. Comme le note Scott (III, p. 591), ce passage implique la doctrine de la métempsycose, l'âme passant dans un corps de bête.

22. πλὴν εἰ μή, cf. 80.14. Forme pléonastique (cf. Luc. *Sol.* 7 πρὸς δὲ τὸν λέγοντα πλὴν εἰ μή, Ταῦτα, ἔφη, διπλᾶ χαρίζῃ), qui n'en est pas moins usuelle, cf. Strab. VII, 3, 8 (II, p. 414.20) : Alexandre, dans son expédition contre les Thraces, vient à rencontrer des Celtes voisins de l'Adriatique, les invite à table et, au cours du repas, leur demande ce qu'ils craignent le plus : αὐτοὺς δ' ἀποκρίνασθαι ὅτι οὐδὲν πλὴν εἰ ἄρα μὴ ὁ οὐρανὸς αὐτοῖς ἐπιπέσοι. Exemples déjà chez Platon et Aristote, après une négation et sans verbe, cf. L. S. J. πλήν B, II, 1 b. πλὴν εἰ μή = « s'il en va autrement », cf. P. Ryl. II, 163.10 (139 ap. J.-C.) πλὴν εἰ μή, τὸν ἐπελευσόμενον τῷ ἐμῷ ὀνόματι ... [ἀφισ]τάνειν με αὐτὸν παραχρῆμα.

23. Typhon est le dieu brutal et méchant, rival d'Osiris, qui mit à mort celui-ci (Plut. *Is. Os.* 2, 27, 39, 45, etc.), en sorte que (*ib.* 45, p. 369 A) πᾶν ὅσον ἡ φύσις βλαβερὸν καί φθαρτικὸν ἔχει, μόριον τοῦ Τυφῶνός ἐστιν, cf. 49, p. 371 B Τυφὼν δὲ τῆς ψυχῆς τὸ παθητικὸν καὶ τιτανικὸν καὶ ἄλογον καὶ ἔμπληκτον, τοῦ δὲ σωματικοῦ τὸ ἐπίκηρον καὶ νοσῶδες καὶ ταρακτικὸν κτλ. Dans la magie, Typhon sera le mauvais démon par excellence, cf. *P. G. M.* IV, 243 ss., XXXVI, 4 (avec la note d'Eitrem dans *P. Oslo.*, t. I, p. 33-34). Un être Τυφώνιος sera donc un être brutal, méchant, et, plus particulièrement ici, ἄλογος καὶ ἔμπληκτος. Mais il ne faut sans doute pas forcer le texte, cf. Plat. *Lois* III, 701 b-c τὴν λεγομένην παλαιὰν τιτανικὴν φύσιν ἐπιδεικνῦσι. [Cf. aussi A. H. Gardiner, *Hieratic Papyri in the Br. Mus.*, 3rd series, Chester Beatty Gift, 1935, p. 9 s., 20 sur les hommes de Seth. A. D. N.].

24. Cf. Archil., fr. 74, 6 ss. Bgk. (= 74 Diehl, 74 Edmonds): μηδεὶς ἔθ' ὑμῶν εἰσορῶν θαυμαζέτω, | μηδ' ὅταν δελφῖσι θῆρες ἀνταμείψουνται νομὸν | ἐνάλιον καί σφιν θαλάσσης ἠχέεντα κύματα | φίλτερ' ἠπείρου γένηται τοῖσί τ' ἡδὺ ἦν ὄρος, souvent imité, v. gr. Virg. *Buc.* I 59 s. *ante leves ergo pascentur in aethere cervi* | *et freta destituent nudos in litore piscis*, Prop. II 3. 5-6 *quaerebam, sicca si posset piscis harena nec solitus ponto vivere torvus aper*, etc. Voir E. Dutoit, *Le thème de l'Adynaton dans la poésie antique* (Paris, 1936), index, p. 171 : adynata représentant des êtres hors de leur milieu naturel.

25. Sc. l'ordre naturel qui fait aller chaque être vivant à son οἰκεία χώρα.

26. ἤδη ποτέ : cf. Exc. XXIII, n. 210.

27. Il est possible que ψυχῶν διατάξεις soit le titre, ou le reste du titre, d'un paragraphe (ainsi Scott) : mais la raison donnée par Scott (III, p. 592) ne vaut pas, car βλέπω, à l'âge hellénistique, peut = ὁρᾶν : cf. Blass-Debrunner, § 101, p. 56, *Sap. Sal.* 13, 7 καλὰ τὰ βλεπόμενα (le monde visible), *Hebr.* 11, 40 τοῦ θεοῦ περὶ ἡμῶν κρεῖττόν τι προβλεψαμένου, *U. P. Z.* I, p. 327, n° 68.6 (3 août 152 av. J.-C.) ἐγὼ γὰρ ἐνύπνια ὁρῶ πονηρά, βλέπω Μενέδημον κατατρέχοντά με = n° 69.6 (même jour) ὁρῶν ἐν τῷ ὕπνῳ τὸν δραπέδην (= δραπέτην) Μενέδημον ἀντικείμενον ἡμῖν, Moulton-Milligan, s. v. βλέπω. — διατάξεις au plur. = généralement *rescripta* ou *constitutiones*, impossible ici. Le pluriel ici (à côté de διάταξις 70.26, 72.1) s'explique sans doute en raison des subdivisions en **13**.

28. Sc. la Divinité. Cf. *Syll.*³ 1268 (IIIᵉ s. av. J.-C.), I, 7 πρόνοιαν τίμα. L'auteur ne met pas les dieux et astres etc. au nombre des âmes. Pour montrer la hiérarchie des âmes *dans leur région propre*, il commence par exposer la division générale du cosmos, cf. n. 29.

29. οἰκητήριον (71.2) : cf. [Arist.] *de mundo* 391 b 15 τὸ δὲ ὕπερθεν ... θεῶν οἰκητήριον, 393 a 4 τὸ μὲν ἄνω πᾶν θεῶν ἀπέδειξεν οἰκητήριον. Tout le chapitre 2 du *de mundo*, sur les divisions du

cosmos, est d'ailleurs à comparer : notre auteur a appliqué aux διατάξεις ψυχῶν un schème bien connu. [Sur le lieu des âmes, cf. Macr. *in somn. Scip.* I, 11, 5 (qui remonte à Porph.), Capelle, *De luna stellis animarum sedibus,* Diss. Halle, 1917, p. 93. F. C.].

30. Ce premier μέντοι (71.3) est progressif (Denniston, p. 407), le second (71.6) est adversatif.

31. ὁ τοσοῦτος ἀήρ : pour l'article, cf. *Apoc. Joh.* 18, 17 μιᾷ ὥρᾳ ἠρημώθη ὁ τοσοῦτος πλοῦτος, Hermas, *Vis.* IV, 1, 9 τὸ τηλικοῦτο κῆτος ἐκίνει ἑαυτὸ χαμαί. — L'air est vaste, puisqu'il occupe les quatre régions indiquées *infra* **11-12**, depuis la terre jusqu'au ciel supérieur qui est de feu (71.26 s.).

32. Ce n'est pas l'air qu'on nomme vent, mais le vent qui est un écoulement de l'air (Aet. III, 7, 1 = *Dox.* 374.19 'Αναξίμανδρος ἄνεμον εἶναι ῥύσιν ἀέρος, III, 7, 2 = *ib.* 374.23 οἱ Στωικοὶ πᾶν πνεῦμα ἀέρος εἶναι ῥύσιν, Sen. *N. Q.* V, 1 *ventus est fluens aer*, Macr. VII, 8, 15 *aer motu in ventum solvitur et liquidior se factus agitatu flatus efficitur*), ou une issue (ὁδός = διέξοδος, cf. Plat. *Banq.* 184 b 5 μία δὲ λείπεται τῷ ἡμετέρῳ νόμῳ ὁδός) : ὅν équivaut donc, par attraction, soit à ἥν, soit à ὅ (« ce que »), cf. Plat. *Phil.* 29 e 1 περὶ τοῦδε (neutre) ὃν κόσμον λέγομεν, 40 a 6 λόγοι μήν εἰσιν ἐν ἑκάστοις ἡμῶν, ἃς ἐλπίδας ὀνομάζομεν (« ce que nous appelons des espérances, ce sont bien, en chacun de nous, des discours ? »), *Phèdre* 255 c 1 ἡ τοῦ ῥεύματος ἐκείνου πηγή, ὃν ἵμερον Ζεὺς ... ὠνόμασεν. L'ἴδιον μέγεθος de l'air est la 2e division (à partir du bas: 71.14 ss.) avec ses 8 régions, à quoi il faut ajouter encore la 1re division (celle de la terre), cf. 71.21 ss. C'est ce passage qu'annonce l'auteur par ces mots ὃ δὴ καὶ ὕστερον ἐρῶ 71.5. Pour ὃν ἄνεμον καλεῖν ἔθος κτλ., cf. *de mundo* 391 b 16 σωμάτων θείων, ἃ δὴ καλεῖν ἄστρα εἰώθαμεν, 393 a 6 τὸ μὲν ὕγρον ἐστίν, ὃ καλεῖν ποταμοὺς ... εἰθίσμεθα, 394 a 4 γῆς μὲν δὴ καὶ θαλάττης φύσιν καὶ θέσιν, ἥντινα καλεῖν εἰώθαμεν οἰκουμένην : c'est devenu une sorte de maniérisme dans ce genre d'exposé pseudo-scientifique.

33. L'huile est un mélange d'eau et d'air, Arist. *Meteor.* IV, 10, 388 a 32, elle est donc plus légère que l'eau et c'est pourquoi elle surnage à la surface de l'eau, 7, 383 a 24-26. D'autre part, elle est λεπτομερέστατον τῶν ὑγρῶν *Probl.* XXXI, 21, 959 b 12, en sorte que l'eau peut passer au travers.

34. Soixante, à cause des soixante βαθμοί d'âmes en Exc. XXIII **16** (5.18 s.). Sur ce passage, cf. *R. E. G.*, LIII, p. 72 ss., mais je renonce à la conjecture proposée *ib.* p. 74 ss.

34 *a.* Cf. *supra* 68.8, 69.19, et XXIII **32**, p. 10.10. Pour μυστήρια, cf. μύστης 68.6, μύστις 69.4.

34 *b.* Ou « royaume » (ἐξουσία 71.20)? Cf. *IV Rois* 20,13 ἐν τῷ οἴκῳ αὐτοῦ καὶ ἐν πάσῃ τῇ ἐξουσίᾳ αὐτοῦ, *Ps.* 113,2 ἐγενήθη... 'Ισραὴλ ἡ ἐξουσία αὐτοῦ, *Luc.* 4,6 σοι δώσω τὴν ἐξουσίαν ταύτην ἅπασαν καὶ

τὴν δόξαν αὐτῶν, 23,7 ἐκ τῆς ἐξουσίας Ἡρῴδου ἐστίν, *Col.* 1,13 ἐρρύσατο ἡμᾶς ἐκ τῆς ἐξουσίας τοῦ σκότους καὶ μετέστησεν εἰς τὴν βασιλείαν τοῦ υἱοῦ, *Eph.* 2,2 κατὰ τὸν ἄρχοντα τῆς ἐξουσίας τοῦ ἀέρος, et *supra* p. 47, n. 227. — Ou « cet air a reçu de la nature ce privilège de circuler... ».

35. On a donc 2 × 2 (= 4) × 2 (= 8) × 2 (= 16) × 2 (= 32), le tout additionné = 60. Sur la valeur mystique de ce genre d'opérations (2 × 2), cf. Macrobe, *in somn. Scip.* I, 6 fin.

36. διορίζων ἐφ' ἑαυτοῦ (71.26 s.) : cf. *de mundo* 392 a 29 καὶ τελευταῖος ὁ τῆς σελήνης (sc. κύκλος), μέχρις ἧς ὁρίζεται ὁ αἰθήρ. Notre auteur ne fait pas mention de l'éther : la région la plus haute est de feu, doctrine stoïcienne (*contra, de mundo* 392 a 5 οὐρανοῦ δὲ καὶ ἄστρων οὐσίαν μὲν αἰθέρα καλοῦμεν, οὐχ, ὥς τινες, διὰ τὸ πυρώδη οὖσαν, αἴθεσθαι κτλ.).

36 *a*. Il y a continuité (cf. *de mundo* 392 a 23 ss., C. H. IV 8, 52.10 et n. 21), mais non cohésion ou confusion entre les régions de l'univers : cf. Arist. *Phys.* IV 5, 212 b 29 ss., 213 a 9 s.

37. διαστηματικὰς δὲ δώδεκα (72.3) n'est pas clair (pour δώδεκα, je renonce à l'explication proposée *REG.*, LIII, p. 73). (Theiler) pour ιϛ' est ingénieux. Les quatre μοῖραι progressent comme 1 : 2 : 4 : 8, ce qui, additionné, donne 15 μοῖραι διαστηματικαί. Mais pourquoi cette mention ?

38. μιᾶς... συστάσεως (72.6) : cf. Exc. XXIV **8** (54.22 s. ὁμοφυεῖς ἑαυταῖς), XXIII **16** (5.20 ἐκ μιᾶς οὐσίας). — οὐκέτι δὲ τιμῆς (72.6) : cf. Exc. XXIII **16** (5.15 ss.).

39. ἀναλύειν intransitif, « s'en aller » ou « s'en retourner », fréquent à l'âge hellénistique : cf. Pol. III, 69, 14 οἱ δὲ Ῥωμαῖοι ... ἀνέλυσαν, *Sap. Sal.* 2, 1 οὐκ ἐγνώσθη ὁ ἀνάλυσας ἐξ ᾅδου, *Luc.* 12, 36 καὶ ὑμεῖς ὅμοιοι ἀνθρώποις προσδεχομένοις τὸν κύριον ἑαυτῶν, πότε ἀναλύσῃ ἐκ τῶν γάμων, Mitteis, *Chrest.* 31 (116 av. J.-C.), col. II, 15, p. 32 ἐγὼ δὲ ... ἠναγκάσθην ... ἀναλῦσαι εἰς τὸ τεταγμένον (« mich in meine Garnison zu begeben ») et Moulton-Milligan, s. v. ἀναλύω.

40. Sc. vers le haut ou vers le bas, cf. ἀνάσσειν καὶ κατάσσειν 71.7 s. et Exc. XXIII **40** (13.2 ss.).

41. ἐντεῦθεν ... ἄρξομαι : emprunté à la langue de l'exposé didactique, cf. Arist. *Meteor* I 3, 340 b 14 δεῖ δὲ νοεῖν οὕτως καὶ ἐντεῦθεν ἀρξαμένους, 339 b 35 φαίνεται θεωροῦσιν ἡμῖν ἐντεῦθεν οὕτως. C'est ici qu'Isis devait répondre précisément à la question initiale d'Horus (69.4) ποῦ τῶν σωμάτων ἀπολυθεῖσαι χωροῦσιν αἱ ψυχαί. Chaque âme va dans un des soixante lieux différents selon ce qu'elle a mérité sur terre : cf. déjà Plat. *Lois* X, 903 d 5 ss. οὐδὲν ἄλλο ἔργον τῷ πεττευτῇ λείπεται πλὴν μετατιθέναι τὸ μὲν ἄμεινον γιγνόμενον ἦθος εἰς βελτίω τόπον, χεῖρον δὲ εἰς τὸν χείρονα, κατὰ τὸ πρέπον αὐτῶν ἕκαστον, ἵνα τῆς προσηκούσης μοίρας λαγχάνῃ.

FRAGMENT XXVI

XXVI

[DE L'INCARNATION ET DE LA RÉINCARNATION DES AMES[1]]

1 « L'espace compris entre la terre et le ciel a été partagé en régions, mon fils Horus, avec mesure et juste proportion. Ces régions sont appelées par nos ancêtres soit zones, soit firmaments, soit aussi replis[2]. C'est là que vont et viennent et les âmes délivrées des corps et celles qui n'ont pas encore été incarnées. Chacune de ces âmes, enfant, occupe une région selon son mérite : ainsi les âmes divines et royales habitent dans la région la plus haute ; les âmes les plus basses en dignité et toutes celles qui sont courbées vers la terre, dans la région la plus basse ; les âmes moyennes, dans la région moyenne. **2** Eh bien donc[3], mon fils Horus, les âmes envoyées ici-bas pour régner descendent des zones les plus hautes, et, une fois délivrées, c'est aussi dans ces mêmes zones qu'elles retournent, ou même plus haut encore, sauf[4] celles qui ont pu commettre quelque action contraire à la dignité de leur nature et au précepte de la loi divine : quant à celles-ci, la Providence d'en haut les exile dans les régions plus en dessous en proportion de leurs péchés, de même qu'elle ⟨fait changer de place, si elles ont progressé⟩[5], les âmes moindres en puissance et en dignité, car elle les fait monter

Nota. — Les notes sont reportées à la fin de l'Extrait, page 89.

Excerptum XXVI.

Stobaeus I. 49. 69, vol. i, p. 463 Wachsmuth.

[Περὶ ἐμψυχώσεως καὶ μετεμψυχώσεως.]

1 « Τὸ μεταξὺ γῆς καὶ οὐρανοῦ κεχώρισται, τέκνον Ὧρε, πρὸς μέτρον καὶ ἁρμονίαν. αἱ δὲ χῶραι αὗται ὑπὸ τῶν προγόνων καλοῦνται ὑφ' ὧν μὲν ζῶναι, ὑφ' ὧν δὲ στερεώματα, ὑπὸ δὲ ἑτέρων πτυχαί. ἐν δὲ ταύταις φοιτῶσιν αἵ τε ἀπολελυμέναι τῶν σωμάτων ψυχαὶ αἵ τε μηδέπω ἐνσωματισθεῖσαι. ἑκάστη δὲ τούτων, ὦ τέκνον, κατὰ τὴν ἀξίαν καὶ χώραν ἔχει· ὥστε τὰς μὲν θείας καὶ βασιλικὰς ἐν τῇ ὑπεράνω πάντων κατοικεῖν, τὰς δὲ ἐλαχίστας κατὰ τιμὴν καὶ τὰς ἄλλας ὅσαι εἰσὶ χαμαιπετεῖς ἐν τῇ ὑποκάτω πάντων, τὰς δὲ μέσας ⟨ἐν⟩ τῇ μέσῃ. 2 αἱ μὲν οὖν εἰς τὸ ἄρχειν καταπεμπόμεναι, ὦ τέκνον Ὧρε, ἐκ τῶν ὑπεράνω ζωνῶν καταπέμπονται, αἳ καὶ λυθεῖσαι εἰς τὰς αὐτὰς ἢ καὶ ἔτι ὑπεράνω ἀνέρχονται, πλὴν εἰ μή τινές τι εἶεν ⟨παρὰ⟩ τὴν ἀξίαν τῆς ἑαυτῶν φύσεως καὶ τὴν τοῦ θείου νόμου παραγγελίαν πεπραχυῖαι· ἅσπερ ἡ ἄνω πρόνοια πρὸς μέτρον τῶν ἁμαρτημάτων εἰς τὰς ὑποκάτω χώρας ἐξορίζει, ὥσπερ καὶ τὰς ὑποδεεστέρας δυνάμει τε καὶ ἀξίᾳ ⟨...⟩, ἐκ γὰρ κατωτέρων ἐπὶ μείζονας καὶ ὑψηλοτέρας ἀνάγει.

1 lemma secl. Wachsmuth (cf. ad 12.10) || 5-6 αἵ τε Meineke : αἵ γε FP || 6 αἵ τε P²: αἱ δὲ FP || 8 χώραν Meineke : χῶρον FP — ὥστε Meineke : ὥς γε FP || 9 κατὰ τιμὴν Canter : κατατεμεῖν FP || 11 ἐν ins. Meineke || 14 ἔτι F : ἐπὶ P — τι Meineke : ἔτι FP || 15 παρὰ ins. Heeren (' possis et in 16 παραπεπραχυῖαι scribere ' Nock) || 16 ἅσπερ F : ἅπερ P || 18 lacunam stat. Wachsmuth. an γὰρ secludendum ?

de régions plus basses à de plus nobles et plus hautes. 3 Car il y a là-haut les gardes du corps, deux en nombre, de la Providence universelle[6] : l'un est le contrôleur des âmes[7], l'autre leur conducteur ; le contrôleur des âmes ⟨veille sur⟩ les âmes ⟨non incarnées encore⟩[8], le psychopompe est celui qui envoie les âmes et les distribue selon leurs postes au fur et à mesure de leur incarnation. C'est en conformité au décret de Dieu que l'un surveille[9] et que l'autre fait descendre les âmes. 4 En raison donc de ce plan[10], mon fils, la Nature, sur la terre aussi, correspond à la variété des choses en haut[11]. Car, comme elle modèle et façonne les corps[12], ⟨elle varie⟩[13] le réceptable ⟨dans lequel⟩ sont jetées les âmes. Elle aussi est assistée de deux forces, la mémoire et l'expérience : la mémoire a pour tâche de faire en sorte que la Nature prenne soin et se rende complètement maîtresse[14] de chacun des types établis dès l'origine et du mélange produit en haut[15] ; l'expérience, de faire en sorte que, pour chacune des âmes qui descendent afin d'être incarnées, le corps aussi ait été proportionné, pour les âmes vives des corps vifs, pour les âmes lentes des corps lents, pour les âmes actives des corps actifs, pour les âmes paresseuses des corps paresseux, pour les âmes fortes des corps forts, pour les âmes rusées des corps aux allures furtives[15a], en un mot pour chaque âme selon ce qui lui convient. 5 Ce n'est pas sans dessein en effet que la Nature[16] a emplumé les volatiles, qu'elle a pourvu les êtres raisonnables de sens supérieur et plus exacts,

3 εἰσὶ γὰρ ἄνωθεν οἱ δορυφόροι, ⟨δύ'⟩ ὄντες, τῆς καθόλου προνοίας, ὧν ὁ μὲν ψυχοταμίας, ὁ δὲ ψυχοπομπός· καὶ ὁ μὲν ψυχόταμίας ψυχῶν ⟨...⟩, ὁ δὲ ψυχοπομπὸς ἀποστολεύς τε καὶ διατάκτης τῶν ἐνσωματουμένων ψυχῶν. καὶ ὁ μὲν τηρεῖ, ὁ δὲ προΐησι κατὰ γνώμην τοῦ θεοῦ.

4 τῷ οὖν λόγῳ τούτῳ, ὦ παῖ, κατὰ τὴν ἄνω τῶν πραγμάτων ἐξαλλαγὴν καὶ ἐπὶ γῆς ἐστιν ἡ φύσις. πλάστρια γὰρ οὖσα καὶ σκηνοποιός, ἀγγεῖον ⟨...⟩ εἰσβάλλονται αἱ ψυχαί. παρεστᾶσι δὲ δύ' ἐνέργειαι καὶ αὐτῇ, μνήμη καὶ ἐμπειρία· καὶ ἡ μὲν μνήμη ἔργον ἔχει τοῦτο, ὅπως ἡ φύσις τηρῇ καὶ περικρατῇ τοῦ τε ἑκάστου τύπου ἐξ ἀρχῆς καταβεβλημένου καὶ τοῦ φυράματος τοῦ ἄνω γιγνομένου· ἡ δὲ ἐμπειρία, ὅπως πρὸς ἀνάλογον ἑκάστης τῶν καταβαινουσῶν ψυχῶν εἰς τὸ σωματισθῆναι καὶ τὸ πλάσμα [ἐνεργῆ καὶ] γένηται, καὶ ταῖς μὲν ὀξέσι τῶν ψυχῶν ὀξέα γένηται καὶ τὰ σώματα, ταῖς δὲ βραδέσι βραδέα, ταῖς δὲ ἐνεργέσιν ἐνεργῆ καὶ ταῖς νωθραῖς νωθρὰ καὶ ταῖς δυναταῖς δυνατὰ καὶ ταῖς δολίαις δόλια, καὶ ἁπαξαπλῶς ἑκάσταις κατὰ τὸ εἰκός.

5 οὐ γὰρ ἀσκόπως πτηνὰ μὲν ἐπτίλωσε, λογικὰ δὲ περισσαῖς καὶ ἀκριβεστέραις αἰσθήσεσιν ἐκόσμησε, τετραπόδων ⟨δὲ τὰ⟩ μὲν κέρασι, τὰ δὲ ὀδοῦσι, τὰ δὲ ὄνυξι καὶ

1 ἄνωθεν οἱ FP : ἄνωθέν οἱ Wachsmuth ἄνω θεοὶ ⟨δύο...⟩, δορυφόροι ὄντες ci. Scott — δύ' ins. Heeren (δύο Canter), coll. l. 9 || 2 ψυχοταμίας Canter : ψυχοτομίας FP || 3 lacunam stat. Heeren. ⟨οὐκέτι ἐνσεσωματωμένων τηρητής ἐστιν⟩ Meineke ; malim ⟨οὔπω ἐνσωματουμένων τ. ἐ.⟩ || 4 ἐνσωματουμένων Scott : ἐνσωματωμένων FP ἐνσεσωματωμένων Meineke || 5 προΐησι Meineke : πρόεισι FP || 6-7 κατὰ τὴν ... ἐξαλλαγὴν scripsi : καὶ τῇ ... ἐξαλλαγῇ FP || 7 καὶ ἐπὶ γῆς FP : ἐπιστάτις W. Kroll — ἐστιν ἡ P²: ἐστι μὴ FP || 8 ἀγγεῖον scripsi : ἀγγείων FP — lacunam signaui (post σκηνοποιὸς Meineke), ubi ἐξαλλάσσει εἰς ὃ uelim. An ἡ φύσις, πλαστρία γε οὖσα ... ἀγγείων εἰς ἃ βάλλονται (Patr.)... ? || 9 δύ' P : δύο F — αὐτῇ P² : αὕτη FP || 10 μνήμη Patr. : γνώμη FP — τηρῇ P : τηρεῖ F || 11 περικρατῇ P : περικρατεῖ F περικρατὴς Desrousseaux (qui et in 12 γίγνηται scrib.) || 12 γιγνομένου Theiler : γίγνεται FP γίγνηται Patr. || 14 σωματισθῆναι Patr. : σῶμα κτισθῆναι FP — ἐνεργῆ καὶ secl. Wachsmuth || 16 ἐνεργῆ P² : ἐναργῆ FP || 19 ἀσκόπως FP² : ἀσκέπτως P || 21 δὲ τὰ ins. P².

qu'elle a fortifié les quadrupèdes au moyen soit de cornes, soit de dents, soit de griffes et de sabots, qu'elle a amolli les rampants en leur donnant un corps qui coule et glisse entre les doigts [16 a] et, de peur que l'humidité de leur corps ne les rendît trop faibles [17], qu'elle a tantôt protégé leurs gueules par une palissade de dents, tantôt couvert tout le pourtour de leur corps d'une armure défensive de piquants. C'est ainsi que certains des animaux, s'étant précautionnés contre la mort [18], sont plus forts que les autres. Quant aux nageurs, comme ils sont timides, la Nature leur a donné d'habiter un élément où la lumière ne peut exercer ni l'une ni l'autre de ses activités (dans l'eau en effet, le feu ni ne brille, ni ne brûle) ; et chacun d'eux, grâce soit à des écailles, soit à des piquants [19], peut dans l'eau s'enfuir à la nage par où [20] il lui plaît, protégé par sa propre timidité [21], et ayant l'eau pour couverture [22] contre la vue. **6** C'est en effet en tel ou tel de ces corps que, selon la ressemblance qu'elles ont avec lui, sont enfermées les âmes, en sorte que dans des êtres humains entrent les âmes douées de jugement, dans des volatiles celles qui fuient la société humaine, dans des quadrupèdes celles qui n'ont point de jugement (car leur loi à elles, c'est la force [22 a]), dans des reptiles les rusées (car aucun des reptiles n'attaque les hommes en face, mais c'est après s'être placé en embuscade qu'il les frappe à mort), dans des nageurs les timides et tout ce qui ne mérite pas de jouir des autres éléments [23]. **7** Cependant il arrive aussi que, en chaque espèce, on voie un animal ne point agir selon sa propre nature ».

— « Comment cela encore, ô Mère ? », dit Horus.

Et Isis répondit : « C'est, pour un homme, enfant, passer par-dessus sa faculté de jugement [23 a], pour un quadrupède, se soustraire à la contrainte, pour un reptile, perdre sa ruse, pour un nageur, surmonter sa timidité, pour un volatile, abandonner sa répugnance à l'égard des hommes [24].

ὁπλαῖς ἐκαρτέρωσε, τὰ δὲ ἕρποντα εὐχύτοις σώμασι καὶ εὐυποχωρήτοις ἐμαλάκυνε, καὶ ὅπως μὴ τῇ τοῦ σώματος ὑγρότητι λίαν ἀσθενῆ διαμένῃ, ὧν μὲν τὰ στόματα καὶ τοῖς ὀδοῦσιν ἐχαράκωσεν, ὧν δὲ τοὺς ὄγκους ὀξύνασα δύναμιν περιέθηκεν. οὕτως τὰ μὲν τῇ τοῦ θανάτου εὐλαβείᾳ ἰσχυρότερα τῶν ἄλλων· τὰ δὲ νηκτά, δειλὰ ὄντα, ἐνοικεῖν ἔδωκε στοιχείῳ ἐν ᾧ τὸ φῶς οὐδετέραν ὧν ἔχει δυνάμεων ἐνεργεῖν ἰσχύει (ἐν γὰρ ὕδατι τὸ πῦρ οὔτε φαίνει οὔτε καίει). ἕκαστον δὲ αὐτῶν ἢ φολίσιν ἢ ἀκάνθαις ἐν ὕδατι νηχόμενον φεύγει ὅπῃ ἂν θέλῃ, τὴν ἰδίαν περιβεβλημένον δειλίαν καὶ σκεπαστήριον ἔχον εἰς τὸ μὴ ὁρᾶσθαι τὸ ὕδωρ. 6 εἰς γὰρ ἕκαστον τῶν σωμάτων τούτων καθ' ὁμοιότητα ἐγκλείονται αἱ ψυχαί, ὥστε εἰς μὲν ἀνθρώπους χωρεῖν τὰς κριτικάς, εἰς δὲ πτηνὰ τὰς ἀπανθρώπους, εἰς δὲ τετράποδα ⟨τὰς⟩ ἀκρίτους (νόμος γὰρ ἐκείνοις ἐστὶν ἡ ἰσχύς), εἰς δὲ ἑρπετὰ τὰς δολίας (οὐδὲν γὰρ αὐτῶν ἐξ ἐναντίου ἐπεξέρχεται τοῖς ἀνθρώποις, λοχήσαντα δὲ καταβάλλει), εἰς δὲ [τὰ] νηκτὰ τὰς δειλὰς καὶ ὅσα τῶν λοιπῶν στοιχείων ἀπολαύειν ἀνάξια τυγχάνει. 7 γίγνεται μὲν οὖν καὶ ἐν ἑκάστῳ ⟨εἴδει⟩ εὑρεῖν ζῷον τῇ ἰδίᾳ φύσει μὴ καταχρώμενον ».

« Πῶς πάλιν, ὦ τεκοῦσα ; » εἶπεν Ὧρος.

καὶ ἀπεκρίθη Ἶσις· « Ὥστε ἄνθρωπον μέν, ὦ τέκνον, τὸ κριτικὸν ὑπερβῆναι, τετράπουν δὲ τὴν ἀνάγκην παραλλάξαι, ἑρπετὸν δὲ τὸ δόλιον ἀπολέσαι, καὶ νηκτὸν τῆς δειλίας καταφρονῆσαι, καὶ πτηνὸν τῆς ἀπανθρωπίας ἐκπε-

---

1 ὁπλαῖς P[2] : ὁπλᾶς P ὁπλᾶς F — ἐκαρτέρωσε F : ἐκατέρωσε P — ἕρποντα FP : ἑρπετὰ Heeren — εὐχύτοις scripsi : εὐχαίτοις FP || 2 μὴ τῇ Scott : μήτε FP || 2-3 ὑγρότητι λίαν scripsi : ὑγρότης τέλεον FP ὑγρότητι τέλεον Scott || 4 ὀξύνασα scripsi : ὀξύνας FP || 8 ἰσχύει· ἐν γὰρ Patr. : ἰσχύειν γὰρ FP ἰσχύει· καὶ γὰρ ἐν P[2] || 11 εἰς P[2] : εἰ FP || 14 δὲ (alter) om. F || 15 τὰς ins. Heeren || 18 τὰ secl. Wachsmuth || 20 εἴδει ins. Wachsmuth, coll. 83.3 || 25 ἑρπετὸν Wachsmuth : ἑρπετὰ FP.

Mais en voilà assez sur la disposition des choses d'en haut, sur la descente des âmes ici-bas et sur la fabrication des corps.

8 Maintenant[25], mon enfant, il arrive que, dans chaque espèce et dans chaque race des êtres susdits[26], on trouve de certaines âmes royales, et qu'il en descende aussi tantôt d'une sorte, tantôt d'une autre, les unes toutes de feu, les autres froides, les unes arrogantes, les autres douces, ⟨les unes faites pour la liberté⟩, les autres pour le métier d'ouvrier, les unes expérimentées, les autres sans expérience, les unes paresseuses, les autres actives, et d'autres qui diffèrent tantôt d'une manière, tantôt d'une autre. Or ces différences résultent du niveau relatif des lieux d'où les âmes se précipitent pour être incorporées. Certaines âmes en effet sautent en bas de la zone royale, car c'est l'âme homogène à ce lieu d'origine qui a fonction de régner. 9 Or il y a bien des sortes de royautés, celles des âmes, celles des corps, celles de l'art, celles de la science, celles encore de ceci et de cela ».

— « Qu'est-ce là encore ? » dit Horus.

— « Par exemple, mon fils Horus, le roi des âmes des hommes déjà défunts est Osiris, ton père ; le roi des corps est le chef de chaque nation ; le roi du conseil est le père et instructeur de toutes choses, Hermès Trismégiste[27] ; le roi de la médecine est Asclépios, fils d'Héphaistos ; le roi de la vigueur et de la force est de nouveau Osiris, après lequel, mon enfant, c'est toi-même ; le roi de la philosophie est Arnébeschènis[28] ; le roi de la création littéraire est de nouveau Asclépios Imouthès[28 a]. D'une manière générale, mon enfant, tu trouveras, à l'examen, qu'il y a beaucoup de chefs et en bien des domaines, beaucoup de rois régnant en beaucoup de royaumes. 10 Mais celui qui a autorité sur

σεῖν. καὶ τὰ μὲν περὶ τῆς διαθέσεως τῶν ἄνω καὶ τῆς καταβάσεως αὐτῶν καὶ τῆς σωματουργίας τοσαῦτα.

8 συμβαίνει δέ, ὦ τέκνον, ἐν ἑκάστῳ εἴδει εὑρίσκεσθαι καὶ γένει τῶν προκειμένων βασιλικάς τινας ψυχάς, καταβαίνειν δὲ καὶ ἄλλας ἀλλοίους, τὰς μὲν διαπύρους, τὰς δὲ ψυχράς, τὰς δὲ ὑπερηφάνους, τὰς δὲ πραείας, ⟨τὰς δὲ ἐλευθερίους⟩, τὰς δὲ βαναύσους, τὰς δὲ ἐμπείρους, τὰς δὲ ἀπείρους, τὰς δὲ ἀργάς, τὰς δὲ ἐνεργεῖς, τὰς δὲ ἄλλοτε ἄλλας οὔσας. συμβαίνει δὲ τοῦτο παρὰ τὴν τῶν τόπων θέσιν, ὅθεν εἰς τὸ ἐνσωματισθῆναι καθάλλονται αἱ ψυχαί. αἱ μὲν γὰρ ἀπὸ βασιλικοῦ διαζώματος καταπηδῶσι, τῆς ὁμοιοπαθοῦς βασιλευούσης ψυχῆς. 9 πολλαὶ γάρ εἰσι βασιλεῖαι· αἱ μὲν γάρ εἰσι ψυχῶν, αἱ δὲ σωμάτων, αἱ δὲ τέχνης, αἱ δὲ ἐπιστήμης, αἱ δὲ αὖ τῶν καὶ τῶν ».

« Πῶς πάλιν ; » εἶπεν Ὧρος.

« Οἷον, ὦ τέκνον Ὧρε, ἀπογεγονότων ἤδη ψυχῶν μὲν Ὄσιρις, ὁ πατήρ σου· σωμάτων δὲ ὁ ἑκάστου ἔθνους ἡγεμών· βουλῆς δὲ ὁ πατὴρ πάντων καὶ καθηγητὴς ὁ τρισμέγιστος Ἑρμῆς· ἰατρικῆς δὲ ὁ Ἀσκληπιὸς ὁ Ἡφαίστου· ἰσχύος δὲ καὶ ῥώμης πάλιν Ὄσιρις, μεθ' ὅν, ὦ τέκνον, αὐτὸς σύ· φιλοσοφίας δὲ Ἀρνεβεσχῆνις, ποιητικῆς δὲ πάλιν ὁ Ἀσκληπιὸς Ἰμούθης. καθόλου γάρ, ὦ τέκνον, εὑρήσεις, ἐὰν ἐξετάζῃς, πολλοὺς καὶ πολλῶν ἄρχοντας καὶ πολλοὺς πολλῶν βασιλεύοντας. 10 ἀλλ' ὁ μὲν πάντων

---

5 διαπύρους P² : διαπύρου FP || 6-7 τὰς δὲ ἐλ. ins. Meineke || 8 ἐνεργεῖς P : ἐναργεῖς (α in ε corr.) F — ἄλλοτε Patr. : ἄλλο τι FP || 9 ἄλλας Meineke : ἄλλως FP ἀλλοίας Scott || 10 καθάλλονται Heeren : καὶ θάλλονται F καὶ βάλλονται P καταβάλλονται P² || 11 ἀπὸ βασιλικοῦ P : ἀποβατικοῦ F || 12 βασιλευούσης F : βασι et lac. 5 litt. P βασιλικῆς P² || 12 εἰσι Patr. : εἰς FP || 14 αὖ τῶν Usener : αὐτῶν FP — καὶ τῶν Usener, e uocibus καὶ ἑαυτῶν perperam in FP post Ὧρος (15) scriptis || 16 Ὧρε Meineke : ὡς FP — ἀπογεγονότων Meineke : ἐπιγεγονότων FP || 17 ὁ om. P || 18 ὁ πατήρ (sc. σου), καὶ πάντων καθηγητὴς ci. Ferguson || 22 post Ἀσκληπιός add. ὁ Patr., ὁ καὶ Scott : v. tamen ad 2.24.

tous, enfant, vient de la région supérieure, et celui qui a autorité sur telle ou telle partie a reçu ce ⟨rang⟩ [29] selon le lieu d'où il vient : ceux qui ont eu en partage une zone ⟨royale⟩ ⟨ont un rang⟩ plus royal ; **11** ⟨ceux qui viennent d'une zone ignée⟩ deviennent des artisans du feu et de la nourriture [30] ; ceux qui viennent d'une zone humide passent leur vie sur l'eau ; ceux qui viennent d'une zone capable de science et d'art s'adonnent aux sciences et aux arts ; ceux qui viennent d'une zone paresseuse passent leur vie dans la paresse et une vaine agitation [30a]. Car de toutes les choses produites ici-bas, mon enfant, par parole ou par action les sources sont là-haut, lesquelles, avec mesure et juste poids, répandent sur nous la substance du réel [30b], et rien n'existe qui ne soit descendu de là-haut **12** et qui n'y remonte à nouveau pour en redescendre ».

— « Que dis-tu là encore, ô Mère ? explique-toi ! »

Et Isis répondit : « De ce mouvement de retour, la Nature très sainte a mis dans les êtres vivants un signe manifeste que voici : le souffle que nous tirons de là-haut, l'empruntant à l'air, de nouveau nous l'envoyons en haut pour le reprendre encore ; or, mon enfant, pour opérer ce travail, il y a en nous des soufflets [30c] : quand ceux-ci ont fermé leurs bouches destinées à recevoir le souffle, alors nous ne sommes plus ici-bas, nous sommes remontés là-haut [31].

13 D'autres qualités s'ajoutent encore à nous, ô fils très glorieux, par suite du dosage relatif des éléments [32] dans la mixture corporelle [33] ».

κρατῶν, τέκνον, ἐκ τῆς ὑπεράνω χώρας ἐστίν, ὁ δὲ τῶν κατὰ μέρος ἐκείνην ἔσχε τὴν ⟨τάξιν⟩, ἀφ' οὗ τόπου ἐστίν· βασιλικωτέραν ⟨μὲν ἔχουσιν οἱ βασιλικοῦ⟩ **11** διαζώματος τετευχότες· ⟨οἱ δὲ ἀπὸ πυρώδους⟩ πυρὸς ἐργάται γίγνονται καὶ τροφῆς· οἱ δὲ ἀπὸ ὑγροῦ ἐν ὑγροῖς διαζῶσιν· οἱ δὲ ἀπὸ ἐπιστημονικοῦ καὶ τεχνιτικοῦ περὶ ἐπιστήμας καταγίγνονται καὶ τέχνας· οἱ δὲ ἀπὸ ἀργοῦ ἀργῶς καὶ ἐπιρρεμβῶς διαζῶσι. πάντων γὰρ τῶν ἐπὶ γῆς, ὦ τέκνον, διὰ λόγου καὶ ἔργου πραγμάτων ἄνω εἰσὶν αἱ πηγαί, μέτρῳ καὶ σταθμῷ ἐπιχύνουσαι ἡμῖν τὰς οὐσίας, καὶ οὐκ ἔστιν, ὃ μὴ ἄνωθεν καταβέβηκε **12** καὶ πάλιν ἀνέρχεται ἵνα καταβῇ ».

« Πῶς πάλιν λέγεις τοῦτο, ὦ τεκοῦσα, παράδειξον ».

καὶ ἀπεκρίθη Ἶσις πάλιν· « Τῆς παλινδρομίας ἐναργὲς τοῦτο σημεῖον τοῖς ζῴοις ἐνέθηκεν ἡ ἱερωτάτη φύσις· τοῦτο γὰρ ὃ σπῶμεν ἄνωθεν ἐξ ἀέρος πνεῦμα, τοῦτο πάλιν ἄνω πέμπομεν ἵν' ἀναλάβωμεν· καὶ εἰσίν, ὦ τέκνον, τούτου τοῦ ἐνεργήματος τεχνίτιδες ἐν ἡμῖν φῦσαι, αἳ ἐπειδὰν μύσωσι τὰ δεκτικὰ ἑαυτῶν τοῦ πνεύματος στόματα, τότε ἡμεῖς οὐκέτι ὧδέ ἐσμεν, ἀλλ' ἀναβεβήκαμεν.

13 προσεπιγίγνεται δέ, ὦ παῖ μεγαλόδοξε, καὶ ἕτερά τινα ἡμῖν ἐκ τῆς τοῦ φυράματος συσταθμίας ».

---

2 κατὰ P : κάτω F — τὴν ⟨τάξιν⟩ scripsi : τὴν FP τάξιν (pro τὴν) Wachsmuth τιμὴν Heeren || 3 lacunam statuit Heeren. suppleui ex. gr. (coll. 83.11 ἀπὸ βασιλικοῦ διαζώματος) : alii alia || 4 οἱ δὲ ἀπὸ πυρώδους scripsi e coni. Meineke, qui τοῦ π. habet — πυρὸς FP : διὰ πυρὸς Nock || 5 τροφῆς FP : τροφεῖς Heeren τροφῆς ⟨πορισταί⟩ Scott, quod malit Nock — ante ὑγροῦ add. τοῦ Wachsmuth — διαζῶσιν Canter : διαζώμασιν FP || 6 post ἀπὸ add. τοῦ Meineke — τεχνιτικοῦ Meineke : τεχνίτου FP || 7 καταγίγνονται Wachsmuth : καταγίνονται F γίγνονται P — post ἀπὸ add. τοῦ Meineke || 10 ἡμῖν P : ἡμῶν F || 14 ἐναργὲς P : ἐνεργὲς F || 15 ἐνέθηκεν P : ἐνέθειχεν F || 16 ὃ σπῶμεν Wachsmuth : ὡς τὸ μὲν P ὡς τὸ μὴ F || 17 ἵν' ἀναλάβωμεν Cumont : ἵνα λάβωμεν FP || 18 φῦσαι Wachsmuth : φύσαι FP || 19 μύσωσι Canter : μισῶσι FP || 21 δέ om. P || 22 ἐκ τῆς Scott : ἐκτὸς FP ἐκτὸς τῆς Wachsmuth.

— « Qu'est-ce donc », dit Horus, « que cette mixture, ô Mère ? »

— « C'est un assemblage et un mélange des quatre éléments[34], duquel mélange et assemblage s'exhale[35] une certaine vapeur, qui d'une part enveloppe l'âme et d'autre part se répand à travers le corps, communiquant à l'une et à l'autre, c'est-à-dire au corps et à l'âme, quelque chose de sa qualité particulière ; et c'est ainsi que se produisent les différences dans les modifications psychiques et corporelles[36].

14 Si en effet, dans la charpente[37] corporelle, il y a eu surabondance de feu, alors l'âme, qui est déjà naturellement chaude, et qui est devenue plus brûlante encore[38] par le surcroît de chaleur qu'elle a acquis, rend l'être vivant plutôt actif et fougueux, et le corps vif et alerte. **15** S'il y a eu surabondance d'air, alors l'être vivant devient léger, bondissant[39], instable de corps et d'âme[40]. **16** S'il y a eu surabondance d'eau, alors l'être vivant, quant à l'âme, devient bien coulant, prompt à croître et à se répandre à l'entour, avec une ample capacité à se jeter au devant des autres et à s'y tenir attaché, à cause de la faculté qu'a l'eau de s'unir et de s'associer aux autres choses[40a] : car elle étend sa nappe sur toutes choses, et, quand elle est abondante, elle les dissout en elle-même en les enveloppant, quand elle est en petite quantité et s'est enfoncée dans l'objet[40b], elle devient cela même à quoi elle s'est mêlée. Quant aux corps, à cause de leur aquosité[41] et flaccidité[42], on ne peut les amener à se tenir compacts[43], mais, à la moindre occasion de maladie[44], ils se dissolvent et dégénèrent peu à peu de leur principe interne de cohésion. **17** S'il y a eu surabondance de l'élément terreux, alors l'âme de l'être vivant devient obtuse, parce que, les organes des sens s'étant épaissis, elle ne trouve pas

« Τί δέ ἐστιν », Ὧρος εἶπε, « τὸ φύραμα τοῦτο, ὦ τεκοῦσα ; »

« Σύνοδός ἐστι καὶ κρᾶσις τῶν τεσσάρων στοιχείων, ἐξ ἧς κράσεως καὶ συνόδου ἀναθυμιᾶταί τις ἀτμός, ὃς περιειλεῖται μὲν τῇ ψυχῇ, διατρέχει δὲ ἐν σώματι, ἀμφοτέροις μεταδιδούς, τουτέστι τῷ σώματι καὶ τῇ ψυχῇ, τῆς ἰδίας ποιότητος· καὶ οὕτως αἱ διαφοραὶ τῶν ψυχικῶν καὶ τῶν σωματικῶν ἐναλλοιώσεων γίνονται. **14** εἰ μὲν γὰρ κατὰ τὴν σωματικὴν διάπηξιν πλεονάσειε τὸ πῦρ, τὸ τηνικαῦτα ἡ ψυχὴ θερμὴ τὴν φύσιν ὑπάρχουσα καὶ ἕτερον θερμὸν προσλαβοῦσα, ἐκπυρωδεστέρα γεναμένη, ποιεῖ τὸ ζῷον ἐνεργότερον καὶ θυμικόν, τὸ δὲ σῶμα ὀξὺ καὶ εὐκίνητον· **15** εἰ δὲ πλεονάσειεν ὁ ἀήρ, τὸ τηνικαῦτα καὶ κοῦφον καὶ πηδητικὸν καὶ ἀνέδραστον γίνεται τὸ ζῷον καὶ ψυχῇ καὶ σώματι. **16** εἰ δὲ τὸ ὕδωρ πλεονάσειε, τὸ τηνικαῦτα καὶ τὸ ζῷον τῇ μὲν ψυχῇ γίγνεται εὔρουν τε καὶ εὐφυὲς καὶ εὐπερίχυτον ἱκανῶς τε τοῖς ἄλλοις ἐπιπεσεῖν καὶ κολληθῆναι δυνάμενον, διὰ τὸ πρὸς τὰ ἄλλα ἑνωτικὸν καὶ κοινωνικὸν τοῦ ὕδατος· ἐφιζάνει γὰρ πᾶσι, καὶ πολὺ μὲν ὂν εἰς ἑαυτὸ ἀναλύει καὶ περιλαμβάνει, ὀλίγον δ' ὑπάρχον καὶ καταδῦσαν, ἐκεῖνο γίγνεται ᾧ ἐμίγη. τὰ μέντοι σώματα ὑπὸ πλαδαρότητος καὶ χαυνότητος εἰς περίσφιγξιν οὐκ ἄγεται, ἀλλὰ μικρᾷ τινι νόσου ἀφορμῇ λύεται καὶ τοῦ ἰδίου συνδέσμου κατ' ὀλίγον ἐκπίπτει. **17** εἰ δὲ τὸ γεῶδες πλεονάσειε, τὸ τηνικαῦτα ἀμβλεῖα μὲν τοῦ ζῴου ἡ ψυχὴ γίνεται, οὐκ ἔχουσα τὴν σωματικὴν ἀραιότητα

---

1 τοῦτο ὦ P : τοῦτ' οὖν F || 4-5 ὃς περιειλεῖται P² : ὡσπερεί· εἰλεῖται F ὥσπερὰ εἰλεῖται P || 5 ante σώματι add· τῷ Waschsmuth || 6 τουτέστι... ψυχῇ secl. Meineke || 8 τῶν om. F || 11 γεναμένη FP : γενομένη Canter (v. ad 57.7) || 12 ἐνεργότερον P² : ἐπεργότερον FP — καὶ θυμικόν om. P || 16 εὔρουν Meineke : εὔχρουν FP — τε om. P || 19 καὶ κοινωνικὸν om. P || 20 ἑαυτὸ P² : ἑαυτὸν FP || 21 καταδῦσαν FP (cf. n. 40 *b*) : καταδύν Scott ' an καταδεῦσαν ? ' Theiler || 23 οὐκ P² : οὖν FP || 25 τὸ Wachsmuth : τοῦ FP.

les pores du corps bien dégagés et qu'elle n'a pas d'espace à travers lequel s'élancer[45], mais elle demeure au dedans du corps isolée en elle-même, entravée par le poids et la densité de la masse; quant au corps, il est ferme sans doute, mais inerte et pesant, et ne se déplace que contre son gré sous l'impulsion du vouloir[46]. **18** Si enfin la condition[46 a] de tous les éléments dans le corps a été bien proportionnée, alors l'être vivant est équipé de manière à être chaud quant à l'action, léger quant au mouvement, bien tempéré quant à la jointure des membres[46 b], ferme quant à la cohésion[47].

19 Dès lors, en raison de ce plan[48], tous les êtres qui ont reçu en partage une plus grande quantité de feu et d'air sont devenus oiseaux[49], et ils élisent domicile[50] en haut, près des éléments mêmes d'où ils sont sortis. **20** Ceux qui ont reçu beaucoup de feu, peu d'air, une égale quantité d'eau et de terre, sont devenus hommes, et, dans cet être vivant, l'excès de chaud s'est converti en intelligence : en effet l'intellect en nous est quelque chose de chaud, qui ne peut consumer, mais qui s'insinue en tout et qui préside sur tout[51]. **21** Ceux qui ont reçu beaucoup d'eau, beaucoup de terre, une quantité moyenne d'air, et enfin[52] peu de feu, sont devenus quadrupèdes[53]; par la présence en eux de chaud, ils sont nés plus pugnaces que les autres animaux[54]. **22** Ceux qui ont reçu une part égale de terre et d'eau[55] sont devenus reptiles; privés de feu, ils manquent d'audace et ne sont pas francs d'allure; la part qu'ils ont reçue d'eau les a rendus froids, celle de terre lourds et engourdis, celle d'air agiles, quand ils ont décidé de se mouvoir[56]. **23** Ceux qui ont reçu beaucoup d'humide, peu de sec, sont devenus poissons; privés de chaud et d'air, ils sont timides eux aussi; l'excès de l'humide et la présence

εὔλυτον οὐδὲ τὸ δι' οὗ πηδήσεται, πεπαχυμμένων τῶν αἰσθητικῶν μερῶν, ἀλλὰ ἔνδον μένει παρ' ἑαυτῇ ὑπὸ βάρους καὶ πυκνότητος πεδηθεῖσα, τὸ δὲ σῶμα στερεὸν μέν, ἀλλὰ ἀργὸν καὶ βαρὺ καὶ μετὰ βίας ὑπὸ τῆς προαιρέσεως μετακινούμενον. **18** εἰ δὲ σύμμετρος γένοιτο ἡ πάντων στάσις, τότε τὸ ζῷον θερμὸν εἰς πρᾶξιν, κοῦφον δὲ εἰς κίνησιν, εὔκρατον δὲ εἰς ἁφήν, γενναῖον δὲ εἰς πῆξιν κατασκευάζεται.

19 ὅσα οὖν τῷδε τῷ λόγῳ κεκοινώνηκε πλείονος μὲν πυρὸς καὶ πνεύματος, ταῦτα ἀπωρνέωται καὶ ἄνω παρ' ἐκείνοις πολιτεύεται τοῖς στοιχείοις, ἐξ ὧν καὶ ἐγένετο. **20** ὅσα δὲ πλείονος μὲν πυρός, ὀλίγου δὲ πνεύματος, ὕδατος δὲ καὶ γῆς ἴσης, ταῦτα ἀπηνθρώπισται. καὶ τῷ ζῴῳ τὸ περισσὸν τοῦ θερμοῦ εἰς σύνεσιν ἐτράπη· ὁ γὰρ ἐν ἡμῖν νοῦς θερμόν τι χρῆμά ἐστιν, ὃ καίειν μὲν οὐκ οἶδε, διαδύνει δὲ κατὰ πάντων καὶ ἐφίσταται. **21** ὅσα δὲ πλείονος μὲν ὕδατος, πλείονος δὲ γῆς, μετρίου δὲ πνεύματος, καὶ ὀλίγου δὲ πυρός, ταῦτα τεθηρίωται, τῇ δὲ τοῦ θερμοῦ παρουσίᾳ ἀλκιμώτερα γέγονε τῶν ἄλλων. **22** ὅσα δὲ γῆς καὶ ὕδατος ἴσων κεκοινώνηκε, ταῦτα ἀφηρπέτωται καὶ τῇ τοῦ πυρὸς στερήσει ἄτολμα γέγονε καὶ ἀπαρρησίαστα, τῇ δὲ τοῦ ὕδατος κοινωνίᾳ ψυχρὰ ἐγένετο, τῇ δὲ τῆς γῆς βαρέα καὶ νωθρά, τῇ δὲ τοῦ πνεύματος εὐκίνητα, εἰ ⟨ἐν⟩ προαιρέσει τὸ κινεῖσθαι. **23** ὅσα δὲ πλείονος μὲν ὑγροῦ, ὀλίγου δὲ ξηροῦ, ταῦτα ἀπιχθύωται καὶ τῇ μὲν τοῦ θερμοῦ καὶ ἀέρος στερήσει δειλά ἐστι καὶ αὐτά, τῇ δὲ τοῦ

---

1 πεπαχυμμένων Wachsmuth : πεπαχυμένων FP πεπαχυσμένων Scott || 2 μερῶν Usener: μελῶν FP || 5 στάσις FP : σύστασις Meineke || 7 δὲ εἰς πῆξιν P[2] : διαθῆξιν FP || 12 ἀπηνθρώπωται Meineke || 15 ἐφίσταται scripsi (cf. 57-24) : ἐπίσταται FP (quo seruato, διαδύνειν Heeren) || 17 καὶ secl. Wachsmuth — ταῦτα τεθηρίωται FP[2] : ταῦτε θηρίωται P ταῦτ' ἀποτεθηρίωται Meineke (uix necessarium, cf. Ulixis comites τεθηριωμέ[νοι], *IG.* XIV 1291, Philod. *de piet.* 144 Gomp.) || 18 παρουσίᾳ Scott (cf. 87.1): περιουσίᾳ FP || 19 ἀφηρπέτωται Wachsmuth: ἐφειρπώθη FP || 23 ἐν ins. Meineke || 25 αὐτά Usener : ἄδυτα FP ἀδύνατα Meineke.

en eux de l'élément terreux les font habiter dans un mélange de terre dissoute et d'eau à cause de leur affinité avec ces éléments.

24 En outre, c'est en proportion de la part qu'ils ont de chaque élément et de l'amplitude de cette part que les corps atteignent aussi leur stature [57] ; et c'est en proportion de leur faible mesure d'éléments que les autres animaux ont été mesurés quant à leur taille, eu égard à l'action qui est appropriée à chacun des éléments [58].

25 Et voici encore, mon enfant bien aimé, ce que je dis : tant que le mélange qui s'est formé d'une telle combinaison [59] des éléments selon leur assemblage originel et que la vapeur qui s'exhale de cette combinaison conservent leur individualité particulière [60], en sorte que le chaud ne reçoive par surcroît de chaud et [60a] l'élément aérien surcroît de souffle, ni l'humide surcroît d'humidité, ni le terreux surcroît de densité, alors l'être vivant est en santé. En effet, mon enfant, quand ces éléments ne s'en tiennent pas ainsi aux mesures qu'ils ont reçues à l'origine [61], mais que ou bien ils excèdent ⟨ou bien ils sont en défaut⟩, — je ne parle pas ici d'une action exercée par l'élément selon son amplitude, ni des variations de croissance qui se produisent dans l'espèce et les corps individuels [62], mais du mélange formé, nous l'avons dit, de la combinaison première des éléments, — en sorte que le chaud soit allé en augmentant ou en diminuant et de même pour les autres éléments, alors, dans ces conditions [63], l'être vivant est malade. **26** Quand en effet le chaud et l'élément aérien, ces éléments, dis-je, qui sont les compagnons inséparables de l'âme [64], ont été disposés de la sorte, alors l'être vivant se livre à des paroles sans suite [65], en proie à des crises de délire, car il y a eu épaississement [66] des éléments, raison pour laquelle le corps est endommagé. **27** Car le terreux, quant à lui, constitue la charpente du corps, l'humide est l'élément fluide répandu

ὑγροῦ περιουσίᾳ καὶ τῇ τοῦ γεώδους παρουσίᾳ ἐν λελυμένῃ γῇ καὶ ὕδατι διὰ τὸ συγγενὲς κατοικεῖ.

24 καὶ πρὸς μὲν τὴν τοῦ ἑκάστου στοιχείου μοῖραν καὶ τῆς μοίρας τὴν περιοχὴν καὶ τὰ σώματα ἡλικιάζεται· καὶ πρὸς τὴν ὀλιγομετρίαν τὰ λοιπὰ ζῷα μεμετροποίηται, πρὸς ἐνέργειαν τὴν ἑκάστῳ τῶν στοιχείων οὖσαν μετρίαν.

25 καὶ ἔτι, ὦ παῖ περιπόθητε, λέγω ὅτι ἐκ ταύτης τῆς οὕτω συστάσεως ἡ κατὰ τὴν πρώτην σύνοδον γενομένη κρᾶσις καὶ ὁ ἐκ ταύτης ἀναθυμιώμενος ἀτμὸς ἐφ' ὅσον τὴν ἰδίαν τηροῦσιν ἰδιότητα, ὥστε τὸ μὲν θερμὸν ἕτερον μὴ λαβεῖν θερμὸν καὶ τὸ ἀερῶδες πνεῦμα ἕτερον, μηδὲ τὸ ὑγρὸν ἑτέραν ὑγρασίαν, μηδὲ τὸ γεῶδες ἑτέραν πυκνότητα, τὸ τηνικαῦτα τὸ ζῷον ὑγιαίνει. ἐπὰν γὰρ μὴ οὕτως μένῃ, ὦ τέκνον, ἐφ' οἷς ἔσχεν ἐξ ἀρχῆς μέτροις, ἀλλ' ἤτοι πλεονάσῃ ταῦτα ⟨ἢ ἐλαττωθῇ⟩, οὐκ ἐνεργείᾳ λέγω κατὰ περιοχὴν οὐδὲ τῇ κατ' αὔξησιν γινομένῃ μεταβολῇ τοῦ γένους καὶ τῶν σωμάτων, ἀλλὰ τῇ ὡς προέφημεν συστατικῇ τῶν στοιχείων κράσει, ὥστε τὸ μὲν θερμὸν ἐπὶ πλέον αὐξηθῆναι ἢ ἐπὶ πλέον ἐλαττωθῆναι, τὰ δὲ ἄλλα ὁμοίως, ⟨τὸ⟩ τηνικαῦτα οὕτως νοσεῖ τὸ ζῷον. **26** ἐπὰν γὰρ οὕτως διατεθῇ τό τε θερμὸν καὶ τὸ ἀερῶδες, ἃ δὴ σύσκηνά ἐστι τῆς ψυχῆς, τότε ἐν ἀλληγορίαις καὶ ἐκστάσεσι γίγνεται τὸ ζῷον· πεπύκνωται γὰρ τὰ στοιχεῖα, δι' ὧν διαφθείρεται τὰ σώματα. **27** αὐτὸ μὲν γὰρ τὸ γεῶδές ἐστιν ἡ τοῦ σώματος πῆξις, τὸ δὲ ὑγρὸν ἡ ἐν τούτῳ ἐστὶν

---

1 παρουσίᾳ Wachsmuth : περιουσίᾳ FP ut uid. || 3 καὶ πρὸς μὲν FP : 'an πρὸς μέντοι?' Theiler || 6 οὖσαν μετρίαν Theiler : οὐσιομετρίαν P οὐσιομετρίας F || 8 ἡ F : ἢ P || 11 καὶ FP : μηδὲ Meineke (u. p. 95, n. 60 *a*) || 12 ὑγρασίαν P² : ἐργασίαν FP || 14 ἔσχεν om. F || 15 ἢ ἐλαττωθῇ ins. Scott — ἐνεργείᾳ λέγω Canter : ἐνεργεῖ ἀλλ' ἐγὼ FP || 16 ante κατὰ add. τῇ Meineke || 17 προέφημεν FP : προέφαμεν Patr. (cf. Intr., p. VIII, n. 2) || 20 τὸ ins. Meineke (cf. 85.9 s., 13, 15 s., 25, 87.13) — οὕτως secl. Meineke — νοσεῖ P² : νοεῖ FP || 23-24 δι' ὧν FP : an δι' οὗ? || 25 δὲ Meineke : γὰρ FP. an δ' ἄρ'?

dans le corps de manière à ce que les jointures soient bien ajustées, l'aérien est ce qui en nous cause le mouvement, et, tout cet ensemble, c'est le feu qui l'excite à agir[66 a]. 28 Bref, c'est comme si le souffle chaud — ou peut-être faut-il dire effervescence et exhalaison — issu de l'assemblage et du mélange originels des éléments, c'est comme si ce souffle, quel qu'il soit, s'était mêlé à l'âme qu'il se l'assimile à lui-même, en quelque état naturel qu'il se trouve, bon ou mauvais[67]. 29 En effet, tant que l'âme s'en tient à la convenance et à l'accointance qu'elle a dès le principe avec ce souffle, elle se maintient en bon ordre ; mais, s'il vient à s'ajouter de l'extérieur, soit à l'ensemble de la combinaison, soit à plusieurs ou à l'une de ses parties, une portion d'élément plus grande que celle qui avait été établie d'abord[68], alors le souffle chaud, subissant de ce fait une altération, altère à son tour la disposition ou de l'âme ou celle du corps. 30 Le feu et l'air[69], éléments tendant vers le haut, courent en haut vers l'âme, dont le lieu naturel est pareil au leur, l'humide et le terreux, éléments tendant vers le bas, s'appesantissent sur le corps, qui a pareil lieu de séjour[70] ».

εἰς συμπαγίαν περίχυσις, τὸ δὲ ἀερῶδές ἐστι τὸ ἐν ἡμῖν κινητικόν, καὶ τούτων πάντων διεγερτικὸν τὸ πῦρ. **28** ὥσπερ οὖν ὁ ἐκ τῆς πρώτης συνόδου καὶ κράσεως τῶν στοιχείων γιγνόμενος ἀτμὸς καὶ ὡσανεὶ ἔξαψις καὶ ἀναθυμίασις, ὁποῖος ἐὰν ᾖ, παραμιγεὶς τῇ ψυχῇ ἄγει αὐτὴν εἰς ἑαυτὸν ὡς ἂν ἔχῃ φύσεως, εἴτε σπουδαίως εἴτε μή. **29** τῇ γὰρ ἐξ ἀρχῆς πρὸς αὐτὸν οἰκειότητι καὶ συντροφίᾳ ἐπιμένουσα ἡ ψυχὴ τὴν τάξιν διατηρεῖ. ὅταν δὲ ἐπιπροσγένηται ἤτοι τῷ ὅλῳ συγκράματι ἢ καὶ μέρεσιν ἢ μέρει αὐτοῦ ἔξωθέν τις πλείω μοῖρα τοῦ προκαταβεβλημένου, τότε καὶ ὁ ἐντεῦθεν μεταλλοιούμενος ἀτμὸς μεταλλοιοῖ ἤτοι τὴν τῆς ψυχῆς διάθεσιν ἢ τὴν τοῦ σώματος. **30** τὸ γὰρ πῦρ καὶ τὸ πνεῦμα, ἀνωφερῆ ὄντα, ἐπὶ τὴν ψυχήν, ὁμοιόχωρον αὐτοῖς ὑπάρχουσαν, ἀνατρέχει· τὸ δὲ ὑγρὸν καὶ τὸ γεῶδες, κατωφερῆ ὄντα, τῷ σώματι, ὁμοιέδρῳ ὄντι, ἐφιζάνει.

---

1 δὲ Meineke : γὰρ FP || 2 διεγερτικὸν F : διενεργητικὸν P, fort. praeferendum || 3 ὥσπερ οὖν FP : τοιγαροῦν Usener (u. p. 96, n. 67) || 5 ὁποῖος ἐὰν ᾖ secl. Wachsmuth — ἐὰν FP : ἂν Heeren (v. p. 96, n. 67) — αὐτὴν Meineke : ἑαυτὴν FP || 6 σπουδαίως Usener : σπουδαῖος FP σπουδαίας Aug. || 7 οἰκειότητι P : ἰδιότητι F || 10 πλείω FP : πλείων Canter (u. Intr., p. VIII, n. 2) — τότε Meineke : τὲ FP || 15 ὁμοιέδρῳ ὄντι P[2] : ἐμῶεδρόοντι FP.

NOTES

1. Ce titre paraît avoir été surajouté (cf. n. cr. *ad* 12.10). Au surplus, il ne convient qu'en partie, puisqu'il n'est pas question de la métempsycose.

2. ζῶναι : cf. C. H. I, 25 (15.16 ss.) ; Vett. Val. (IIe s. ap. J.-C.), index II, p. 379 Kr. ; Diog. Oen. (m. date) 8. ζώνη = sphère planétaire dérive sans doute de ζώνη = zone de la sphère terrestre, usuel depuis les Stoïciens, cf. L. S. J., s. v. III, 2 a. — στερέωμα est biblique (*Gen.* 1, 6 etc.). On n'en cite pas d'exemple, à ma connaissance, en dehors des LXX et des écrivains qui en dépendent, v. gr. Phil., *de op. m.* 36 (I, 11.8, 12 C.-W. : voir la note *ad. loc.*), sauf la fameuse *defixio* de Carthage (Audollent 242, 8 : IIIe s. ap. J.-C.). Dans Aet. II, 25, 9 (356 a 7 Diels) στερέωμα διάπυρον (la lune) = « corps solide enflammé » (erreur sur ce point dans Sophoclès). La mention de στερεώματα ici est à joindre aux traits judaïques dans l'hermétisme (sur quoi cf. C. H. Dodd, *The Bible and the Greeks*). — πτυχαί est poétique, Eur. *Or.* 1631, *Hel.* 44, *Phoen.* 84.

3. μὲν οὖν (80.11) : transition de la répartition générale des âmes dans le cosmos au thème de l'incarnation objet propre du traité. Pour tout ce qui suit, cp. Plat. *Lois* X, 903 b ss. et J. Kroll, *Lehren* pp. 269 ss. — Pour καταπέμπεσθαι 80.12, 13, cf. Exc. XXIV, n. 10 *a*.

4. πλὴν εἰ μή : cf. 70.20 et la note 22 *ad loc.*

5. Complété *exempli gratia* : ἐὰν ἀμείνω γένωνται μετατίθησι (ou μετακομίζει), coll. Plat. *Lois* X 903 d 6 μετατιθέναι τὸ μὲν ἄμεινον γιγνόμενον ἦθος εἰς βελτίω τόπον, 904 e 1 : l'âme vertueuse μετέβαλεν τόπον ..., μετακομισθεῖσα εἰς ἀμείνω τινὰ τόπον ἕτερον.

6. Platon (*Lois* X 903 b 7) avait déjà parlé d'ἄρχοντες divins chargés de réaliser en toutes choses les desseins de la Providence : τούτοις δ' εἰσὶν ἄρχοντες προστεταγμένοι ἑκάστοις ἐπὶ τὸ σμικρότατον ἀεὶ πάθης καὶ πράξεως, εἰς μερισμὸν τὸν ἔσχατον ⟨τὸ⟩ τέλος ἀπειργασμένοι. Deux ἡγεμόνες aussi *Phéd.* 107 e 1, 3.

7. ψυχοταμίας est un hapax. Scott (III, p. 601) cite Diog. La. VIII, 31 où Hermès est dit ταμίας τῶν ψυχῶν καὶ διὰ τοῦτο πομπαῖος. Cp. Tert. *de an.* 53, 6 *de ipsius statim* angeli *facie*, evocatoris animarum, Mercurii *poetarum*. La notion d'H. psychopompe est banale, cf. Waszink, pp. 546-547. [Cf. aussi Synes., *Hymn.* I 35 ss. et Theiler, *Die Chaldäischen Orakel u. die Hymnen des Synesios* (Schr. d. Königsb. Gesellsch. XVIII 1), 1942, p. 35. W. Th.].

8. Complété *exempli gratia* : cf. n. cr.

9. τηρεῖ (81.5). Cf. Osiris ἐπόπτης 20.20, Sarapis φύλαξ p. 46, n. 224.

10. τῷ οὖν λόγῳ τούτῳ (81.6) : cf. 86.8 ὅσα οὖν τῷδε τῷ λόγῳ.

11. ἐξαλλαγή = « variété » : cf. ἡ τῶν κρεῶν ἐξαλλαγή Ath. I 25 *e*, αἱ ... τῶν τρόπων ἐξαλλαγαί Cl. Al. *Strom.* VI 15, 129, 2, ταῦτα (des mets) τοῖσ ἡδύσμασιν ἐξαλλάσσοντες Id. *Paed.* II, 1, 3, 2. Cette variété est celle des régions célestes où les âmes montent et descendent.

12. σκηνοποιός est inusité en ce sens, mais σκῆνος, comme ἀγγεῖον désignent souvent, à cette époque, le corps : pour σκῆνος, cf. *supra* Exc. V 4, C. H. XIII 12 (205.10), 15 (206.19) et t. II, p. 214, n. 53 ; pour ἀγγεῖον, Exc. IX 1 (ἀγγ. γενέσεως), Tert. *de an.* 40, 2 corps *calix* (cf. Waszink, pp. 451-452), M. Aur. III 3, 6 λατρεύων τοσούτῳ χείρονι τῷ ἀγγείῳ, XII, 2, 1 ὁ θεὸς πάντα τὰ ἡγεμονικὰ γυμνὰ τῶν ὑλικῶν ἀγγείων ... ὁρᾷ, VIII, 27 (ἀγγεῖον Valckenaer : αἴτιον codd.). Dans Jamblique, Π. ψυχῆς ap. Stob., I, p. 385.5 W., il faut évidemment lire τοῦ (P) ἀγγειώδους (ἀγγελιώδους FP edd.). Cf. σκεῦος chez S. Paul, *2 Cor.* 4, 7, *1 Thess.* 4, 4, et Hermas, *Mand.* V, 1, 2. [Pour πλάστρια, cf. Ps. Jambl. *Theol. Arithm.* 5, p. 4.10 de Falco. A. D. N.].

13. « varie » traduit le supplément conjectural ἐξαλλάσσει, voir n. cr.

14. περικρατῇ (81.11). Cf. *supra* 18.4, 53.26 (περικρατεῖν ἔχει repris par μεμνημένη 54.2).

15. Pour l'excellente correction γιγνομένου (Theiler), cp. le cas d'ἐχαρισάμην *supra* 7.4 (probablement abréviation mal comprise). Ce « mélange produit en haut » est sans doute le κρᾶμα qui a servi pour la création des âmes (XXIII 14-16). Pour φύραμα, cf. 55.4, 84.22, 85.1. — *Aliter* Ferguson (IV, p. 473), l'ἄνω φύραμα serait probablement le mélange formé par le véhicule pneumatique et l'âme irrationnelle, mélange produit par les sphères célestes et destiné à se dissoudre de nouveau en elles, cf. Procl. *in Tim.*, III, p. 234.18.

15 *a*. δόλια (81.18) : ce sont les reptiles qui sont dits ἀπαρρησίαστα 86.20 s. On ne peut guère traduire « corps rusés » (Ménard).

16. Sur ce passage de caractère finaliste, cf. Reinhardt, *Poseidonios*, pp. 388 ss., Scott, III, pp. 603 ss.

16 *a*. εὐχύτοις : cf. εὐπερίχυτον 85.17 ; εὐυποχώρητος est un hapax.

17. Cf. Exc. XXIV 9, 55.5 ss.

18. τῇ τοῦ θανάτου εὐλαβείᾳ (82.5) : cf. Plat. *Lois* VII 815 a 1 ss. : la branche guerrière de la danse (la pyrrhique) τάς τε εὐλαβείας πασῶν πληγῶν καὶ βολῶν ἐκνεύσεσι καὶ ὑπείξει πάσῃ καὶ ἐκπηδήσεσιν ἐν ὕψει καὶ ταπεινώσει μιμουμένη = « en imitant les mouvements par lesquels on se précautionne contre tous coups partis de près ou de loin en se détournant, se courbant, sautant en l'air ou se collant à terre ».

19. Cf. Arist. *H. A.* 530 b 8. L'idée est que écailles et piquants rendent le poisson insaisissable et lui permettent ainsi de fuir.

20. Ou « comme » (ὅπῃ).

21. Cp. *Jérémie* 15, 12 καὶ περιβόλαιον χαλκοῦν ἡ ἰσχύς σου.

22. σκεπαστήριον (82.11) : cf. Phil. *de op. m.* 84 (I, 29.15 ss.) θρεμμάτων ἔστιν ὅτε πλήθη μυρία πρὸς ἀνδρὸς ἑνὸς ἄγεται τοῦ τυχόντος οὔθ' ὁπλοφοροῦντος οὔτε σίδηρον οὐδέ τι τῶν ἀμυντηρίων ἐπιφερομένου, διφθέραν δ' αὐτὸ μόνον ἔχοντος σκεπαστήριον.

22 *a*. Sc. la force qu'on exerce à leur égard, cf. l. 24.

23. Sc. de vivre en tout autre élément que l'eau.

23 *a*. Sc. désobéir à la raison, comme l'a bien vu Scott.

24. Cf. l. 14 εἰς δὲ πτηνὰ τὰς ἀπανθρώπους.

25. Cette formule de transition τὰ μὲν περὶ ... τοσαῦτα· συμβαίνει δέ est classique depuis Aristote, cf. v. gr. *Meteor.* II, 1, 354 a 32 ss. ὅτι μὲν οὖν ... τοιαῦτα καὶ τοσαῦθ' ἡμῖν εἰρήσθω· περὶ δὲ κτλ.

26. En fait, comme le remarque Scott (III, p. 606), il ne s'agira dans ce morceau (**8-11**) que des hommes, non des bêtes. Scott écrit donc εἴδει ⟨ἀνθρώπων⟩ et supprime καὶ ... προκειμένων (83.4). C'est peut-être exiger trop de logique de notre auteur.

27. ὁ πατὴρ πάντων (83.18). En C. H. I, 6 (8.19), πατὴρ θεός est le Noûs. En K. K. **42** (14.12), le Noûs est le Dieu suprême, mais en K. K. **26** (8.14 s.) Hermès est dit νοῦς ἱερὸς ἐμοῦ νοῦ.

28. Cf. Pietschmann, P. W., II, 1203 ; Reitzenstein, *Poimandres*, p. 135 ; Scott, III, p. 608.

28 *a*. ὁ Ἀσκληπιὸς Ἰμούθης codd. Rien à ajouter selon moi, cf. *Style*, pp. 54-55, 57.

29. Sur ces rangs des âmes, cf. J. Kroll, *Lehren*, p. 267 (à propos des βαθμοί de K. K.).

30. πυρὸς ἐργάται = forgerons (cf. Plat. *Prot.* 321 e 1 κλέψας τήν τε ἔμπυρον τέχνην τὴν τοῦ Ἡφαίστου, Ael. *N. A.* II, 31 οἱ χειρώνακτες οἱ ἔμπυροι), cp. θαλάττης ἐργάτης = pêcheur, Alciphr. I, 11. ἐργ. τροφῆς = cuisiniers, toujours attachés à leur fourneau. — ἐν ὑγροῖς διαζῶσιν = les marins (ἡ ὑγρά = la mer).

30 *a*. Cf. ma note sur la portée spirituelle du ῥέμβεσθαι dans *Ann. Ec. Pr. H. Études*, 1951/2 (Paris, 1951, pp. 3 ss.).

30 *b*. πηγή, πηγαί revient souvent chez Philon et dans les *Oracles Chaldaïques* (v. gr. p. 19 et n. 1, 23 Kroll) pour désigner le monde intelligible. Mais il s'agit plutôt ici des régions célestes d'où descendent et où remontent les âmes, avec leurs caractères déterminés en fonction de leurs lieux d'origine. *αἱ* οὐσίαι = donc non pas tant les « essences », au sens métaphysique et platonicien, que la « vraie réalité », la « substance réelle » de tout ce qui se produit ici-bas.

30 *c*. [Cf. Arist. π. ἀναπνοῆς, 480 a 21. W. Th.].

31. Cp. l'explication de K. K. **67** (21.21-24).

32. συσταθμίζω, συστάθμισις sont des termes alchimiques. Pour

l'influence de l'alchimie sur l'hermétisme, cf. *Pisciculi*, pp. 102 ss.

33. τοῦ φυράματος (84.22, cf. 81.12) : cf. Scott, III, p. 611 qui cite Phil., *de sacr. Abel.* 108 (I, p. 246.4) τὸ τοίνυν φύραμα κυρίως, εἰ χρὴ τἀληθὲς εἰπεῖν, ἡμεῖς ἐσμεν αὐτοί, συμπεφορημένων καὶ συγκεκριμένων πλειστῶν οὐσιῶν ἵνα ἀποτελεσθῶμεν· ψυχρὸν γὰρ θερμῷ καὶ ξηρὸν ὑγρῷ, δυνάμεις ἐναντίας, ἀναμίξας καὶ ἀνακερασάμενος ὁ ζωοπλάστης (cf. ἡ φύσις πλάστρια 81.7) ἓν ἐκ πασῶν ἕκαστον ἡμῶν ἀπειργάζετο συμφόρημα, ἀφ' οὗ καὶ φύραμα εἴρηται (voir aussi *de op. m.* 12, I, p. 12.1 s. ἀμφοτέρων τῶν στοιχείων ἀναδεδευμένων καὶ συγκεχυμένων τρόπον φυράματος εἰς μίαν ἀδιάκριτον καὶ ἄμορφον φύσιν), M. Aur. VII, 68, 1 τὰ μελύδρια τοῦ περιτεθραμμένου τούτου φυράματος.

34. Sur tout ce morceau, cf. Reinhardt, *Poseid.*, pp. 385-388 qui compare cette doctrine avec celle du dialogue anonyme *Hermippus*.

35. Sur cette ἀναθυμίασις (t. Stoïcien), cf. Scott, III, pp. 612-614. Cette vapeur forme l'enveloppe pneumatique de l'âme et se répand, en tant que souffle, à travers le corps. Sur ce point, cf. la doctrine des médecins pneumatiques, *Intr.*, pp. LXXXVII ss.

36. Scott suspecte à tort ἐναλλοιώσεων (85.8). Le corps est formé des quatre éléments et la prédominance de tel ou tel élément *modifie* le corps en telle ou en telle façon. Du mélange des quatre éléments dans le corps résulte une vapeur qui forme l'enveloppe pneumatique de l'âme ; dans cette vapeur elle-même prédomine l'un ou l'autre élément selon la composition du corps, et la qualité particulière (ἡ ἰδία ποιότης 85.7) de la vapeur *modifie* donc à son tour l'âme aussi.

37. διάπηξις est un hapax. διαπήγνυμι (moyen) = « ajuster les planches d'un radeau », Luc. *Dial. morts* (X) 12, 5 φησὶ γοῦν ὁ πορθμεὺς μὴ διαρκέσαι αὐτοῖς (sc. τοῖς νεκροῖς) τότε (après la bataille d'Issos : c'est Alexandre qui parle) τὸ σκάφος, ἀλλὰ σχεδίας πηξαμένους τοὺς πολλοὺς αὐτῶν διαπλεῦσαι.

38. ἐκπυρώδης est un hapax. Manque dans L. S. J.

39. Cf. le portrait d'Alexandre, *Dan.* 8, 5 καὶ ἰδοὺ τράγος αἰγῶν ἤρχετο ἀπὸ λιβὸς ἐπὶ πρόσωπον πάσης τῆς γῆς, καὶ οὐκ ἦν ἁπτόμενος τῆς γῆς et la magnifique paraphrase de Bossuet, *Or. fun. Louis de Bourbon*, p. 216, éd. Pléiade.

40. Non « nach oben schnellend mit der Seele wie mit dem Körper » (Reinhardt) : ce serait ἀναδραμόν.

40 *a*. [Cf. Phil., *de op. m.* 38 et 131. W. Th.].

40 *b*. καταδῦσαν 85-21 : cf. *Luc.* 4, 40 δύσαντος (D : δύναντος uel δύνοντος cet.) δὲ τοῦ ἡλίου, *Marc.* 1, 32 ὅτε ἔδυσεν ὁ ἥλιος.

41. ὑπὸ πλαδαρότητος (85.22) : cf. Hippocr. *Aër.* 10 (65.11 ss. Heib.) : quand le printemps a été pluvieux il y a des fièvres l'été : οὐ γὰρ οἷόν τε τοῦ ἦρος τοιουτέου ὄντος μὴ οὐ π λ α δ ᾶ ν τὸ σῶμα καὶ τὴν σάρκα, ὥστε τοὺς πυρετοὺς ἐμπίπτειν ὀξυτάτους ἅπασιν, *Liqu.* 1

(85.9 Heib.) σαρκῶν πλαδαρῶν ἐκχύμωσις, *V. M.* 15 (47.1 Heib.) humeur chaude et aqueuse (πλαδαρόν).

42. Cf. Arist. *Probl.* XXIII, 29, 934 b 9 διὰ τί αἱ κυματωδέστεραι γαῖ στερραὶ γίνονται πολλάκις οὕτως σφόδρα ὥσπερ ἠδαφισμέναι ; καὶ ἡ μὲν κυματώδης γῆ στερεά, ἡ δὲ ἄπωθεν χαῦνος (même opposition ici : χαυνότης 85.22 ~ τὸ δὲ σῶμα στερεόν 86.3).

43. περίσφιγξις : terme médical ainsi que περισφίγγεσθαι = « se contracter ».

44. νόσου ἀφορμή (85.23) : cf. Hippocr. *Decent.* 4 (26.28 Heib.) τὰς ἀφορμὰς δήλους ἐποίησεν, *Épid.* II, 1, 11 (V, 82 L.) τὰς ἀφορμάς, ὁπόθεν ἤρξατο κάμνειν, σκεπτέον.

45. Ou : « elle n'a pas de moyen de s'élancer ». Cf. Diog. La. VII, 52 αἴσθησις δὲ λέγεται κατὰ τοὺς Στωϊκοὺς τό τ' ἀφ' ἡγεμονικοῦ πνεῦμα ἐπὶ τὰς αἰσθήσεις διῆκον καὶ ἡ δι' αὐτῶν κατάληψις καὶ ἡ περὶ τὰ αἰσθητήρια κατασκευή, καθ' ἥν τινες πηροὶ γίνονται, Nemes., *de nat. hom.*, p. 77 οὕτως ὁρίζονται τὴν αἴσθησιν· πνεῦμα νοερὸν ἀπὸ τοῦ ἡγεμονικοῦ ἐπὶ τὰ ὄργανα τεταμένον, Aet. IV, 8, 1, p. 394 a 6 (avec la correction de Diels, *Dox.* p. 55). Pour qu'il y ait αἴσθησις, il faut deux conditions : *a*) que les organes des sens soient bien ouverts et non pas obtus (πηροί) ; *b*) que l'âme, ou son πνεῦμα, puisse circuler librement jusqu'aux ὄργανα. Quand le corps est trop terreux, d'une part les pores des sens sont bouchés (οὐκ ἔχουσα τὴν σωματικὴν ἀραιότητα εὔλυτον), d'autre part l'âme est resserrée dans un petit espace, son πνεῦμα ne peut circuler (οὐδὲ τὸ δι' οὗ πηδήσεται). Le texte est parfaitement correct (contre Scott).

46. προαίρεσις, mot originairement savant, disant plus que βούλησις (c'est le choix délibéré du vouloir), mais devenu ici, semble-t-il, un synonyme de ce dernier, cf. προαίρεσιν ἔχεις 18.21, εἰ ⟨ἐν⟩ προαιρέσει τὸ κινεῖσθαι 86.23.

46 *a*. στάσις « condition », cf. Pl. *Phèdre* 253 d 4 ὁ ... ἐν τῇ καλλίονι στάσει ὤν. Pour la doctrine, cp. Alcméon, fr. 4 D. τὴν δὲ ὑγείαν τὴν σύμμετρον τῶν ποιῶν κρᾶσιν. On pourrait même traduire « position », cf. § **30**, 88.12 ss.

46 *b*. Cf. 87.25 s. τὸ δὲ ὑγρὸν ἡ ἐν τούτῳ (le corps) ἐστὶν εἰς συμπαγίαν περίχυσις. Trop d'eau, et le corps se dissout (85.23 s.); pas assez, et l'articulation est raide. Pour ἁφή = *commissura*, cf. *Ind. Aristot.* 127 a 51.

47. La correction de P[2] est nécessaire, cf. § **27** (87.24 s.). γενναῖον = « ferme, solide » (ainsi Ferguson, III, p. 618 qui cite Arist. *H. A.* I, 1, 488 b 18 εὐγενὲς μὲν γάρ ἐστι τὸ ἐξ ἀγαθοῦ γενοῦς, γενναῖον δὲ τὸ μὴ ἐξιστάμενον ἐκ τῆς αὐτοῦ φύσεως, [Arist.] *Physiogn.* 5, 809 b 10 : les femelles ont la forme du corps plus charmante que solide, τὴν τοῦ σώματος ὅλην μορφὴν ἡδίω μάλιστ' ἂν ἢ γενναιοτέραν. Cp. *infra* 87.24 αὐτὸ ... τὸ γεῶδές ἐστιν ἡ τοῦ σώματος πῆξις.

48. Cf. 81.6 τῷ οὖν λόγῳ τούτῳ. Sur ce qui suit, cf. Reinhardt, *Poseid.*, p. 388.

49. ἀπορνεόω (86.9) et θηριόω (86.17) se rencontrent ailleurs, mais ἀπανθρωπίζω (86.12), ἀφερπετόω (corr. probable : 86.19) et ἀπιχθυόω (86.24) sont des hapax.

50. Cf. Exc. XXIII, n. 119, XXIV, n. 55.

51. C'est le πῦρ τεχνικόν des Stoïciens, cf. *St. V. Fr.*, I, n° 120 δύο γὰρ γένη πυρός, τὸ μὲν ἄτεχνον καὶ μεταβάλλον εἰς ἑαυτὸ τὴν τροφήν, τὸ δὲ αὐξητικόν τε καὶ τηρητικόν, οἷον ἐν τοῖς φυτοῖς ἐστι καὶ ζῴοις, ὃ δὴ φύσις ἐστὶ καὶ ψυχή, n° 504 (Cic. *n. d.* II, 41) *atqui hic noster ignis ... confector est et consumptor omnium ... contra ille corporeus vitalis et salutaris omnia conservat alit auget sustinet sensuque adficit*. Pour διαδύνει, cf. *St. V. Fr.*, II n° 1027 (Aet. I, 7, 33) οἱ Στωϊκοὶ νοερὸν θεὸν ἀποφαίνονται, πῦρ τεχνικόν, ... καὶ πνεῦμα διῆκον δι' ὅλου τοῦ κόσμου. [Voir aussi Plat. *Crat.* 413 c 3, rencontre d'ailleurs accidentelle. W. Th.].

52. καὶ ὀλίγου δὲ πυρός (86.17) : καί (à garder) introduit le dernier terme de la série, cf. Denniston, p. 202.

53. θηρία : quadrupèdes et poissons opposés aux hommes et oiseaux dans *h. hom. à Aphrod.* (I), 3-5 καί τ' ἐδαμάσσατο φῦλα καταθνητῶν ἀνθρώπων, | οἰωνούς τε διϊπετέας καὶ θηρία πάντα (sur terre et dans la mer) ; quadrupèdes opposés aux hommes, oiseaux (et poissons) Herod. III, 108 ὁ λαγὸς ὑπὸ παντὸς θηρεύεται θηρίου καὶ ὄρνιθος καὶ ἀνθρώπου.

54. Sc. dont il reste à parler, reptiles et poissons.

55. Ou « une part de terre et d'eau égale à celle du cas précédent » (sc. beaucoup de terre et beaucoup d'eau) : ainsi Scott (III, p. 622) qui, en conséquence, a préféré corriger ἴσων en πλείονος.

56. Cf. ll. 3-4 τὸ δὲ σῶμα... ἀργὸν καὶ βαρὺ καὶ μετὰ βίας ὑπὸ τῆς προαιρέσεως μετακινούμενον.

57. ἡλικιάζομαι est un hapax.

58. **24** et **25** marquent deux conséquences de cette théorie des mixtures, **24** concernant la taille des vivants, **25** l'influence du dosage des éléments sur la santé. Deux points concernent la taille : *a*) celle-ci est en proportion de la part de chaque élément et de son amplitude (περιοχή : litt. « ce qu'embrasse cette part dans le corps », cf. 87.16) ; *b*) la taille des autres animaux (= autres que les hommes, oiseaux, quadrupèdes, reptiles et poissons, donc les insectes et vermisseaux de toute sorte, ce que l'Exc. VI **15** nomme les παρακολουθήματα τῆς φύσεως) a été mesurée (μετροποιέω est un hapax) elle aussi en fonction de la mesure en eux des éléments, et comme cette mesure est faible (ὀλιγομετρία 87.5, hapax), la taille est petite, tout en étant « correspondante à l'action appropriée à chacun des éléments » (87.5 s. : οὖσαν μετρίαν, Th.). Mais, au vrai,

ce § **24** est très obscur. Sur les hapax de **19-24**, cf. Nock, *Wordcoinage in the Herm. Writ.*, p. 176.

59. Sur ce passage et le mot σύστασις, cf. Reinhardt, *Poseid.*, pp. 389-390. — Pour ἡ οὕτω (= τοιαύτη) σύστασις, cf. Blass-Debrunner, § 434, 1.

60. L'expression ἡ ἰδία ἰδιότης (87.10) paraît déjà Exc. XVI, **6** : cf. *Sap. Sal.* 2, 23 ὁ θεὸς ἔκτισεν τὸν ἄνθρωπον ἐπ' ἀφθαρσίᾳ, καὶ εἰκόνα τῆς ἰδίας ἰδιότητος ἐποίησεν αὐτόν.

60 *a*. Garder μὴ ... καὶ (μηδὲ Meineke) 87.11, μὴ gouvernant et le cas du chaud et celui de l'ἀερῶδες, cp. P. Heid. 6, 11 (IVe s.) cité Moulton-Milligan, *Voc. N. T.*, s. v. μή : ἵνα οὖν μὴ πολλὰ γράφω καὶ φλυαρήσω ..., παρακαλῶ οὐ καί, comme ici, équivaut à καὶ μὴ = μηδέ. Pour cette dernière équivalence, cf. Blass-Debrunner[6], § 445, 4 qui cite *Luc.* 18, 2 κρίτης τις ἦν ἔν τινι πόλει τὸν θεὸν μὴ φοβούμενος καὶ ἄνθρωπον μὴ ἐντρεπόμενος. Pour la suite μὴ λαβεῖν ... καὶ ... ἕτερον, μηδὲ ..., μηδὲ ..., cp. *Joh.* 5, 37-38 οὔτε φωνὴν αὐτοῦ ἀκηκόατε οὔτε εἶδος αὐτοῦ ἑωράκατε καὶ τὸν λόγον αὐτοῦ οὐκ ἔχετε ἐν ὑμῖν μένοντα. Ces exemples justifient la transposition proposée C. H. VII 3 (82.6, n. cr.) τὰ μὴ δοκοῦντα καὶ νομιζόμενα (τὰ δ. καὶ μὴ ν. codd.). Sur quoi cf. au surplus Phil. *de ebr.* 64 (II, p. 181.23 C.-W.) τὰ νομιζόμενα καὶ δοκοῦντα εἶναι δίκαια.

61. μένῃ ἐφ' οἷς κτλ. (87.14) : cf. 19.7 s. οὐκ ἐῶσί τε μένειν εἰς ὃ πέφυκα et *infra* 88.6-8 τῇ γὰρ ... συντροφίᾳ ἐπιμένουσα ἡ ψυχή.

62. Excès ou défaut peuvent se produire : *a*) quant au mélange originel (ἡ πρώτη σύνοδος 87.8) ; *b*) quant à l'amplitude (περιοχή) de l'élément, son développement plus ou moins grand dans le corps ; *c*) quant aux variations de taille, soit eu égard à l'espèce (telle espèce de chiens plus grande que telle autre), soit eu égard aux individus dans une même espèce. L'auteur rejette *b*) et *c*). L'addition τῇ (Meineke) en 87.16 paraît inutile : l'auteur reste dans l'indéfini.

63. οὕτως 87.20 apodictique, résumant ce qui a été dit dans la protase, cf. *Style*, p. 23-24 et K. K., n. 49.

64. σύσκηνα (87.22) : cf. le latin *contubernalis*, les vents συγγενεῖς de l'âme XXIII **36** (11.24) et cp. l'âme ὁμοιόχωρον αὐτοῖς (= le feu et l'air) 88.13.

65. ἀλληγορίαις = « Irrereden » (Reinhardt, p. 390). [Le mot paraît s'appliquer aux paroles proférées par les extatiques, cf. Firm. Mat. *Math.* III, 5, 30 (I, p. 138.14) *aliena verba proferre faciunt* et *Eg. des astr.*, p. 168, n. 3. C'est la glossolalie, cf. ἀλλογλωσσία = « un parler étranger ». F. C.]. [Voir aussi Cic. *ad Att.* II, 20, 3 (I, p. 251 Constans) *iam enim charta ipsa ne nos prodat pertimesco. Itaque posthac, si erunt mihi plura ad te scribenda,* ἀλληγορίαις *obscurabo*. A. M. D.].

66. πεπύκνωται (87.23) ne correspond qu'à la première cause de

maladie, l'excès dans la mesure de l'élément (ἐπὰν ... πλεονάσῃ 87.13-15, ἐπὶ πλέον αὐξηθῆναι 87.18 s.).

66 *a*. Cf. C. H. I 5 (8.7) κοῦφον δὲ ἦν (sc. τὸ πῦρ) καὶ ὀξύ, δραστικὸν δὲ ἅμα.

67. Construire ὥσπερ οὖν ... παραμιγείς (comme ὡς et le participe), cf. *Act. Ap.* 2, 2 καὶ ἐγένετο ἄφνω ἐκ τοῦ οὐρανοῦ ἦχος ὥσπερ φερομένης πνοῆς βιαίας. — ἐάν (= ἄν) après un relatif, fréquent à l'âge hellénistique : cf. L. S. J., s. v. ἐάν II, Moulton-Milligan, s. v. ἄν, Blass-Debrunner, § 107. — Il y a évidemment tautologie en ὁποῖος ἐὰν ᾖ et ὡς ἂν ἔχῃ φύσεως, mais notre auteur ne craint pas ces répétitions (cf. K. K., n. 52, τὴν ἰδίαν ἰδιότητα *supra* 87.10), peut-être pour imiter l'école (le maître répète), mais aussi parce que l'idée essentielle est ici que la qualité diverse de l'âme dépend de la nature diverse de l'ἀτμός.

68. Cf. Reinhardt, *Poseid.* pp. 389-390.

69. Il s'agit des portions d'éléments surajoutées de l'extérieur au mélange originel. Chaque couple d'éléments va rejoindre la partie congénère, selon la doctrine bien connue de l'ὅμοιον πρὸς τὸ ὅμοιον. Et, par suite de cet apport en excès, l'âme ou le corps sera malade. [Pour tout ce § 30, cp. M. Aur. XI, 10, 1-2. W. Th.].

70. ὁμοιόχωρος et ὁμοίεδρος sont des hapax.

FRAGMENTS XXVII-XXIX

XXVII

D'HERMÈS :
EXTRAIT DU DISCOURS D'ISIS A HORUS

Une réfutation, quand elle a été reconnue pour telle, très puissant roi, inspire à celui qui a été réfuté le désir de ce qu'il ignorait auparavant [1].

---

1. ἔλεγχος = « réfutation d'erreurs antérieurement admises ». Bref aphorisme (qu'on retrouve ailleurs, cf. Hense *ad* Stob., t. III, p. 467.12, n. cr.) résumant la méthode de l'ἔλεγχος usuelle dans les écoles depuis Socrate, v. gr. Plat. *Soph.* 230 b 4 ss., en particulier 230 c 7 ταὐτὸν καὶ περὶ ψυχῆς διενοήθησαν ἐκεῖνοι, μὴ πρότερον αὐτὴν ἕξειν τῶν προσφερομένων μαθημάτων ὄνησιν, πρὶν ἂν ἐλέγχων τις τὸν ἐλεγχόμενον εἰς αἰσχύνην καταστήσας, τὰς τοῖς μαθήμασιν ἐμποδίους δόξας ἐξελών, καθαρὸν ἀποφήνῃ. Il faut d'abord avoir été purgé de la fausse science qu'on possédait pour désirer la vraie : cette purge est l'ἔλεγχος (τὸν ἔλεγχον λεκτέον ὡς ἄρα μεγίστη καὶ κυριωτάτη τῶν καθάρσεών ἐστι *Soph.* 230 d 7). Comme souvent, l'aphorisme hermétique fait de ceci une banalité.

Excerptum XXVII.

Stobaeus 3. 13. 65, vol. iii, p. 467 Hense.

Ἑρμοῦ ἐκ τοῦ Ἴσιδος πρὸς Ὧρον

Ἔλεγχος γὰρ ἐπιγνωσθείς, ὦ μέγιστε βασιλεῦ, εἰς ἐπιθυμίαν φέρει τὸν ἐλεγχθέντα ὧν πρότερον οὐκ ᾔδει.

1 ecl. cum lemm. hab. LSMA. — ὧρον om. S || 2 ἐπιγνωσθεὶς LSM : ἐπιγνωθεὶς A || 3 ἐλεγχθέντα LSM : ἐλεχθέντα A[1] γ superscr. A[2].

XXVIII

Thalès, comme on lui demandait quel est le plus ancien des êtres, répondit : « Dieu, car c'est l'inengendré ».

Socrate, interrogé sur ce qu'est Dieu, dit : « L'immortel et l'éternel ».

Hermès, interrogé sur qu'est Dieu, dit : « Le Créateur de l'univers, l'Intellect parfaitement sage et éternel ».

Excerptum XXVIII.

Stobaeus I. I. 29a. vol. i, p. 34 Wachsmuth.

Θαλῆς ἐρωτηθείς, Τί πρεσβύτατον τῶν ὄντων; ἀπεκρίνατο· Θεός, ἀγέννητον γάρ.

Σωκράτης ἐρωτηθείς, Τί θεός; εἶπε· Τὸ ἀθάνατον καὶ ἀίδιον.

Ἑρμῆς ἐρωτηθείς, Τί θέος; εἶπεν· Ὁ τῶν ὅλων δημιουργός, σοφώτατος νοῦς καὶ ἀίδιος.

XXIX

D'HERMÈS [1]

Sept astres aux longues courses tournent en cercle au seuil de l'Olympe, avec eux le Temps infini poursuit éternellement sa marche : la Lune qui brille la nuit, le lugubre Kronos, le doux Soleil, la Paphienne qui apporte le lit nuptial, le fougueux Arès, Hermès aux ailes rapides, et Zeus, premier auteur de toutes les naissances, de qui la Nature est issue. Ces mêmes astres ont reçu en partage la race des hommes, et il y a en nous la Lune, Zeus, Arès, la Paphienne, Kronos, le Soleil, Hermès. Voilà pourquoi nou avons pour lot de tirer à nous, du souffle éthéré, larmes, rire, colère, génération, parole, sommeil, désir. Les larmes, c'est Kronos, la génération Zeus, la parole Hermès, la colère Arès, le sommeil la Lune, le désir la Cythéréenne, le rire le Soleil : car c'est par lui que rient, à juste titre, et toute intelligence mortelle et le monde sans limites.

1. L'apparat de cet Extrait a été rédigé par A. D. Nock. St. Weinstock *C. C. A. G.*, IX (Britannici), signale l'existence de ce texte dans trois manuscrits astrologiques, l'un d'Oxford (IX, 1, p. 83, f. 102v), les autres de Londres (IX, 2, p. 7, f. 74 ; p. 29, f. 29v), tous trois du xve siècle. Sur la doctrine, cf. F. Boll, *Kl. Schr.*, p. 199 s., qui indique les parallèles anciens (en part. Procl., *in Tim.*, III, p. 355. 11 ss. D., Isid., *de n. rer.*, c. 3) et les études modernes (en part. Roscher, *Hebdomadenlehren*, p. 173).

Excerptum XXIX.

Stobaeus I. 5. 14. vol. i, p. 77 Wachsmuth.

[Περὶ εἱμαρμένης·] Ἑρμοῦ.

Ἑπτὰ πολυπλανέες κατ' Ὀλύμπιον ἀστέρες οὐδὸν
εἱλεῦνται, μετὰ τοῖσιν ἀεὶ δ' ἐπινίσσεται αἰών·
νυκτιφανὴς Μήνη, στυγνὸς Κρόνος, Ἥλιος ἡδύς,
παστοφόρος Παφίη, θρασὺς Ἄρης, εὔπτερος Ἑρμῆς,
καὶ Ζεὺς ἀρχιγένεθλος, ἀφ' οὗ φύσις ἐβλάστησεν.
Οἱ δ' αὐτοὶ μερόπων ἔλαχον γένος, ἔστι δ' ἐν ἡμῖν
Μήνη, Ζεύς, Ἄρης, Παφίη, Κρόνος, Ἥλιος, Ἑρμῆς·
τοὔνεκ' ἀπ' αἰθερίου μεμερίσμεθα πνεύματος ἕλκειν
δάκρυ, γέλωτα, χόλον, γένεσιν, λόγον, ὕπνον, ὄρεξιν.
Δάκρυ μέν ἐστι Κρόνος, Ζεὺς ⟨δ'⟩ ἡ γένεσις, λόγος Ἑρμῆς,
θυμὸς Ἄρης, Μήνη δ' ἄρ' ὕπνος, Κυθέρεια δ' ὄρεξις,
Ἠέλιός τε γέλως· τούτῳ γὰρ ἅπασα δικαίως
καὶ θνητὴ διάνοια γελᾷ καὶ κόσμος ἀπείρων.

---

uersus 7 (ordine uerborum paulum mutato) et Theoni tribuitur (*A. P.* IX 491) et in Ps. Maneth. V 34 reperitur (cf. K. Ziegler, *Pauly-Wissowa* V A. 2080) : sane uersus ideo factus ut nomina stellarum memoria teneantur ; talia apud Ausonium (p. 97 ss. ed. Peiper) inuenias. carmen totum compluries in libris reperitur nomine seu nullo seu Empedoclis (E. Maass, *Commentariorum in Aratum reliquiae*, 100, 170 s. ; *Cat. codd. astr. gr.* III 5 cod. 5 cum eis quae ibi conferuntur, V iv 3). Theoni tribuit Planudis autographum, codex Marcianus graecus 48 (Stadtmueller ad *A. P.* IX 491): textus editionis Aldinae a Brunck, Jacobs (*Anthol.* (1814) II 768, Comm. (1801), II iii 196), Cougny (Anthol. III 315 no. 147, cf. 373) itera-

tus ut Anth. hic citatur. suppellectilem plenam lectionum quae prolatae sunt uariae nolui dare.

Siglo M indico libros Maassianos, Lat. uersionem latinam (Maass 171). [A. D. N.]

---

1 περὶ εἱμαρμένης del. Wachsmuth || 2 ἑπτὰ P : (ἑ)πτὰ F || 3 μετὰ τοῖσιν ἀεὶ δ' FP : καὶ τοῖσιν ἀεὶ Anth. μετὰ τοῖσι δ'ἀεὶ Jacobs — ἐπινίσσεται Meineke : ἐπινήσεται FP κανονίζεται Anth. M *uoluitur* Lat. περινίσσεται Jacobs || 4 νυκτιφανὴς (F) Ambros. I 202, N 234 : νυκτιφανεὶς P νυκτιφαὴς Anth. Maassiani cett. — στυγνὸς χρόνος M (nisi quod Ambros. I 202, N 234 στρυγνὸς) Anth. P² : νυκτὸς FP || 5 εὔπτερος M (nisi quod Paris. 3047 ἕσπερος habet) Anth. P² : εὔσπερος FP || 6 ἀρχιγένεθλος P²M (ut uid.) : ἀρχίγεθλος FP || 7 ἔλαχον γένος FP : γένος ἕλκουσ' Ambros. I 202, N 234, Paris. 1310, 2381 ἐλάουσι γένος Paris. 3047 Anth. || 9 τοὕνεκ' FP : οὕνεκ' Anth. || 10 χόλον F : χολὴν P Paris. 3047 Anth., fort. recte || 11 δ' ἡ Jacobs : δὴ M Anth. ἡ FP || 12 κυθέρεια Anth. (sic ut uid. M) : κυθαίρεια F κυθέρια P || 13 τε FP : δὲ Anth.

FRAGMENTS DIVERS

AVANT-PROPOS

Je remercie sincèrement l'*American Philosophical Society* d'un subside qui m'a permis de mener à bien l'édition de ces Fragments.

Je remercie également M. Bruno Snell et M. Hartmut Erbse qui m'ont permis de reproduire (*infra*, p. 147) un passage des Χρησμοί édités par M. Erbse dans les *Hamburger Arbeiten zur Altertumswissenschaft*.

J'ai renoncé à donner l'essai sur l'évolution générale de la littérature hermétique que j'avais promis t. I, p. VII s., en renvoyant aux travaux de mon collaborateur A. J. Festugière, *La Révélation d'Hermès Trismégiste*, I-IV, 1944-1954 et *L'Hermétisme*, *Bull. Soc. Roy. des Lettres de Lund*, 1947/8, p. 1-58[1].

A. D. N.

---

1. [Le P. Festugière tient à remercier M. Jean Bayet, qui a bien voulu revoir les fragments de Lactance et le R. P. F. Graffin, S. J., directeur de la *Patrologia Syriaca*, qui a pris la peine de traduire sur l'original syriaque le fragment de S. Ephrem (22) et le fragment inédit de Bar Hebraeus (22 *a*)].

1

Tertullianus, *De anima* 33, 2, p. 47,3 Waszink (Scott. IV, p. 5).

Quod et Mercurius Aegyptius nouit, dicens animam digressam a corpore non refundi in animam uniuersi, sed manere determinatam, uti rationem, inquit, patri reddat eorum quae in corpore gesserit.

2 in animam uniuersi *om. A(gobardinus).*

1

C'est ce que sait aussi Mercure l'Égyptien qui dit que l'âme, une fois sortie du corps, n'est pas reversée dans l'Ame du Tout, mais demeure individuellement distincte [1], pour rendre compte à son père de tout ce qu'elle a accompli quand elle était dans un corps [2].

1. Ou « séparée (ἀφωρισμένη) », comme Scott.

2. Cf. le commentaire de Waszink (Amsterdam, 1949), p. 395. Le parallèle le plus topique est Exc. XXV 3 (68.10 ss.) οὐ γὰρ ... ἀκρίτως καὶ ὁρμηδὸν τῶν σωμάτων προελθοῦσαι εἰς ἀέρα ἀναχύνονται (*refundi*) ... μετὰ τοῦ ἄλλου ἀπείρου πνεύματος, εἶτα οὐκέτι δύναται (Theiler : δύνασθαι FP. quo retento, οὐκ οἴεις ἔτι interrogationis modo Nock) πάλιν τὰς αὐτὰς οὔσας (*manere determinatam*) εἰς σώματα παλινδρομῆσαί κτλ. Pour le jugement de Dieu, cf. Exc. VII et les notes *ib.* [Pour l'Ame du Tout, cf. C. H. X 7, p. 116.7. Mais, probablement, Tertullien se réfère à un fragment indépendant, cf. Scott, IV, p. 5, n. 3. A. D. N.]

2

Ps. Cyprianus, *Quod idola dii non sint* 6, p. 24 Hartel [*C. S. E. L.* III, pars 1] (Scott, IV, p. 6).

Hermes quoque Trismegistus unum deum loquitur eumque inconprehensibilem adque inaestimabilem confitetur.

Test. 1-2. *Habent Augustin. « De bapt. » VI 44, 87 p. 340 Petschenig (C. S. E. L. LI)* et eum, *Ps. Maximus Taurinensis, « Contra paganos » (ed. A. Spagnolo-C. H. Turner, « J. T. S. », XVII, 1916, p. 331. 319-323 : de auctore, cf. B. Capelle, « R. Bén. », XXXIV, 1922, p. 81 ss.)* inuisibilem atque inconpraehensibilem.

2

Hermès Trismégiste aussi parle d'un seul Dieu, et il professe qu'on ne peut le comprendre ni l'évaluer [1].

---

1. [Cf. Bidez-Cumont, *Mages hellénisés*, II, p. 289 ss. Ferguson (IV, p. 474) voudrait voir ici un souvenir d'*Ascl.* 3 (298.19) et 31 (339.23 s.). J'y verrais plutôt un souvenir confus de Exc. I (utilisé au moins deux fois par Lactance ; trois fois si l'on y ajoute fr. 7) et du fr. 3 (qu'on trouve également chez Lactance) ; mais de telles formules ont pu se multiplier dans cette littérature. Voir H. Diller, *Philol.*, XC (1935), p. 111 s. ; B. Axelson, *Eranos*, XXXIX (1941), p. 67 ss., pour l'opinion que *Quod idola* emprunte à Lactance. Si, comme il est généralement admis, *Quod idola* est inauthentique, l'ouvrage n'est pas nécessairement dû à un Africain. A. D. N.].

3a

Lactantius, *Diu. inst.* I 6, 4 (Scott, IV, p. 9).

hic (*sc.* Trismegistus) scripsit libros et quidem multos ad cognitionem diuinarum rerum pertinentes, in quibus maiestatem summi ac singularis dei asserit isdemque nominibus appellat quibus nos dominum et patrem. ac ne quis nomen eius requireret, ἀνώνυμον esse dixit, eo quod nominis proprietate non egeat, ob ipsam scilicet unitatem. ipsius haec uerba sunt : ὁ δὲ θεὸς εἷς, ὁ δὲ εἷς ὀνόματος οὐ προσδέεται· ἔστιν γὰρ ὁ ὢν ἀνώνυμος.

---

8 ἔστιν *S (Parisinus 1664) M(ontepessulanus 241) P(arisinus 1662) : ἔστι uolgo.*

3b

Lactantius, *Inst. epitome* 4, 4 s. (Scott, IV, p. 10).

Hermes, qui ob uirtutem multarumque artium scientiam Trismegistus meruit nominari, qui et doctrina et uetustate philosophos antecessit quique aput Aegyptios ut deus colitur, maiestatem dei singularis infinitis adserens laudibus dominum et patrem nuncupat eumque esse sine nomine, quod proprio uocabulo non indigeat, quia solus sit.

---

2 doctrina et *Davies* : doctrinae *T(aurinensis Regii Tabularii I b VI 28).*

3 a

. Celui-ci (sc. le Trismégiste) a écrit des livres, et en vérité beaucoup de livres, concernant la connaissance des choses divines. Il y proclame la majesté du Dieu suprême et unique, et il nomme des mêmes noms que nous le Seigneur et Père[1]. De plus, pour empêcher qu'on ne cherche le nom de Dieu, il a dit qu'il était « sans nom », du fait qu'il n'a pas besoin d'être caractérisé par un nom spécial, c'est à savoir en raison de son unicité elle-même. Voici ses propres paroles : « Dieu est unique, et l'Unique n'a pas besoin d'un nom : car Celui-qui-est est sans nom. »

1. [Fr. 3 *a*, e. g. Scott renvoie à *Ascl.* 20 (320.11), 22 (323.23), 23 (325.6), 26 (330.2), 29 (336.3). A. D. N.]

3 b

Hermès qui, pour son excellence et sa connaissance d'arts nombreux, a mérité le nom de Trismégiste, qui de plus l'a emporté sur les philosophes et par la doctrine et par l'antiquité et qui chez les Égyptiens est honoré comme un dieu, tandis qu'il proclame en des louanges sans bornes la majesté du Dieu unique, le nomme Seigneur et Père, et il dit que Dieu est sans nom, du fait qu'il n'a pas besoin d'un nom propre, puisqu'il est unique.

4 a

Lactantius, *Diu. inst.* I 7, 2 (Scott, IV, p. 10).

quid quod Mercurius ille Termaximus, cuius supra feci mentionem, non modo ἀμήτορα ut Apollo, sed ἀπάτορα quoque appellat deum, quod origo illi non sit aliunde? nec enim potest ab ullo esse generatus qui ipse uniuersa generauit.

4 b

Lactantius, *Diu. inst.* IV 13, 2 (Scott, IV, p. 19).

ipse enim pater deus, origo et principium rerum, quoniam parentibus caret, ἀπάτωρ atque ἀμήτωρ a Trismegisto uerissime nominatur, quod ex nullo sit procreatus.

4 c

Lactantius, *Inst. epitome* 4, 4 (Scott, IV, p. 10).

nec habere ullos parentes, quia ex se et per se ipse sit.

---

1 sit. *sequuntur uerba citata apud Exc. I Stobaei supra, uol. III, p. 2 (test. ad l. 1).*

4 a

N'est-il pas vrai encore que ce fameux Mercure trois fois Grand, de qui j'ai fait plus haut mention, appelle Dieu non seulement « sans mère » comme Apollon [1], mais aussi « sans père », parce que Dieu n'est point issu d'un autre auteur que lui-même? Et de fait, celui qui a engendré toutes choses ne peut avoir été engendré par aucun autre.

4 b

Car lui-même, Dieu le Père, auteur et principe des êtres, comme il n'a point de père et mère [2], est nommé par le Trismégiste, de la façon la plus juste, « sans père » et « sans mère », parce qu'il n'a été engendré par aucun autre.

4 c

(Hermès dit en outre) que Dieu n'a ni père ni mère, puisqu'il est issu de lui-même et qu'il existe par lui-même [3].

---

1. De Claros. Lactance vient de citer un oracle.

2. « Parents » est amphibologique en français, puisque le même mot doit servir à traduire *cognati*, infra fr. 5 *a-b*.

3. Fr. 4 *c*. Ces mots font suite immédiatement au fr. 3 *b supra*, p. 106.

5 a

Lactantius, *Diu. inst.* I, 11, 61 (Scott, IV, p. 10).

quod esse uerum Trismegistus auctor est, qui cum diceret admodum paucos extitisse in quibus esset perfecta doctrina, in his Vranum Saturnum Mercurium nominauit cognatos suos.

5 b

Lactantius, *Inst. epitome* 14, 3 (Scott, IV, p. 11).

Trismegistus paucos admodum fuisse cum diceret perfectae doctrinae uiros, in iis cognatos suos enumerauit, Vranum Saturnum Mercurium.

6

Lactantius, *Diu. inst.* II 8, 48 (Scott, IV, p. 11).

nam diuina prouidentia effectum esse mundum, ut taceam de Trismegisto qui hoc praedicat.

5 a

Que ce soit vrai, le Trismégiste en est garant, qui, lorsqu'il dit qu'il n'y a eu que très peu d'hommes qui aient possédé une doctrine parfaite, a compté dans cette élite Uranus, Saturne[1], Mercure ses parents.

1. Cf. C. H. X 5, p. 115.7 ; p. 122, n. 22.

5 b

Le Trismégiste, lorsqu'il dit qu'il n'y a eu que très peu d'hommes d'une doctrine parfaite, a mis au nombre de cette élite ses parents, Uranus, Saturne, Mercure.

6

En effet, que le monde ait été créé par la divine Providence, pour ne rien dire du Trismégiste qui l'affirme[1]...

1. Après s'être appuyé sur le témoignage encore des Sybilles et des Prophètes, Lactance finit ainsi la phrase : « c'est ce dont convient même la presque totalité des philosophes », et il nomme les Pythagoréens, les Stoïciens, les Péripatéticiens.

7

Lactantius, *Diu. inst.* II 8, 68 (Scott, IV, p. 11).

opera ipsius (*sc.* dei) uidentur oculis ; quomodo autem illa fecerit, ne mente quidem uidetur, quia, ut Hermes ait, mortale immortali, temporale perpetuo, corruptibile incorrupto propinquare non potest.

aut Exc. I aut locus similis Lactantio obuersatur. Addit id est propius accedere et intellegentia subsequi, *suo ut uidetur Marte.*

7

On voit à l'œil nu ses ouvrages (sc. de Dieu) ; comment en revanche il les a produits, l'intelligence elle-même ne le voit point, parce que, selon le mot d'Hermès, le mortel ne peut s'approcher de l'immortel, le temporaire de l'éternel, le périssable de ce qui ne périt point.

8 a

Lactantius, *Diu. inst.* II 10, 14 (Scott, IV, p. 12).

quod Hermes quoque tradit, qui non tantum hominem ad imaginem dei factum esse dixit a deo, sed etiam illut explanare temptauit, quam subtili ratione singula quaeque in corpore hominis membra formauerit, cum eorum nihil sit quod non tantundem ad usus necessitatem quantum ad pulchritudinem ualeat.

8 b

Lactantius, *Diu. inst.* VII 4, 3 (Scott, IV, p. 22).

at Hermes non ignorauit hominem et a deo et ad dei similitudinem fictum.

Lactantio obuersari C. H. V 6, p. 62 s. ueri simile ; potuit et de I 12, p. 10.17, « Ascl. », 10, p. 308.20 cogitare, aut de tractatu deperdito.

8 a

C'est ce qu'enseigne aussi Hermès, selon lequel non seulement l'homme a été créé par Dieu à l'image de Dieu, mais qui en outre a essayé de montrer d'après quel plan ingénieux [1] Dieu a formé chacun des membres du corps de l'homme, puisqu'il n'y en a aucun qui n'excelle autant pour les nécessités pratiques de la vie que pour la beauté.

---

1. Ou simplement : « avec quel raffinement » (Bayet).

8 b

Cependant Hermès n'a pas ignoré que l'homme a été créé tout à la fois par Dieu et à l'image de Dieu.

9

Lactantius, *Diu. inst.* II 14, 6 (Scott, IV, p. 14).
uide *Ascl.* 28, test. 5, p. 334.

10

Lactantius, *Diu. inst.* II 15, 6 (Scott, IV, p. 15).

quid sit autem **εὐσέβεια**, ostendit alio loco his uerbis : **ἡ γὰρ εὐσέβεια γνῶσίς ἐστιν τοῦ θεοῦ.**

---

2 *paene certo C. H. IX 4, p. 97. 17. Cf. testimonium Arabicum in Scott, IV, 255 (Platonis esse dicitur).*

11 a

Lactantius, *Diu. inst.* IV 7, 3 (Scott, IV, p. 16).

... deinde nec enuntiari posse hominis ore, sicut Hermes docet haec dicens : **αἴτιος δὲ τούτου † τοῦ αἰτίου ἡ τοῦ θεαγενετου αγαθο † βούλησις, οὗ τὸ ὄνομα οὐ δύναται ἀνθρωπίνῳ στόματι λαληθῆναι.**

---

2 αἴτιος *R (Parisin. Reg. 1663) H (Palato-Vaticanus 161) Sedulius :* αἴτιον *B(ononiensis 701) fort. recte,* αἴγιος *S —* τούτου : *om. B —* τοῦ αἰτίου *secluserit Scott, fort. recte : cf. tamen fr. 28 (Ferguson p. 483)* || 3 ΘΕΑΓΕΝΕΤΟΥΑΓΑΘΟ *B* : ΘΕΑΓΕ (Ε *ex* Θ *ut uid.*) ΤΟΥΑΓΑΘΟΥ *V(alentianensis 140)* ΘΕΑΓΕΤΟΥ ΑΓΑΕΟΥ *S* ΕΘΑΓΕΤΟΥΑΓΑΟΘΥ *P* ΘΕΑΓΕΤΥ ΑΓΑΘΟΥ *Sedul.* ΘΕΤΟΥΑΤΑ ΤΟΥ ΒΟΥ *H* ΑΤΑΘΟΥ *R hinc* ἡ τοῦ θεογενήτου ἀγαθοβούλησις *tamquam exemplaris lectionem Lactantiani eruit Scott, auctori ipsi* ἡ τοῦ ἀγενήτου βούλησις *restituens ;* ἡ τοῦ θεοῦ ἅτε τοῦ ἀγαθοῦ βούλησις *Stadtmueller, conl. CH XIV 9, p. 225, 18 s* || 4 *post* λαληθῆναι *leuius interpungendum cum sermo continuus sit. Lactantio de Filio ea praedicare quae de deo omnis dixit Hermes uidebatur ; mox et* λόγος *male intellegebat (cf. Scott, IV, 17, n. 5 ; Ferguson, 483).*

11 b

Lactantius, *Inst. epitome* 37, 8 (Scott, IV, p. 20).

Hermes ait non posse nomen eius mortali ore proferri.

9

[Cf. *Ascl.* 28, test. 3, p. 334.]

10

Maintenant, pour ce qu'est la piété, il le montre ailleurs par ces mots : « la piété est la connaissance de Dieu »[1].

1. Cf. C. H. IX 4 (97.17) εὐσέβεια δέ ἐστι θεοῦ γνῶσις.

11 a

Ensuite, Dieu ne peut même pas être exprimé par une bouche humaine, comme l'enseigne Hermès par ces mots : « La cause de ce † ... † est la volonté de † ... †, dont le nom ne peut être proféré par une bouche humaine. »

11 b

Hermès dit que le nom de Dieu ne peut être proféré par une bouche humaine.

12 a

Lactantius, *Diu. inst.* IV 7, 3 (Scott, IV, p. 16).

et paulo post ad filium : **ἔστιν γάρ τις, ὦ τέκνον, ἀπόρρητος λόγος σοφίας ὅσιός τε περὶ τοῦ μόνου κυρίου πάντων καὶ προεννοουμένου θεοῦ, ὃν εἰπεῖν ὑπὲρ ἄνθρωπόν ἐστιν.**

2 ὅσιός τε περὶ *Brandt* : OCIOCICΠEPI *R* OCIOCOCIOY *B* OCIOOCCIOIK *H* OYIOCOCIOICTIEPI (-TEPI *P*) *SP* OCIOC ΠEPI *V Sedulius* ; ' *an* ὁσίου μεστὸς περὶ ? ' *Scott* ; *fort.* ὅσιος ὁσίου (uel ὁσίας) περὶ || 2-4 τοῦ μόνου... ἐστιν *in codd. uarie, ut fit, corrupta* || 3 ⟨πάντα⟩ *ante* προεννοουμένου *ins. Brandt, conl. interpretat. lat. in SP* de solo domino omnium et (et *om. S*) praesciente omnia deo (deo *om. S*) *et Exc. V 5* πάντα προεπιστάμενος, *Ascl., 28, p. 335, 17* praescia etenim omnium rerum diuinitate. *Cf. tamen fr. 17, 36* (προεγνωσμένον, *fr. 30*) *: redditur apud Sedulium* de solo domino omnium et qui ante mente capitur deo.

12 b

Lactantius, *Diu. inst.* IV 9, 3 (Scott, IV, p. 19).

nam Trismegistus, qui ueritatem paene uniuersam nescio quo modo inuestigauit, uirtutem maiestatemque uerbi saepe descripsit, sicut declarat superius illut exemplum, quo fatetur esse inffabilem quendam sanctumque sermonem, cuius enarratio modum hominis excedat.

12 a

Et un peu plus loin (Hermès) dit à son fils : « De fait il existe, mon fils, un Discours de Sagesse ineffable et saint sur le Dieu seigneur unique de l'univers et conçu avant toutes choses [1], qu'il est au-dessus des forces humaines de dire. »

12 b

Car le Trismégiste qui a fini par découvrir, je ne sais comment, la vérité presque tout entière, a souvent décrit la puissance et la majesté du Verbe, comme l'illustre la citation ci-dessus, où il (Hermès) proclame l'existence d'un Discours [2] ineffable et saint, dont l'énoncé dépasse la mesure des forces humaines.

1. Sc. « conçu (par nous) avant toutes choses », mais l'expression reste obscure s'il s'agit du Premier Dieu : Dieu est-il conçu avant toutes choses ? (Appliqué au Second Dieu, dont il est question, je crois, dans le fr. 36 où le 2e Dieu serait dit ὁ προεννοούμενος θεός, le mot se comprendrait : « conçu avant toutes choses, sc. dans la pensée du Premier Dieu »). Peut-être « conçu ⟨comme étant⟩ avant toutes choses ». Cf. ὁ προεγνωσμένος θεός (le Premier Dieu), fr. 30 et Scott, IV, p. 99, 160 n. 2.

2. Comme l'ont noté déjà Scott et Ferguson (cf. n. cr. ad fr. 11 a, 4), Lactance s'est trompé sur le sens du grec λόγος.

13

Lactantius, *Diu. inst.* IV 8, 4-5 (Scott, IV, p. 17 s.).

nisi forte existimabimus deum, sicut Orpheus putauit, te marem esse et feminam, quod aliter generare non quiuerit,

nisi haberet uim sexus utriusque, quasi aut ipse secum coierit aut sine coitu non potuerit procreare. sed et Hermes in eadem fuit opinione, cum dicit eum **αὐτοπάτορα** et **αὐτομήτορα**.

---

5 eum : eum ΑΡϹΕΝΙΟΘΗΛῪΝ *B (quod hic male quadrat ; librario sane satis erudito tribuendum nisi post* putauit *transferendum addito fort.* < appellans >).

14

Lactantius, *Diu. inst.* VII 9, 11 (Scott, IV, p. 23).

quam spectationem Trismegistus **θεοπτίαν** rectissime nominauit : quae in mutis animalibus nulla est.

---

1 θεοπτίαν *Fritzsche (cf.* θεοπτική *Exc. II A 6, VII 3 ; Nock « Coniectanea Neotestamentica XI in hon. Antonii Fridrichsen », 166, 176 uerbum uero scriptoribus ecclesiasticis et lexicographis cognitum) :* ΟΠΙδΑ *in ras., in mg.* dī inspectionem *B* ΘΕΟΠΙd*a R* ΘΕΩΠΙΔΑ (ΘΗ-Ρ) *HSP*.

13

Ou bien faudra-t-il penser que Dieu, selon l'opinion d'Orphée, est à la fois mâle et femelle, parce qu'il n'eût pu engendrer [1] à moins de posséder la nature de l'un et l'autre sexes : ce qui suppose que lui-même s'est accouplé à lui-même ou qu'il n'a pu procréer sans accouplement. Cependant Hermès lui aussi a été du même avis, puisqu'il déclare que Dieu est son propre père et sa propre mère.

14

Cette contemplation, le Trismégiste l'a nommée de la façon la plus juste « vue de Dieu » [2], laquelle ne se trouve aucunement dans les bêtes brutes.

---

1 Ou peut-être : « sous prétexte qu'il n'a pu engendrer » (Bayet).

2. Cf. Exc. II A, n. 10. [Lactance vient de parler de la dignité de l'homme, qui seul des vivants se tient debout : c'est un souvenir assez vague d'Hermès dont il s'est servi. A. D. N.].

15

Lactantius, *Diu. inst.* VII 13, 3 (Scott, IV, p. 23).

Hermes naturam hominis describens, ut doceret quemadmodum esset a deo factus, haec intulit : **καὶ † τὸ αὐτὸ † ἐξ ἑκατέρων φύσεων, τῆς τε ἀθανάτου καὶ τῆς θνητῆς, μίαν ἐποίει φύσιν τὴν τοῦ ἀνθρώπου, τὸν αὐτὸν πῇ μὲν ἀθάνατον, πῇ δὲ θνητὸν ποιήσας, καὶ τοῦτον φέρων ἐν μέσῳ τῆς θείας καὶ ἀθανάτου φύσεως καὶ τῆς θνητῆς καὶ μεταβλητῆς ἵδρυσεν, ἵνα πάντα μὲν ὁρῶν πάντα θαυμάζῃ.**

---

2 καὶ : κατὰ *uel* καὶ κατὰ *Wachsmuth* — τὸ αὐτό : *fort.* αὐτὸ τοῦτο || 7 θαυμάζῃ ⟨πάντα δὲ θαυμάζων τὸν πατέρα γνωρίζῃ⟩ *Ferguson*, p. 484, *conl. C. H. XIV 4, p. 223.6.*

15

Hermès, dans sa description de la nature de l'homme, pour nous faire connaître comment l'homme a été créé par Dieu, a avancé ce propos : « † ... † [1] de l'une et l'autre nature, l'immortelle et la mortelle, Dieu en a fait une seule, celle de l'homme, ayant créé ce même homme en partie immortel, en partie mortel ; et, plaçant cet homme à mi-chemin entre la nature divine et immortelle et la nature mortelle et muable, il l'a établi là, pour que, à la vue de tout l'ensemble des choses, il les admirât toutes. »

---

1. καὶ τὸ αὐτό m'est inintelligible. (Avec la correction αὐτο τοῦτο [Nock] : « Et cela même, Dieu l'a rendu ... une seule nature etc. ») — Pour la dualité propre à l'homme, cf. t. II, p. 286.

16

Iamblich., *De mysteriis* VIII 6, p. 268 s. Parthey (Scott, IV, p. 34 s.).

λέγεις τοίνυν ὡς Αἰγυπτίων οἱ πλείους καὶ τὸ ἐφ' ἡμῖν ἐκ τῆς τῶν ἀστέρων ἀνῆψαν κινήσεως. τὸ δὲ πῶς ἔχει, δεῖ διὰ πλειόνων ἀπὸ τῶν Ἑρμαϊκῶν σοι νοημάτων διερμη-

---

2 ἀστέρων C (Vindobonensis) *corr.* : ἀέρων C D (Gothanus) M (Bodleianus 20598, Miscell. Gr. 198) || 3 νοημάτων : ὑπομνημάτων uel ἀπομνημονευμάτων coni. Scott : est uero ' sententiarum ' ||

νεῦσαι. δύο γὰρ ἔχει ψυχάς, ὥς ταῦτά φησι τὰ γράμματα, ὁ ἄνθρωπος· καὶ ἡ μέν ἐστιν ἀπὸ τοῦ πρώτου νοητοῦ, μετέχουσα καὶ τῆς τοῦ δημιουργοῦ δυνάμεως, ἡ δὲ ἐνδιδομένη ἐκ τῆς τῶν οὐρανίων περιφορᾶς, εἰς ἣν ἐπεισέρπει ἡ θεοπτικὴ ψυχή.

8 sententias non uerba Hermetis profert Iamblichus : quae pergit dicere τούτων δὴ οὕτως ἐχόντων, ἡ μὲν ἀπὸ τῶν κόσμων εἰς ἡμᾶς καθήκουσα ψυχὴ ταῖς περιόδοις συνακολουθεῖ τῶν κόσμων, ἡ δὲ ἀπὸ τοῦ νοητοῦ παροῦσα τῆς γενεσιουργοῦ κυκλήσεως ὑπερέχει, καὶ κατ' αὐτὴν ἥ τε λύσις γίνεται τῆς εἱμαρμένης καὶ ἡ πρὸς τοὺς νοητοὺς θεοὺς ἄνοδος, θεουργία τε, ὅση πρὸς τὸ ἀγέννητον ἀνάγεται, κατὰ τὴν τοιαύτην ζωὴν ἀποτελεῖται ipsi potius quam Hermeti tribuenda esse statuit Scott.

17

Iamblich., *De mysteriis* X 7, p. 293 Parthey (Scott, IV, p. 39).

αὐτὸ δὲ τἀγαθὸν τὸ μὲν θεῖον ἡγοῦνται τὸν προεννοούμενον θεόν, τὸ δὲ ἀνθρώπινον τὴν πρὸς αὐτὸν ἕνωσιν· ὅπερ Βίτυς ἐκ τῶν Ἑρμαϊκῶν βίβλων μεθηρμήνευσεν.

2 δὲ : om. D || 3 βίβλων : βιβλίων D.

16

Tu dis donc que la plupart des Égyptiens ont fait dépendre notre libre arbitre aussi du mouvement des astres. Comment il en va pourtant, il me faut te l'exposer plus au long d'après les enseignements d'Hermès. Selon ce que rapportent ces écrits, l'homme a deux âmes. L'une vient du Premier Intelligible tout en participant aussi à la puissance du Démiurge ; l'autre est introduite en nous par la rotation des corps célestes [1], et c'est en cette dernière que s'insinue par la suite l'âme douée de la faculté de voir Dieu [2].

1. ἐνδιδομένη ἐκ τῆς τῶν οὐρανίων περιφορᾶς est explicité par la suite (Hermès ou Jamblique) ἀπὸ τῶν κόσμων ... καθήκουσα ψυχὴ ταῖς περιόδοις συνακολουθεῖ τῶν κόσμων et, plus loin, τῆς γενεσιουργοῦ κυκλήσεως.

2. Ce qui suit : « Dans ces conditions donc, l'âme qui descend en nous des mondes célestes est nécessairement corrélative aux révo-

lutions de ces mondes. En revanche l'âme qui vient de l'Intelligible, comme elle est présente en nous d'une manière intelligible, l'emporte sur le mouvement circulaire qui produit la génération ; et c'est en raison de cette âme que l'homme est délivré de la Fatalité et fait ascension vers les dieux intelligibles ; c'est en raison de la vie due à cette âme que s'accomplit la théurgie, pour autant qu'elle s'élève (ἀνάγεται moyen : cf. Damasc. *de princ.* 117, I, p. 301.18 Ru.) vers l'Inengendré » doit être attribué, selon Scott (IV, p. 79), à Jamblique plutôt qu'à Hermès. Sauf les derniers mots θεουργία ... ἀποτελεῖται, je ne vois rien, pour ma part, qui ne s'accorde aux enseignements de C. H. XII 5-9. [En effet, il est peut-être impossible de distinguer ce que Jamblique paraphrase d'Hermès et ce qu'il ajoute de lui-même. Il est possible qu'il ait connu des Hermetica teints de néoplatonisme, de même que Zosime a probablement connu des écrits où se faisait voir un élément de christianisme dénaturé. A. D. N.]

17

Quant au Bien lui-même, ils (les Égyptiens) considèrent que le Bien divin est le Dieu conçu avant toutes choses[1], le bien humain l'union à ce Dieu : c'est ce que Bitys[2] a traduit d'après les livres d'Hermès.

1. Cf. *supra*, fr. 12 a, n. 1.
2. Sur Bitys, cf. ma *Rév. H. Trism.*, I, p. 268 n. 1, p. 329 et n. 2. — « Traduit » : ou « expliqué ».

18

Iamblich. ap. Procl. *in Tim.* 117 D, I, p. 386 Diehl (Scott, IV, p. 103).

καὶ μὴν καὶ ἡ τῶν Αἰγυπτίων παράδοσις τὰ αὐτὰ περὶ αὐτῆς (sc. τῆς ὕλης) φησιν· ὅ γέ τοι θεῖος Ἰάμβλιχος ἱστόρησεν, ὅτι καὶ Ἑρμῆς ἐκ τῆς οὐσιότητος τὴν ὑλότητα παράγεσθαι βούλεται· καὶ δὴ καὶ εἰκὸς κἀκ τούτου τὸν Πλάτωνα τὴν τοιαύτην περὶ τῆς ὕλης δόξαν ἔχειν.

2 *Font.* Iambl. *De myst.* VIII 3, p. 265.5 Parthey (Scott, IV, 33.14) : ὕλην δὲ παρήγαγεν ὁ θεός, ἀπὸ τῆς οὐσιότητος ὑποσχισθείσης (ἀποσχισθείσης Bodl., quod uoluit W. Kroll) ὑλότητος, ἣν παραλαβὼν ὁ δημιουργός, ζωτικὴν οὖσαν, τὰς ἁπλᾶς καὶ ἀπαθεῖς σφαίρας ἀπ' αὐτῆς ἐδημιούργησε, τὸ δὲ ἔσχατον αὐτῆς εἰς τὰ γεννητὰ καὶ φθαρτὰ σώματα διεκόσμησε. Cf. J. Bidez, *Mél. Desrousseaux*, 12 ; Festugière, *Rev. ét. gr.* LV (1942), 105 n.

18

Assurément la tradition des Égyptiens, elle aussi, parle de même touchant la matière. Du moins le divin Jamblique a-t-il rapporté que, au sentiment d'Hermès aussi, la matérialité dérive de la substantialité. Bien plus, il y a toute vraisemblance que c'est d'Hermès que Platon tient cette opinion sur la matière[1].

1. [Cf. J. Kroll, *Lehren*, p. 120. A. D. N.]. Voir aussi ma *Rév. H. Tr.*, IV, pp. 35 s., 39 s., 41 s.

19

Zosimus III xlix 2, Berthelot-Ruelle, II, p. 229 (Scott, IV, p. 105).

τοὺς τοιούτους δὲ ἀνθρώπους ὁ Ἑρμῆς ἐν τῷ Περὶ φύσεων ἐκάλει ἄνοας, τῆς εἱμαρμένης μόνους ὄντας πομπάς, μηδὲν τῶν ἀσωμάτων φανταζομένους, μήτε αὐτὴν τὴν εἱμαρμένην τὴν αὐτοὺς ἄγουσαν δικαίως, ἀλλὰ [τοὺς] δυσφημοῦντας αὐτῆς τὰ σωματικὰ παιδευτήρια, καὶ τῶν εὐδαιμόνων αὐτῆς ἐκτὸς ⟨μηδὲν⟩ ἄλλο φανταζομένους.

2 ἄνοας M(arcianus 299 f. 189 v.) K (Parisinus 2249 f. 97 r.) : ἄνους coni. Ruelle — μόνους : μόνον Reitzenstein (vide tamen Callim. *H.* IV 115, Radermacher, *Neut. Gramm.* p. 65 : *singulares hic uix significari possit*) || 3 πομπάς : πομπέας ci. Ruelle — μήτε : μηδὲ Reitzenstein || 4 τὴν (alterum) Reitzenstein : τοὺς codd. — δικαίως ⟨ὑπολαμβάνοντας⟩ Scott — τοὺς secl. Reitzenstein || 6 εὐδαιμόνων : an εὐδαιμονιῶν ? — ⟨μηδὲν⟩ ins. Reitzenstein.

20

Zosimus III xlix 3-4, Berthelot-Ruelle, II, p. 229 (Scott, IV, p. 105).

[3] ὁ δὲ Ἑρμῆς καὶ ὁ Ζωροάστρης τὸ φιλοσόφων γένος ἀνώτερον τῆς εἱμαρμένης εἶπον, τῷ μήτε τῇ εὐδαιμονίᾳ αὐτῆς χαίρειν, ἡδονῶν γὰρ κρατοῦσι, μήτε τοῖς κακοῖς

1. Ζωροάστρης Ruelle : Ζωροάστρις MK.

αὐτῆς βάλλεσθαι, πάντοτε ἐν ἀϋλίᾳ ἄγοντας, μήτε τὰ καλὰ δῶρα παρ' αὐτῆς καταδέχεσθαι, ἐπείπερ εἰς πέρας κακῶν βλέπουσιν, ...

. . . .

[4] Ζωροάστρης δὲ εἰδήσει τῶν ἄνω πάντων καὶ μαγείᾳ αὐχῶν τῆς ἐνσώμου φράσεως φάσκει ἀποστρέφεσθαι πάντα τῆς εἱμαρμένης τὰ κακὰ καὶ μερικὰ καὶ καθολικά.

1-3 βάλλεσθαι, ἐπείπερ εἰς πέρας κακῶν βλέπουσιν, μήτε τὰ καλὰ δῶρα παρ' αὐτῆς καταδέχεσθαι, πάντοτε ἐν ἀϋλίᾳ ἄγοντας Festugière || 1 ἐν ἀϋλίᾳ Scott : ἐναυλίαν M ἐναύλια K ἐν ἐναυλίᾳ Keil — ἄγοντας Reitzenstein : ἄγοντες codd. sane durum ut ' degentes ' — μήτε... βλέπουσιν (3) secl. Scott || 2 καταδέχεσθαι Reitzenstein : καταδεχόμενοι codd. possis et hoc et ἄγοντες (1) seruare, interpunctione grauiore post βάλλεσθαι statuta et lacuna post βλέπουσιν signata — κακῶν : κακὸν Reitzenstein κακὰ Bidez-Cumont || 7 τὰ om. Reitzenstein (an fortuito ?).

21

Zosimus III xlix 4, Berthelot-Ruelle, II, p. 230 (Scott, IV, p. 105 s.).

ὁ μέντοι Ἑρμῆς ἐν τῷ Περὶ ἀϋλίας διαβάλλει καὶ τὴν μαγείαν, λέγων ὅτι οὐ δεῖ τὸν πνευματικὸν ἄνθρωπον τὸν ἐπιγνόντα ἑαυτόν, οὔτε διὰ μαγείας κατορθοῦν τι, ἐὰν καὶ καλὸν νομίζηται, μηδὲ βιάζεσθαι τὴν ἀνάγκην, ἀλλ' ἐᾶν ὡς ἔχει φύσεως καὶ κρίσεως, πορεύεσθαι δὲ διὰ μόνου τοῦ ζητεῖν ἑαυτὸν καὶ θεὸν ἐπιγνόντα κρατεῖν τὴν ἀκατονόμαστον τριάδα, καὶ ἐᾶν τὴν εἱμαρμένην ὃ θέλει ποιεῖν τῷ ἑαυτῆς πηλῷ, τουτέστιν τῷ σώματι. καὶ οὕτως, φησί, νοήσας καὶ πολιτευσάμενος θεάσῃ τὸν θεοῦ υἱὸν πάντα γινόμενον τῶν ὁσίων ψυχῶν ἕνεκεν, ἵνα αὐτὴν ἐκσπάσῃ ἐκ τοῦ χώρου τῆς εἱμαρμένης ἐπὶ τὸν ἀσώματον. ὅρα αὐτὸν

1 ἀϋλίας W. Kroll : ἀναυλίας MK || 3 ἐπιγνόντα Reitzenstein : ἐπιγνῶντα codd. || 4 καλὸν : κακὸν Scott — μηδὲ : μήτε Reitzenstein || 6 ἐπιγνόντα Reitzenstein : ἐπιγνῶντα codd. || 7 θέλει Ruelle : θέλειν MK || 7-8 τῷ ἑαυτῆς πηλῷ K (sec. Reitz.) : τῷ ἐᾶν τῇ σπηλῷ M (sec. Ruelle).

γινόμενον πάντα, θεόν, ἄγγελον, ἄνθρωπον παθητόν· πάντα γὰρ δυνάμενος πάντα ὅσα θέλει γίνεται, καὶ πατρὶ ὑπακούει διὰ παντὸς σώματος διήκων· φωτίζων τὸν ἑκάστου νοῦν, εἰς τὸν εὐδαίμονα χῶρον ἀνώρμησεν, ὅπουπερ ἦν καὶ πρὸ τοῦ σωματικὸν γενέσθαι, αὐτῷ ἀκολουθοῦντα καὶ ὑπ' αὐτοῦ ὀρεγόμενον καὶ ὁδηγούμενον εἰς ἐκεῖνο τὸ φῶς.

καὶ βλέψαι τὸν πίνακα ὃν καὶ Βίτος γράψας, καὶ ὁ τρίσμεγας Πλάτων, καὶ ὁ μυριόμεγας Ἑρμῆς, ὅτι Θώυθος ἑρμηνεύεται τῇ ἱερατικῇ πρώτῃ φωνῇ ὁ πρῶτος ἄνθρωπος, ἑρμηνεὺς πάντων τῶν ὄντων, καὶ ὀνοματοποιὸς πάντων τῶν σωματικῶν.

---

3 διήκων ⟨καὶ⟩ Reitzenstein — ἑκάστου coni. Ruelle : ἑκάστης MK ' an ἑκάστης ψυχῆς ? ' Reitzenstein || 4-5 πρὸ τοῦ Reitzenstein : πρὸ τοῦτο MK πρὸ τοῦ τὸ Ruelle || 5-6 ' an [ὑπ'] αὐτοῦ ὀρεγόμενον καὶ ⟨ὑπ' αὐτοῦ⟩ ὁδηγούμενον ? ' Ferguson , ὀρεγόμενον fort. ut uox passiua intellegenda || 7 καὶ βίτος MK : Κέβητος Ruelle qui et Κέβης τε ἔγραψε coni. — γράψας : ἔγραψεν Keil. cf. autem Reitzenstein, *Poim.* 104 n. 1, Radermacher *Neut. Gramm.* (ed. 2), 205, Festugière *Révél.* I 268 n. 1 || 9 πρώτῃ secl. Reitzenstein. ' an ἱερατικῇ ⟨καὶ⟩ πρώτῃ ? ' Festugière.

19[1]

Ce sont de tels hommes que, dans son livre *Sur les Natures*, Hermès appelait « hommes sans intellect, simples gens d'escorte[2] de la Fatalité, ne se faisant aucune idée des choses incorporelles ni ne se représentant à eux-mêmes cette Fatalité même qui les entraîne justement[3], mais couvrant d'injures ses corrections corporelles et ne concevant rien d'autre que les bonheurs qu'elle donne ».

---

1. Je corrige ici la traduction de ce fr. 19 donnée *Rév. H. Tr.*, I, p. 265.

2. πομπαί = « gens d'escorte ». Cf. Du Cange, *Glossarium ... med. et inf. graec.*, πομπή (1) = τὸ ὀψίκιον, en particulier l'escorte de l'Empereur. Il pourrait y avoir une allusion aux processions cultuelles : cf. Ferguson IV, p. 484 et 368. Cf. t. I, p. 55, n. 18.

3. Cf. Eurip. *Tro.* 888 κατὰ δίκην τὰ θνήτ' ἄγεις.

20 [1]

[3] Hermès et Zoroastre ont dit que la race des philosophes est au-dessus de la Fatalité, puisque ni ils ne se réjouissent du bonheur qu'elle donne, car ils dominent les voluptés, ni ils ne sont frappés par les maux qu'elle envoie, parce qu'ils passent toute leur vie dans l'immatérialité [2], ni ils n'acceptent les beaux présents qu'elle offre, s'il est vrai qu'ils regardent au terme des maux [3].

. . . .

[4] Zoroastre affirme présomptueusement que, par la connaissance de toutes les choses d'en haut et la vertu magique des sons corporels, on détourne de soi tous les maux de la Fatalité et les particuliers et les universels.

---

1. Sur les fr. 20-21, cf., outre Bidez-Cumont, *Mages hellénisés*, II, p. 243 ss., mon article *Mémorial Lagrange*, p. 125-127, *Rév. H. Trism.*, I, p. 263 n. 1, 266-268, et *Bull. soc. roy. des Lettres de Lund* 1947/8, p. 39 s.

2. ἄγειν peut-être comme διάγειν intransitif, cf. *L. S. J.* II 2. De même διεξάγειν chez Porphyre, πρὸς Γαῦρον, p. 33.8 Kalbfl. ὅθεν τῶν ἐμβρύων φαντασίας μὲν χωρὶς καὶ ὁρμῆς διεξαγόντων. Cp. *agere* = *vivere, degere* chez Tertullien *de an.* 11, 3 ; 23, 6 ; 24, 8 ; 31, 4 et Waszink, p. 380-381.

3. Cette fin, dans le texte reçu, ne m'est pas claire. D'où la transposition n. cr. (ad 118.1 ss.) ou les corrections signalées *ib.* (ad 118.2).

21

Cependant Hermès, dans son livre *Sur l'Immatérialité*, s'en prend à la magie elle aussi ; il dit qu' « il ne faut pas que l'homme spirituel, celui qui a appris à se connaître, redresse quoi que ce soit par la magie, même si cela passe pour bon, ni qu'il fasse violence à la Nécessité, mais qu'il la laisse agir selon sa nature et son décret ; qu'il progresse par la seule recherche de soi-même [1] et que, après avoir reconnu Dieu, il tienne solidement la Triade ineffable ; et qu'il laisse

---

1. Cf. Heraclit. 101 D-K ἐδιζησάμην ἐμεωυτόν, et le contexte instructif de cette citation, Plut. *Col.* 20, p. 1118 B.

la Fatalité traiter à sa guise la boue qui lui appartient, c'est-à-dire le corps. » Oui, dit-il, « par une telle façon de penser et de te conduire tu verras le Fils de Dieu devenir toutes choses en faveur des âmes pieuses, pour tirer l'âme de la région de la Fatalité et l'élever à l'incorporelle[1]. Vois-le devenant tout, dieu, ange, homme passible. Car, comme il peut tout, il devient tout ce qu'il veut, et il obéit à son Père, pénétrant à travers tout corps ; tandis qu'il illumine l'intellect de chacun, il l'a fait monter vers la région bienheureuse, où il (l'intellect) se trouvait déjà avant qu'il ne fût devenu corporel, cet intellect qui marche à sa suite, qui par lui est mis en état de désir et guidé[2] jusqu'à la lumière d'en haut.

De plus considère le tableau qu'a dessiné Bitos[3], ainsi que le trois fois grand Platon et l'infiniment grand Hermès[4], pour avoir la preuve que[5], dans la langue hiératique première, Thoythos signifie le premier homme, l'interprète de tous les êtres, celui qui donne un nom à toutes les choses corporelles.

---

1. Ou « à l'Incorporel (Dieu) » ?

2. [Ou « qui est désiré par lui (le Fils de Dieu) » ? A. D. N.]. Ou, en lisant avec Ferguson, αὐτοῦ ὀρεγόμενον καὶ ὑπ' αὐτοῦ ὁδηγούμενον : « ... qui aspire à l'atteindre et qui est guidé par lui jusqu'à ... ».

3. Cf. fr. 17, n. 2.

4. Reitzenstein note (*Poimandres*, p. 104, n. 1) que l'auteur du tableau a dû se référer à Hermès et celui-ci à Platon : je dirais plutôt « à Platon et celui-ci à Hermès », selon la tradition usuelle (cf. fr. 18), confirmée ici par l'équivalence Hermès = Premier Homme.

5. ὅτι est difficile. Je l'ai pris au sens elliptique, déjà classique (Kühner-Gerth, II, p. 371, 4), de ἵνα εἰδῇς ὅτι. Mais ce pourrait être aussi pour δι' ὅτι = « eu égard au fait que », cf. Blass-Debrunner[6], 299, 3 ; 456, 2 ; 480, 4. Ou enfin simplement βλέψαι avec double construction, (1) τὸν πίνακα, (2) ὅτι κτλ. (De toute façon, lire ὅτι, car ὅ τι paraît impossible). Θώυθος doit être ici, au nominatif, l'une des diverses formes du nom du dieu (Theut, Theutis, Thot : Censorinus XVIII a Θωυθοί pour le mois). [Pour Θώυθος ἑρμηνεύεται κτλ., cf. *Act. Ap.* 4.36 Βαρναβᾶς ..., ὅ ἐστιν μεθερμηνευόμενον υἱὸς παρακλήσεως. A. D. N.]

22

C. W. Mitchell, *St. Ephraim's Prose Refutations of Mani, Marcion, and Bardaisan*, vol. II, p. 210, London, 1921.

« Car Hermès enseigna (qu'il y avait) une coupe remplie de ce dont elle était remplie, et des âmes brûlant de désir et descendant dans sa direction ; et une fois arrivées jusque près d'elle, en elle et à cause d'elle, elles oublièrent leur lieu.

Quant à Mani, il enseigna que les Ténèbres se ruèrent sur la Lumière et la désirèrent.

Hermès enseigne que les âmes désirèrent la coupe, — et ceci est un peu (plus) vraisemblable, quoique les deux mentent, — mais c'est (plus) vraisemblable, parce que l'âme désire rester dans le corps et s'attarder en son séjour et habiter dans sa demeure et faire ses délices dans son sein.

Quant à Mani, il force à ce qu'on l'écoute attentivement, quoique lui-même parle à contre-sens : « Les Ténèbres, en effet, dit-il, ont aimé la lumière », leur contraire ; et comment l'eau aimerait-elle le feu qui l'absorbe ; ou le (feu) l'(eau) qui l'éteint ; et comment le feu aimerait-il la lumière : quelle utilité, je vous prie, retire-t-il d'elle ? Car le feu, certes, aime le feu et le vent le vent et l'eau l'eau. Ou bien serait-ce que ces natures de Ténèbres seraient mâles et celles (venant) du bien, femelles ? Autrement quel est le sens de ceci : qu'ils s'aimèrent l'un l'autre ?

Donc ces choses-là, Hermès ne les a pas enseignées, ni Jésus, parce que Jésus a enseigné le contraire de toutes ces choses : il a rendu la vie aux corps et il a ressuscité les morts, alors que ni Hermès ni Platon ne croient à la résurrection du corps[1]. »

---

1. Cette traduction d'après l'original est due au R. P. Graffin, de même que pour 22 a. Cf. Avant-Propos, n. 1. [Cf. Macrob. *Somn. Scip.* I 12.8, *Pistis Sophia* 131, p. 217 Schmidt ed. 1 (p. 246 Schmidt ed. 2) ; Scott, IV, p. 164 n. 2. On devrait peut-être étudier les parallèles entre la *P. S.* (et les autres traités gnostiques écrits en langue copte) et les *Hermetica*, surtout la *Korè Kosmou* et les extraits analogues. Ils ont le même goût pour les néologismes et les mots sonores.

R. Payne Smith (Smith-Wace, *Dictionary of Christian Biography*,

II, p. 143) croit qu'Ephrem a acquis une certaine connaissance de la langue grecque, tandis que Burkitt (*Refutations*, II, p. cxxvi) l'a nié. En toute probabilité, Ephrem doit cette citation à l'un ou l'autre des bons hellénisants d'Edesse. Elle a été tirée d'un traité fortement pénétré de platonisme. A. D. N.]

22 a

Bar Hebraeus, *Le Candélabre des Sanctuaires, Troisième base : de la Théologie* ; chapitre ix : *Trinité des Personnes* ; troisième section : *témoignages profanes* (Paris, mss. Syriaque 120, folio 101 v° = Vatican, mss. Syriaque 168, folio 107 r° et v°).

« Premier Témoignage : Hermès Trismégiste : Unique seule est la lumière intelligible du feu spirituel et l'intelligence qui est éclairée à toute heure dans un esprit éclairé. Et il n'y a rien d'autre dans sa composition. Et dans l'esprit il est béni par l'univers. Et en dehors de lui, il n'y a ni dieu, ni ange, ni démon, ni essence quelle qu'elle soit ; mais lui-même est le seigneur de l'univers et Dieu et Père ; et tout est en lui et sous son autorité [1], lui dont le Verbe totalement sorti de lui et engendré par lui est l'auteur de l'univers et qui par sa naissance ayant couvert de son ombre la nature des eaux a fait enfanter les eaux elles-mêmes.

« Cinquième témoignage : Hermès : Comme tu es Dieu et Père de l'univers et que ce n'est pas d'un autre que tu as ce (privilège) d'être à toute heure, après toi je connais le seul comme toi, que tu as engendré, ainsi que tu sais ; et il est le Fils et Dieu de Dieu, l'essence de ta propre essence, lui qui offre l'image incorruptible et la ressemblance en tout avec toi, Dieu et Père, afin qu'il soit lui-même en toi et toi en lui le miroir des beautés et des hypostases qui sont unies les unes aux autres. »

---

1. Ceci est une traduction plus ou moins correcte de notre fr. 23 (Cyril., *c. Jul.*), depuis ἓν μόνον (126.3) jusqu'à ὑπ' αὐτόν ἐστι (l. 11). La suite (« lui dont le Verbe, etc. ») est une traduction de notre fr. 27.

INTRODUCTION AUX FRAGMENTS DE CYRILLE

Pour l'établissement du texte, voir t. II, p. 403 s. Comme en ce t. II, mes sigles sont ici M (Venetus 123 ; il se peut que Patrizzi s'en soit servi), V (Venetus 122), Oec. (la version d'Oecolampadius, publiée en 1528 dans les *Opera D. Cyrilli,* de Cratander, tome III, que j'ai pu consulter dans l'exemplaire de l'université Princeton), Aub. (l'édition d'Aubert, 1638), Aub. (v. l.). Par ce dernier sigle je désigne les leçons citées par Aubert, mais non d'après son codex propre.

Oec. a pour base un manuscrit de grande valeur, maintenant perdu, le codex Capnionis. Neumann le tient pour l'ancêtre des manuscrits qui existent aujourd'hui. Sans une étude approfondie du *Contra Iulianum* entier (qui mérite une édition critique, vu l'importance et de l'œuvre et des citations qu'elle conserve de textes perdus), on ne saurait dire si ce codex était l'ancêtre lui-même ou un descendant très proche. Erasme a dit d'Oecolampadius, qu'on avait critiqué, « Oec. satis novit Graece, Romani sermonis rudior, quamquam ille magis peccat indiligentia quam imperitia » (Ernst Staehelin, *Briefe u. Akten zum Leben Oekolampads,* II, 70, n° 491, in *Quellen u. Forschungen z. Reformationsgeschichte,* XIX, 1934). Certes, il suivait l'original grec avec beaucoup de fidélité ; il pouvait cependant se tromper sur le sens précis de ce qu'il lisait et quand il a un verbe principal là où le grec a un participe, je ne vois aucune nécessité pour supposer que son texte différait. Cf. en général Scott, IV, p. 191, n. 2.

23

Cyril., *c. Iul.*, I, 556 A (Scott, I, p. 540, IV, p. 207).

λέγει δὲ καὶ Ἑρμῆς ἐν λόγῳ τρίτῳ τῶν πρὸς Ἀσκληπιόν· « Οὐ γὰρ ἐφικτόν ἐστιν εἰς ἀμυήτους τοιαῦτα μυστήρια παρέχεσθαι· ἀλλὰ τῷ νοῒ ἀκούσατε. ἓν μόνον ἦν φῶς νοερὸν πρὸ φωτὸς νοεροῦ καὶ ἔστιν ἀεί, νοῦς νοὸς φωτεινός· καὶ οὐδὲν ἕτερον ἦν ἢ ἡ τούτου ἑνότης· ἀεὶ ἐν ἑαυτῷ ὤν, ἀεὶ τῷ ἑαυτοῦ νοῒ καὶ φωτὶ καὶ πνεύματι πάντα περιέχει. »

καὶ μεθ' ἕτερά φησιν·

« Ἐκτὸς τούτου οὐ θεός, οὐκ ἄγγελος, οὐ δαίμων, οὐκ οὐσία τις ἄλλη· πάντων γάρ ἐστι κύριος καὶ πατὴρ καὶ θεὸς καὶ πηγὴ καὶ ζωὴ καὶ δύναμις καὶ φῶς καὶ νοῦς καὶ πνεῦμα· καὶ πάντα ἐν αὐτῷ καὶ ὑπ' αὐτόν ἐστι. »

νοῦν μὲν γὰρ ἐκ νοῦ, καθάπερ ἐγῷμαι, φησὶ τὸν υἱὸν καὶ ὡς φῶς ἐκ φωτός, μέμνηται δὲ καὶ τοῦ πνεύματος ὡς πάντα περιέχοντος· οὔτε δὲ ἄγγελον οὔτε δαίμονα οὔτε

Fons s. test — Didym. *De Trinitate* II 27 (p. 302 s. ed. Mingarelli : *P. G.* XXXIX 757 B.) post fr. 24 αὖθίς τε (sc. Ἑρμῆς) ἀποφθέγγεται τοίαδε, οὐ..... (6) περιέχει. καὶ μεταξὺ ἄλλων ἐπάγει, Ἐκτὸς..... Testimonia Hermetica contra haereticos et paganos Alexandriae (ut alibi) in promptu erant ; partem congessit Didymus quem secutus est Cyrillus (Scott, IV, 171, n. 3). Cf. fr. 36 et A. v. Premerstein, *Festschrift der Nationalbibliothek in Wien* (1926) 647 ss.

Test. — Hinc hauserunt Malalas, Ioh. Antiochenus, Chron. Pasch. [F. H. G., IV, p. 543], Suid., Cedren., auctor *Symphoniae philosophorum* (Scott, IV, p. 207 ss. 225 s., Ferguson ib. 489), fr. 22 a. Supellex plena lectionum apud Hartmut Erbse, *Fragmente griechischer Theosophien* (Hamburger Arbeiten zur Alterstumswissenschaft, IV, 1941) inuenitur. idem in fr. 24, 27, 30 ualet.

---

3 παρέχεσθαι V Aub. Did(ymus) (vox media ; cf. Iambl. *Myst.* VIII 5, p. 268.9 παρέχεσθαι ἀφορμάς) : παρέρχεσθαι M (*non enim comprehendi possent, si proponerentur non initiatis talia sacramenta* Oec.) — ' an ⟨ἐντεταμένῳ⟩ τῷ ? ' Scott — νοῒ : νῷ Did. || 4 νοὸς V Aub. Did. : νος M || 5 ἢ ἡ MV Oec. Did. : ἢ Aub. — ἑαυτῷ MV Oec. Aub. : αὐτῷ Did. — ὤν : ὄντος ὅς J. Kroll (*Lehren*, p. 73) || 8 οὐκ : οὐ Did. || 9 πάντων : *omnino* (i. e. πάντως) Oec. || 10 δύναμις (et Did.) : *ueritas* Oec. (' pro *uirtus* ' Scott) || 12 υἱόν V Oec. Aub. : θεόν M || 13-14 ὡς π. π. : *qui omnia continent* Oec.

μὴν ἑτέραν τινὰ φύσιν ἢ οὐσίαν ἔξω κεῖσθαί φησι τῆς θείας ὑπεροχῆς ἤγουν ἐξουσίας, ἀλλ' ὑπ' αὐτῇ τὰ πάντα καὶ δι' αὐτὴν εἶναι διορίζεται.

2 ἤγουν ἐξουσίας MV Aub. : om. Oec.

23

Hermès dit aussi dans le troisième de ses *Discours à Asclépios* :

« Car il n'est pas permis de présenter de tels mystères devant des non initiés. Mais écoutez, qu'entende l'intelligence[1] ! Unique seulement[2] existait la Lumière intellectuelle antérieure à la Lumière intellectuelle et elle existe toujours, Intellect lumineux de l'Intellect ; et il n'y avait rien d'autre que l'unité de cet Intellect : toujours existant en lui-même, toujours il enveloppe toutes choses par son intellect, sa lumière et son souffle. »

Et plus loin il dit :

« En dehors de cet Intellect il n'y a ni dieu, ni ange, ni démon, ni quelque autre substance que ce soit. Car de toutes choses il est seigneur, père, dieu, source, vie, force, lumière, intellect, souffle ; et tout est en lui et sous lui. »

De fait, comme je le pense, il (Hermès) dit que le Fils est Intellect issu de l'Intellect et comme une Lumière issue de la Lumière. Et il fait mention aussi de l'Esprit, en ce sens qu'il[3] enveloppe toutes choses. Il dit encore qu'il n'y a ni ange ni démon ni d'ailleurs aucune autre nature ou sub-

1. νοῦς ἀκούει Epicharme, fr. 12 D.-K., *mente percipito, Ascl.* 21 (322.10).

2. Ou « Une-et-Seule » : cf. C. H. IV 1 (49.4) et la n. 1. Ou : « Seul existait l'Un, lumière ... » Ou : « Il n'y avait qu'une seule chose, la Lumière ... ». Dans ces deux derniers cas, l'auteur insisterait sur l'idée que Dieu seul existe (au sens absolu). Dans la traduction adoptée, il insisterait sur l'unicité de Dieu.

3. L'Esprit. Mais Didyme l'a compris de Dieu, cf. IV, p. 174.3 Scott πνεῦμα ᾧ (codd. : ὃ Scott) πάντα περιέχει, *ib.*, p. 174.10 πνεύματι πάντα περιέχει.

stance en dehors de la divine suréminence[1], c'est-à-dire souveraine puissance, mais il définit que tout existe sous elle et par elle.

1. ὑπεροχή : cf. C. H. I 31 (18.9) ἅγιος εἶ, ὁ πάσης ὑπεροχῆς μείζων.

24

Cyril., *ib.*, 556 B (Scott, I, p. 540, IV, p. 208).

καὶ πάλιν ὁ αὐτὸς ἐν τῷ αὐτῷ λόγῳ τρίτῳ τῶν πρὸς Ἀσκληπιόν, ὡς ἐρομένου τινὸς περὶ τοῦ θείου πνεύματος, φησὶν οὕτως·

« Εἰ μὴ πρόνοιά τις ἦν τοῦ πάντων κυρίου ὥστε με τὸν λόγον τοῦτον ἀποκαλύψαι, οὐδὲ ὑμᾶς νῦν ἔρως τοιοῦτος κατεῖχεν ἵνα περὶ τούτου ζητήσητε· νῦν δὲ τὰ λοιπὰ τοῦ λόγου ἀκούετε. τούτου τοῦ πνεύματος οὗ πολλάκις προεῖπον πάντα χρῄζει. τὰ πάντα γὰρ βαστάζον κατ' ἀξίαν τὰ πάντα ζωοποιεῖ καὶ τρέφει, καὶ ἀπὸ τῆς ἁγίας πηγῆς ἐξήρτηται, ἐπίκουρον πνεύμασι καὶ ζωῆς ἅπασιν ἀεὶ ὑπάρχον γόνιμον, ἓν ὄν. »

Fons s. test. ante fr. 23 habet Didym. fr. 24 (*De Trinitate* II, 27 p. 301 s. Mingarelli, P. G. XXXIX 756 B), haec praefatus Ἑρμοῦ Τρισμεγίστου ἐκ τῶν πρός τόν Ἀσκληπιόν λόγων τριῶν (ἐκ λόγου τρίτου τῶν πρός τόν Ἀ. Scott). ἐρομένου τινός τόν Ἀγαθόν Δαίμονα περὶ τοῦ τρισαγίου πνεύματος, ἔχρησεν οὕτως, Εἰ...

1 ⟨τῷ⟩ τρίτῳ Scott || 4 με MV Aub. : μοι Did. Malal., fort. recte (om. ut uid. Oec.) || 5 νῦν MV Oec. Aub. : om. Did. Malal. Chron. — ἔρως τοιοῦτος : τοιοῦτος ἔρως Did. Malal. Chron. || 6 κατεῖχεν ⟨ἄν⟩ Scott || 7 οὗ MV Aub. Did. : *de quo* Oec. ' an περὶ οὗ ? ' Scott, quod ualde dubium || 8 βαστάζον MV Aub. Did. : *portat* Oec. || 10 πνεύμασι MV Did. : πνεύματι Oec. Aub. πνεῦμα ἦν Symph. phil. — ζωῆς V Oec. Aub. Did. : ζωοῖς M (non male : testimonia autem obstant).

24

Et de nouveau le même Hermès dans ce même troisième

discours des *Discours à Asclépios*, comme on l'interroge sur l'Esprit divin, s'exprime ainsi [1] :

« Si le Seigneur de toutes choses n'avait veillé de quelque manière en sa providence à ce que je dusse révéler cette doctrine, vous ne seriez pas non plus, à cette heure, possédés d'un tel désir de rechercher la vérité à son sujet. Maintenant, écoutez le reste de la doctrine. De cet Esprit, de qui souvent j'ai parlé déjà, toutes choses ont besoin. Car, comme il porte [2] toutes choses, il les vivifie et les nourrit toutes selon ce qu'elles méritent, et il dépend de la source sainte, venant en aide aux esprits, et se trouvant être pour tous toujours productif de vie, tout en demeurant unique [3]. »

---

1. ὡς paraît ici pléonastique plutôt que = « comme si », cp. ὡς ὅτι = ὅτι, ὡς ἐπί (Bl.-Debr.[6] 453, 4 [et Schmid, *Att.* IV 89, sur l'emploi de ὡς avec des participes à sens causal. A. D. N.]). Didyme (Scott, p. 171, n. 3), qui est probablement la source de Cyrille, a simplement ἐρομένου τινός. [Cf. Reitzenstein, *Poim.*, p. 203, n. 2 ; Scott, IV, p. 171, n. 5 ; Ferguson, *ib.*, p. 488, sur l'ordre des fragments dans Didyme (24 avant 23 ; peut-être avec raison, cf. *Ascl.* 1, p. 296.4). Comme Scott (IV, p. 172, n. 6 de la p. 171), je pense qu'Hermès rapporte un dialogue : cf. la structure de l'Exc. XXIII et le fr. 31. ἕν peut-être dans le sens de εἷς Ζεὺς Σάραπις, « incomparable ». Avec πολλάκις cp. ἀεί en C. H. XII 8 (177.2) A. D. N.].

2. βαστάζον. Cf. Epict. fr. 26 Sch. (= M. Aur. IV 41), M. Aur. IX 24, *Corp. Herm.* X 8 (117.8) et 13 (119.8 τὸ πνεῦμα διῆκον... κινεῖ τὸ ζῷον καὶ ὥσπερ τρόπον τινὰ βαστάζει) et le commentaire de Farquharson ad M. Aur. IV 41.

3. ἓν ὄν en contraste avec ζωῆς ἅπασιν ... ὑπάρχον.

25

Cyril., *ib.*, 549 B, C (Scott, I, p. 542, IV, p. 197 s.).

ὁ δέ γε Τρισμέγιστος Ἑρμῆς οὕτω πώς φησι·
« Θεὸν νοῆσαι... ἀθανάτου.

---

1 ὁ M Aub. : om. V || 2 post ἀθανάτου ins. ⟨καὶ ἑτέρωθι⟩ Scott : uide tamen Ferguson (IV p. xliii).

[Exc. I 1, vol. III, pp. 2 s.]

Εἴ τις οὖν ἀσώματος ὀφθαλμός, ἐξερχέσθω τοῦ σώματος ἐπὶ τὴν θέαν τοῦ καλοῦ καὶ ἀναπτήτω καὶ θεωρείτω, μὴ σχῆμα, μὴ σῶμα, μὴ ἰδέας ζητῶν θεάσασθαι, ἀλλ' ἐκεῖνο μᾶλλον τὸ τούτων ποιητικόν, τὸ ἥσυχον, τὸ γαληνόν, τὸ ἑδραῖον, τὸ ἄτρεπτον, τὸ αὐτὸ πάντα καὶ μόνον, τὸ ἕν, τὸ αὐτὸ ἐξ ἑαυτοῦ, τὸ αὐτὸ ἐν ἑαυτῷ, τὸ ἑαυτῷ ὅμοιον, ὃ μήτε ἄλλῳ ὅμοιόν ἐστι μήτε ἑαυτῷ ἀνόμοιον. »

---

1 τις : τῳ Scott || 2 θεωρείτω Oec. (*contempletur* recte uertit Scott, qui αἰω. legit) : αἰωρηθήτω MV Aub. || 3 σῶμα : χρῶμα Scott || 4 τούτων MV Aub. : *quod omnia facere potest* (an πάντων τ. ?) Oec. — τὸ γαληνόν MV Oec. : καὶ γ. Aub. || 5 τὸ αὐτὸ πάντα καὶ μόνον : 'secludendum ?' Scott || 6 ἑαυτοῦ V : αὐτοῦ M — ἑαυτῷ V Aub. αυτῶ M corr. (ut uid.) M[1].

25

Du moins Hermès Trismégiste s'exprime-t-il à peu près ainsi :

« Concevoir Dieu... au divin et à l'immortel [cf. Exc. I, vol. III, p. 2 s.][1].

« S'il est donc quelque œil incorporel, qu'il sorte du corps et se porte vers la vue du Beau, qu'il s'envole et contemple, ne cherchant pas à voir une figure, un corps, des formes visibles[2], mais cela plutôt qui produit ces choses, l'être en repos, parfaitement tranquille[3], stable, immuable, qui à lui-même est tout et seul, l'être un, lui-même issu de lui-même, lui-même en lui-même, semblable à lui-même, et qui n'est ni semblable à autre chose ni dissemblable de lui-même[4]. »

---

1. « à l'immortel » manque dans Stobée.

2. [ἰδέας : « l'apparence » Ménard (p. 275) plutôt que, comme Mead, « modèles des choses ». — Sur de telles définitions de Dieu, cf. C. Bonner, *HTR*.. XXXVII, 1944, p. 338 s. A. D. N.].

3. Cf. Numen., fr. 11, p. 131.14 Leemans : αὐτὸ δὲ ἐν εἰρήνῃ, ἐν εὐμενείᾳ, τὸ ἤρεμον ... ἵλεων ἐποχούμενον ἐπὶ τῇ οὐσίᾳ.

4. Cf. C. H. IV 9 (52.20-22).

26

Cyril., *ib.*, 549 C, D (Scott, I, p. 542, IV, p. 198 s.).

Καὶ πάλιν ὁ αὐτός·

« Μηδὲν οὖν περὶ ἐκείνου πώποτε τοῦ ἑνὸς καὶ μόνου ἀγαθοῦ ἐννοούμενος ἀδύνατον εἴπῃς· ἡ πᾶσα γὰρ δύναμις αὐτός ἐστι. μηδὲ ἔν τινι αὐτὸν διανοηθῇς εἶναι, μηδὲ πάλιν κατεκτός τινος· αὐτὸς γὰρ ἀπέραντος ὢν πάντων ἐστὶ πέρας, καὶ ὑπὸ μηδενὸς ἐμπεριεχόμενος πάντα ἐμπεριέχει. ἐπεὶ τίς διαφορά ἐστι τῶν σωμάτων πρὸς τὸ ἀσώματον καὶ τῶν γεννητῶν πρὸς τὸ ἀγέννητον καὶ τῶν ἀνάγκῃ ὑποκειμένων πρὸς τὸ αὐτεξούσιον ἢ τῶν ἐπιγείων πρὸς τὰ ἐπουράνια καὶ τῶν φθαρτῶν πρὸς τὰ ἀΐδια; οὐχ ὅτι τὸ μὲν αὐτεξούσιόν ἐστι, τὸ δὲ ἀνάγκῃ ὑποκείμενον; ..... τὰ δὲ κάτω, ἀτελῆ ὄντα, φθαρτά ἐστιν. »

2 πώποτε om. Oec. || 4 αὐτός : αὐτῷ coni. Scott — ἔν : ἕν ut uid. M || 5 κατεκτός M : κατ' ἐκτός V Aub. (aut hoc aut illud ferendum) *quasi* (' καθὰ ? ' Scott) *extra aliquem* Oec., qui tum *ipse enim est qui sine termino, omnium est terminus : et qui a nullo comprehenditur, omnia in se comprehendit* (' αὐτὸς γάρ ἐστιν ⟨ὅς⟩ ἀπ. ὢν π. ἐ. π. καὶ ⟨ὅς⟩ ὑπὸ ? ' Scott) || 7 lacunam ante ἐπεὶ statuit Scott : per ellipsim autem dicitur || 7-8 τὸ ἀσώματον : *incorporea* Oec. || 8 γεννητῶν M (*genitorum* Oec.) : γενητῶν V Aub. — ἀγέννητον M (*ingenitum* Oec.) : ἀγένητον V Aub. || 11 τὸ... ὑποκείμενον : τὰ... ὑποκείμενα Scott || 12 lacunam post ὑπ. statuit Scott qui coni. ⟨τὰ μὲν γὰρ ἄνω, τέλεια ὄντα, ἀΐδιά ἐστι⟩, bene (possis et ⟨καὶ τὰ μὲν ἄνω κτλ.⟩).

26

Et encore le même Hermès :

« Ne vas donc jamais, quand tu fais réflexion sur ce Bien unique et seul, dire que rien lui soit impossible : car il est lui-même la totalité de la puissance. Ne vas pas non plus le concevoir en quelque chose ni hors de quelque chose : car étant lui-même sans limite il est la limite de tout, n'étant embrassé par rien il embrasse toutes choses [1]. De fait,

1. Cf. Arist. *de Caelo* B 1, 284 *a* 2 ss. διόπερ καλῶς ἔχει συμπείθειν ἑαυτὸν τοὺς ἀρχαίους ... ἀληθεῖς εἶναι λόγους, ὡς ἔστιν ἀθάνατόν τι

quelle est la différence des corps à l'Incorporel, des engendrés à l'Inengendré, des êtres sujets de la Nécessité à l'Être maître de lui-même, ou aussi bien des choses terrestres aux célestes, des périssables aux éternelles ? N'est-ce pas que l'un est souverainement libre, l'autre soumis à la Nécessité ?...[1] les êtres d'ici-bas, étant imparfaits, sont périssables. »

καὶ θεῖον τῶν ἐχόντων μὲν κίνησιν, ἐχόντων δὲ τοιαύτην ὥστε μηθὲν εἶναι πέρας αὐτῆς, ἀλλὰ μᾶλλον ταύτην τῶν ἄλλων πέρας· τό τε γὰρ πέρας τῶν περιεχόντων ἐστί, καὶ αὕτη (sc. ἡ κυκλοφορία) τέλειος οὖσα περιέχει τὰς ἀτελεῖς καὶ τὰς ἐχούσας πέρας καὶ παῦλαν.

1. Lacune, cf. n. cr. Peut-être : « ⟨Car les êtres d'en haut, étant parfaits, sont éternels,⟩ » (Scott).

27

Cyril., *ib.*, 552 D (Scott, I, p. 544, IV, p. 202 s.).

ὁ δὲ Τρισμέγιστος Ἑρμῆς οὕτω φθέγγεται περὶ θεοῦ·

« Ὁ γὰρ λόγος αὐτοῦ προελθών, παντέλειος ὢν καὶ γόνιμος καὶ δημιουργὸς ἐν γονίμῃ φύσει, πεσὼν ἐπὶ γονίμῳ ὕδατι ἔγκυον τὸ ὕδωρ ἐποίησε. »

Test. 2 ὁ... 4 ἐποίησε iterant Malalas Chron. Pasch. Suid. Cedrenus.

3 δημιουργὸς MV Aub. : δημιουργικός Suid. — post δημ. uirgulam volgo statuunt ; post φύσει malui — γονίμῃ MV Aub. : γονίμῳ testimonia — ἐπὶ MV Aub. : ἐν Mal. Chron. Cedr. καὶ Oec. Suid. || 4 ἔγκυον V Aub. Oec. : ἔγγυον ut uid. M — τὸ MV Oec. : τε Aub.

27

Quant à Hermès Trismégiste, voici ce qu'il profère sur Dieu :

« Car le Verbe de Dieu une fois sorti du Père[1], totalement parfait, fécond et créateur dans la Nature féconde, s'abattit sur l'eau féconde, et il rendit l'eau prégnante. »

1. Sur ce Logos, cf. C. H. Dodd, *The Bible and the Greeks*, p. 116 n. 2.

28

Cyril., *ib.*, 552 D (Scott, I, p. 544, IV, p. 203).

Καὶ ὁ αὐτὸς αὖθις·

« † Ἡ οὖν πυραμίς, φησίν, ὑποκειμένη † τῇ φύσει καὶ τῷ νοερῷ κόσμῳ· ἔχει γὰρ ἄρχοντα ἐπικείμενον τὸν δημιουργὸν λόγον τοῦ πάντων δεσπότου, ὃς μετ' ἐκεῖνον πρώτη δύναμις, ἀγέννητος, ἀπέραντος, ἐξ ἐκείνου προκύψασα καὶ ἐπίκειται καὶ ἄρχει τῶν δι' αὐτοῦ δημιουργηθέντων. ἔστι δὲ τοῦ παντελείου πρόγονος καὶ τέλειος καὶ γόνιμος γνήσιος υἱός. »

1 ὁ V Aub. : om M || 2 ὑποκειμένη MV Aub. : *subiacet* Oec. || 3 τὸν MV : om. Aub. || 5 ἀγέννητος M (*ingenitum* Oec.) : ἀγένητος V Aub. || 5-6 προκύψασα V Aub. (*prospectans* Oec.) : προκόψασα M || 6 ἐπίκειται MV Aub. : *incumbens* Oec. — τῶν MV Aub. : *omnibus quae* Oec. an πάντων τῶν ? || 7-8 ἔστι... υἱός Cyrillo tribuit Scott, haud scio an recte || 7 ἔστι δὲ MV Aub. : *est autem et* Oec. (quod ἔστι δὲ καὶ uertit Scott) — πρόγονος : πρωτόγονος Reitzenstein || 8 ⟨καὶ⟩ γνήσιος Reitzenstein.

28

Et le même encore :

« La Pyramide donc, dit-il (Hermès), est le fondement de la Nature et du monde intellectuel[1]. Car elle a, placé

1. Sur ce début, cf. mon article dans *Mus. Helvet.*, 6, 1950, p. 211 ss. ; Ph. Merlan, *ib.*, 8, 1951, p. 100 ss. Plus généralement, sur les propriétés de la tétrade, cf. P. Kucharski, *Études sur la doctrine pythagoricienne de la tétrade*, Paris, 1952. Ou la citation est tronquée, ou suppléer ἐστί ou corriger en ὑπόκειται (*subiacet* Oec. peut rendre l'un ou l'autre), ou encore, comme chez Zosime, participe pour verbe principal, cf. supra, fr. 21, n. cr. ad 7. [Ce début est très mystérieux et peut-être gâté, bien qu'il soit concevable que l'auteur ait commencé au milieu d'une phrase qui, dans son contexte, offrait un sens. (Ainsi dans le fr. 29, le contexte dans Cyrille montre que le sujet de ἐκλήθη est Λόγος. Tout lecteur de Cyrille pouvait s'en rendre compte, et il n'a pas jugé utile de citer ce qui précédait). πυραμίς peut-il être mis en rapport avec l'usage du mot pour un type particulier de nombre, comme en Ps. Jambl. *Theol. arithm.* 62, p. 84 de Falco, ou avec l'analogie de la pyramide avec le feu (cf. Plat. *Tim.*, p. 56 *b*, Arist. *Cael.* III 5, p. 304 *a* 12) ? Pour προκύψασα, cf. παρακύπτειν en C. H. I 14 (11.7). L'analogie ne doit pas être pressée, bien qu'il y ait de notables ressemblances entre les

au-dessus d'elle comme chef, le Verbe démiurgique du Maître de toutes choses, qui, Puissance première après celui-ci, inengendrée, sans limite[1], ayant émergé hors du Père, est préposé aux choses produites par le Père et les gouverne. Il est le premier-né du Totalement Parfait, fils légitime, parfait et fécond. »

deux textes (cf. *Poim.* p. 332 ad l. 5, et, pour ἐπικείμενον (ici l. 2), cp. C. H. I 13, p. 11.5). Pour προκύπτω, cf. aussi Porph. *Ad Gaur.* 16.5, p. 57.9, 15, ed. K. Kalbfleisch (*Abh. Berlin* 1895), à propos de l'enfant qui vient à la lumière. A. D. N.].

1. Infinité de Dieu : cf. Plot. IV 3, 8.38 θεὸς οὐ πεπερασμένος, VI 5, 4.12 ὁμοῦ θεὸν νομίζειν καὶ πανταχοῦ τὸ αὐτὸ ἅμα ὅλον εἶναι. πάλιν δέ, εἰ ἄπειρον λέγομεν ἐκείνην τὴν φύσιν, κτλ.

29

Cyril., *ib.*, 552 D (Scott, I, p. 544, IV, p. 204).

καὶ πάλιν ὁ αὐτός, ὡς ἐρομένου τινὸς τῶν ἐν Αἰγύπτῳ τεμενειτῶν καὶ λέγοντος,

« Διὰ τί δέ, ὦ μέγιστε Ἀγαθὸς Δαίμων, τούτῳ τῷ ὀνόματι ἐκλήθη ἀπὸ τοῦ πάντων κυρίου ; », φησί.

« Καὶ ἐν τοῖς ἔμπροσθεν εἶπον, σὺ δὲ οὐ συνῆκας. ⟨ἡ⟩ φύσις τοῦ νοεροῦ αὐτοῦ λόγου φύσις ἐστὶ γεννητικὴ καὶ δημιουργητική· τοῦτο ὥσπερ αὐτοῦ ἡ γέννησις ἢ φύσις ἢ ἔθος, ἢ ὃ θέλεις αὐτὸ καλεῖν, κάλει, τοῦτο μόνον νοῶν, ὅτι τέλειός ἐστιν ἐν τελείῳ καὶ ἀπὸ τελείου τέλεια ἀγαθὰ ἐργάζεται καὶ δημιουργεῖ καὶ ζωοποιεῖ. ἐπειδὴ οὖν τοιαύτης ἔχεται φύσεως, καλῶς τοῦτο προσηγόρευται. »

1 τινός : *quidem* Oec. (' an lapsu pro *quidam* ? ' Scott) || 5 ⟨ἡ⟩ ins. Scott || 6 φύσις alterum ' an secl. ? ' Scott || 6-7 καὶ δημιουργητική MV Oec. : om. Aub. || 7 lacunam post ὥσπερ statuit Reitzenstein — ἡ MV Aub. (Oec.) : ἢ Reitzenstein tacite et fort. recte ; an secludendum ? — γέννησις fort. corruptum : γένεσις Reitzenstein tacite || 8 αὐτὸ MV : *ipsum* Oec. αὐτὸν Scott || 9 ⟨καὶ⟩ τέλεια Scott. qui et ἐν τελείῳ secl.

29

Et de nouveau le même (Hermès), en réponse à l'un des desservants de sanctuaire[1] en Égypte qui l'interroge et lui

1. τεμενίτης semble un hapax en ce sens. Ordinairement épithète de l'un ou l'autre dieu.

dit : « Pourquoi, très grand Bon Génie[1], ⟨le Verbe⟩ a-t-il été appelé de ce nom par le Seigneur de toutes choses? », parle ainsi :

« Je te l'ai déjà dit dans nos entretiens antérieurs, mais tu n'as pas compris. La nature du Verbe intellectuel de Dieu est une nature générative et démiurgique. Voilà ce qu'est, si l'on peut dire[2], l'action d'engendrer[3] du Verbe ou sa nature ou son caractère ou quoi que ce soit que tu veuilles le nommer, te mettant seulement dans l'esprit qu'il est parfait dans un Parfait et que, à partir d'un Parfait[4], il effectue, façonne et vivifie des biens parfaits. Puis donc qu'il se rattache à une telle nature, c'est à bon droit qu'il a été appelé de ce nom[5]. »

1. Cf. t. I, p. 135, n. 78.

2. Pour ὥσπερ κτλ., cf. C. H. IV 1 (49.3ss.), XIV 7 (224.16), Exc. IV 7.

3. [Mead, III, p. 255, lisant γένεσις, traduit « pouvoir de donner naissance ». C'est peut-être le sens de γέννησις : cf. ψύχωσις dans l'Exc. XXIII 15. A. D. N.].

4. Ou « issu d'un Parfait ».

5. [Sur ce fr. 29, cf. les notes de Scott, IV, p. 204, et Reitzenstein, *Poim.*, p. 131. Comme l'a suggéré Mead (III, p. 255, n. 3), l'interlocuteur est très probablement Osiris, cf. Scott, IV, p. 171 n. 5, p. 213 n. 7. μέγιστε 'Αγ. Δ. montre que 'Αγ. Δ. ne formait qu'un seul mot. A. D. N.].

30

Cyril., *ib.*, 553 A, B (Scott, I, p. 546, IV, p. 204 s.).

καὶ ὁ αὐτὸς ἐν λόγῳ πρώτῳ τῶν πρὸς τὸν Τὰτ διεξοδικῶν οὕτω λέγει περὶ θεοῦ·

« Ὁ τοῦ δημιουργοῦ λόγος, ὦ τέκνον, ἀΐδιος, αὐτοκίνητος, ἀναυξής, ἀμείωτος, ἀμετάβλητος, ἄφθαρτος, μόνος, ἀεὶ ἑαυτῷ ὅμοιός ἐστιν, ἴσος δὲ καὶ ὁμαλός, εὐσταθής, εὔτακτος, εἷς ὢν ὁ μετὰ τὸν προεγνωσμένον θεόν. »

σημαίνει δέ, οἶμαι, διά γε τουτουὶ τὸν πατέρα.

Test. ὁ (3)... θεόν (6) habet *symph. phil.* (Scott, IV, 225).

1 τὸν Τὰτ V Aub. Oec. : τὰ τῶν M || 5 ἑαυτῷ... ὁμαλός : *sibi ipsi aequale est, simile et planum* Oec. (unde nolim lectionem eruere) || 6 ὁ secl. Scott fort. recte, om. *Symph.* (Scott, IV, 225.19 ; Erbse, 203.5) || 7 οἶμαι om. Oec.

30

Le même (Hermès) dans le premier des *Discours détaillés*[1] *à Tat* s'exprime ainsi sur Dieu :

« Le Verbe du Démiurge, mon enfant, éternel, se mouvant lui-même, sans croissance, sans diminution, sans changement, incorruptible, seul[2], est toujours semblable à lui-même, égal et uniforme[3], bien équilibré, bien ordonné, lui qui est unique après le Dieu connu avant toutes choses[4]. »

Par ces derniers mots, il désigne, je pense, le Père...

---

1. [διεξοδικῶν. Cf. Porph. *V. P.* 36, p. 36.15 N. ἢ διεξοδικῶς ἢ συμβολικῶς παρῄνει, Ps. Cornut. *Ars rhet.* 210, p. 41.24 Graeven, D. L. VII 42 τήν τε ῥητορικὴν ἐπιστήμην οὖσαν τοῦ εὖ λέγειν περὶ τῶν ἐν διεξόδῳ λόγων καὶ τὴν διαλεκτικὴν τοῦ ὀρθῶς διαλέγεσθαι περὶ τῶν ἐσν ἐρωτήσει καὶ ἀποκρίσει λόγων, Democr. 26, II p. 148.8 D.-K. Le sens doit être « exposé systématique » à la différence du dialogue, mais ici c'est surtout un mot sonore. A. D. N.].

2. μόνος, probablement = μονογενής « seul de sa race », cf. Plat. *Tim.* 92 *c* 9 et les autres emprunts au *Timée* dans ce passage, cf. n. 3. [Voir aussi Arist. *de Cael.* I 9, 277 *b* 27 ss. A. D. N.]. ἄφθαρτος μόνος « seul incorruptible » est moins probable.

3. Cf. Plat. *Tim.* 33 *b* 5 ἴσον ... πάντων τελεώτατον ὁμοιότατόν τε αὐτὸ ἑαυτῷ σχημάτων, 34 *b* 1 λεῖον καὶ ὁμαλὸν πανταχῇ τε ἐκ μέσου ἴσον καὶ ὅλον καὶ τέλεον ... ἐποίησεν. Pour μόνος, 34 *b* 5 οὐρανὸν ἕνα μόνον ἔρημον κατέστησεν. Pour εὐσταθής, 34 *b* 6 δι' ἀρετὴν δὲ αὐτὸν αὐτῷ δυνάμενον συγγίγνεσθαι καὶ οὐδενὸς ἑτέρου προσδεόμενον. Pour εἷς ὤν, 33 *a* 1 πρὸς δὲ τούτοις ἕν, 33 *a* 6 διὰ δὴ τὴν αἰτίαν ... ἕνα ὅλον ... τέλεον καὶ ἀγήρων ... αὐτὸν ἐτεκτήνατο, 92 *c* 9 εἷς οὐρανὸς ὅδε μονογενὴς ὤν.

4. Cf. *supra*, fr. 12 *a*, n. 1.

31

Cyril., *c. Iul.*, II, 585 D, 588 A (Scott, I, p. 546, IV, p. 212 s.).

καὶ δὴ καὶ εἰπεῖν ὁ Πλάτων διατείνεται, « Θεοὶ θεῶν, ὧν ἐγὼ δημιουργὸς πατήρ τε ἔργων. » ἤδη μὲν οὖν τὰς τῶν

Fontes 1 *Tim.* 41 A.

Ἑλλήνων παρηγάγομεν χρήσεις (τὰς ἐπί γε τούτοις φημί) καὶ παρήσω μὲν τὸ ταυτοεπεῖν, διαμεμνήσομαι δὲ τῶν Ἑρμοῦ τοῦ Τρισμεγίστου λόγων.

[588 A] ἔφη γὰρ οὗτος ἐν τῷ Πρὸς Ἀσκληπιόν·

« καὶ εἶπε, φησίν, ὁ Ὄσιρις, Εἶτα, ὦ μέγιστε Ἀγαθὸς Δαίμων, πῶς ὅλη ἡ γῆ ἐφάνη ; — καὶ εἶπεν ὁ μέγας Ἀγαθὸς Δαίμων, Κατὰ τάξιν καὶ ἀναξήρανσιν, ὡς εἶπον· καὶ τῶν πολλῶν ὑδάτων κελευσθέντων ἀπὸ τοῦ εἰς ἑαυτὰ ἀναχωρῆσαι, ἐφάνη ὅλη ἡ γῆ ἔμπηλος καὶ τρέμουσα. ἡλίου λοιπὸν ἀναλάμψαντος καὶ ἀδιαλείπτως διακαίοντος καὶ ξηραίνοντος ἡ γῆ ἐστηρίζετο ἐν τοῖς ὕδασιν, ἐμπεριεχομένη ὑπὸ τοῦ ὕδατος. »

1-2 παρηγάγομεν... ταυτοεπεῖν : *adducimus sententias quas praeter illas dicunt. nolumus enim idem saepe dicere* Oec. || 2 παρήσω μὲν : fort. παρήσωμεν — ταυτοεπεῖν V (cf. Cyr. *In Esai.* III (*in* 41.1), P. G. *LXX* 828 C, ubi ' congruere ' significat) : ταῦτα εἰπεῖν M ταὐτὰ εἰπεῖν Aub. || 2-3 διαμ. ... λόγων : *mentionem faciemus Hermetis termaximi* Oec. || 4 τῷ : ' an τοῖς uel τῷ τρίτῳ τῶν ? ' Scott || 5 φησίν om. Oec. — ὁ M : om. V Aub. — μέγιστε : τρισμέγιστε Reitzenstein || 6-7 εἶπεν ὁ μέγας Ἀγαθὸς Δαίμων M Oec. Aub. : εἶπε V || 7 τάξιν : dubitat J. Kroll ; διάκρισιν coni. Scott πῆξιν Patrizzi — καὶ M Aub. : om. V — ὡς εἶπον M Aub. : om. V || 8 καὶ om. Oec. (καὶ ⟨γὰρ⟩ scr. Scott) — ἀπὸ τοῦ om. Oec. (fort. ut obscura). lacunam post τοῦ statuit Mead. intellego ' ab hoc tempore ' (cf. ἐκ τοῦ, πρὸ τοῦ) : quod si durum uidetur, scribendum ἀπὸ τούτου uel ἀπὸ τοῦδε || 9 ὅλη ἡ γῆ M Aub. : ἡ γῆ ὅλη V || 10 λοιπὸν MV : *autem* Oec. δὲ λοιπὸν Aub. || 10-11 ἀδ. δ. καὶ M Oec. Aub. : om. V || 11 ἐν M Aub. : ἐπὶ V *propter aquas* Oec. || 12 τοῦ M Aub. : om. V (*ab aquis* Oec.).

31

Davantage, Platon, enflant la voix, déclare : « Dieux des dieux, ouvrages de qui je suis le Démiurge et le Père. » Mais j'ai déjà cité les passages des Grecs (je veux dire ceux qui ont trait à ces choses) et je ne veux pas me répéter : toutefois je ferai mention des paroles d'Hermès Trismégiste.

Celui-ci dit en effet dans le *Discours à Asclépios* :

« Alors Osiris », dit-il, « demanda » : « Ensuite, très grand Bon Génie, comment la terre apparut-elle en son

entier? ». — Le grand Bon Génie répondit : « Selon un ordre[1] et un desséchement, comme j'ai dit : la masse des eaux ayant reçu, à partir de cet instant, le commandement de se retirer sur elles-mêmes, la terre apparut en son entier fangeuse et secouée de tremblements[2]. Pour le reste, le soleil ayant répandu sa lumière et ne cessant de la brûler et dessécher à fond, la terre fut solidement fixée au milieu des eaux[3], entourée de tout côté par l'eau[4]. »

---

1. κατὰ τάξιν ne va guère avec (κ.) ἀναξήρανσιν. « Selon une consolidation » Patrizzi (κ. πῆξιν). Ou, par une sorte d'hendiadys : κατ' ἀναξήρανσιν ἐν τάξει = « selon un desséchement progressant en ordre » ? Cf. *Tim.* 30 *a*, cité *infra* n. 2.

2. Cf. κραδαινομένη, Exc. XXIII 51, p. 17.17. Voir aussi Plat. *Tim.* 30 *a* 2 οὕτω δὴ πᾶν ὅσον ἦν ὁρατὸν παραλαβὼν οὐχ ἡσυχίαν ἄγον ἀλλὰ κινούμενον πλημμελῶς καὶ ἀτάκτως, εἰς τάξιν αὐτὸ ἤγαγεν ἐκ τῆς ἀταξίας.

3. Ou « sur les eaux » ?

4. [Sur cette genèse, cf. J. Kroll, *Lehren*, p. 142, Reitzenstein, *Die Göttin Psyche*, p. 78. A. D. N.].

32 a

Cyril., *ib.*, 588 A (Scott, I, p. 546, IV, p. 213 s.).

καὶ μὴν καὶ ἑτέρωθι·

« Ὁ πάντων δημιουργὸς καὶ κύριος ἐφώνησεν οὕτως, Ἔστω γῆ καὶ φανήτω στερέωμα· καὶ εὐθέως ἀρχὴ τῆς δημιουργίας γῆ ἐγένετο. »

32 b

Cyril., *ib.*, 588 A (Scott, I, p. 546, IV, p. 214).

καὶ ταυτὶ μὲν περὶ τῆς γῆς· ἡλίου δὲ πέρι πάλιν ὧδέ φησι·

« Καὶ εἶπεν ὁ Ὄσιρις, Ὦ τρισμέγιστε Ἀγαθὸς Δαίμων,

---

3 καί... fr. 31 hinc continuari uidit Mead — ὁ V : om. M Aub. || τρισμέγιστε : μέγιστε Scott.

πόθεν ἀνεφάνη ὁ μέγας οὗτος ἥλιος ; καὶ εἶπεν ὁ μέγας Ἀγαθὸς Δαίμων, Ὄσιρι, ἡλίου γένναν βούλει ἡμᾶς καταλέξαι πόθεν ἐφάνη ; ἐφάνη προνοίᾳ τοῦ πάντων δεσπότου. »

Ἔστι δὲ ἡ γένεσις τοῦ ἡλίου ἀπὸ τοῦ πάντων δεσπότου διὰ τοῦ ἁγίου καὶ δημιουργικοῦ λόγου αὐτοῦ γενομένη.

Test. 2 Ὄσιρι (l. 2)... ὕδατος (33, p. 140) exscr. Jac. Edess. *Hexaemeron* (ed. A. Vaschalde, *Corp. Script. Christ. Orien.*, Ser. II, t. LVI, p. 149 s. ; p. 125 versionis). [A. J. F.].

1-2 πόθεν... Δαίμων M Oec. Aub. (v. l.) V (nisi quod infra notatur) : om. Aub. || 1 ὁ μέγας οὗτος ἥλιος V Aub. (v. l.) (*magnus iste sol* Oec.) : οὗτος ὁ μέγας M || 1-2 ὁ μ. Ἀ. Δ. om. V Aub. (v. l.) || 2 γένναν M Aub. : γένεσιν V || 5-6 ἔστι... γενομένη Cyrillo tribuit Scott (IV, p. 214) qui et post ὕδατος [fr. 33] transp. || 5 ἀπὸ τοῦ πάντων δεσπότου : om. Oec. || 6 λόγου αὐτοῦ M Aub. : αὐτοῦ λόγου V — γενομένη M Aub. : γενόμενος V.

32 a

Outre cela, il dit encore ailleurs :

« Le Démiurge et Seigneur de toutes choses prit la parole en ces termes : « Que la terre soit et qu'apparaisse le firmament. » Et aussitôt la terre vint à l'être comme premier commencement de la création[1]. »

1. [Reitzenstein, *Poim.*, p. 126, n. 1. A. D. N.].

32 b

Voilà ce qu'il en est de la terre. Quant au soleil, il (Hermès) s'exprime ainsi :

« Et Osiris dit : « O trois fois grand Bon Génie, par quelle cause[1] a surgi ce grand soleil que voici ? » Le grand Bon Génie répondit : « Tu veux, Osiris, que je t'expose la

1. Ou « par quel moyen ... ? », cf. *Ev. Marc*, 12, 37.

« génération du soleil, par quelle cause il a surgi ? Il a surgi « par la providence du Maître de toutes choses. »

En outre la génération du soleil s'est produite, du fait du Maître de toutes choses, par l'intermédiaire de son Verbe saint et créateur[1].

1. [Avec Scott, je crois que ces mots appartiennent à Cyrille. A. D. N.].

33

Cyril., *ib.*, 588 B (Scott, I, p. 546, IV, p. 215).

ὁμοίως ὁ αὐτὸς ἐν τοῖς πρὸς τὸν Τὰτ διεξοδικῷ λόγῳ πρώτῳ φησίν·

« Ὁ δὲ πάντων κύριος εὐθέως ἐφώνησε τῷ ἑαυτοῦ ἁγίῳ καὶ νοητῷ καὶ δημιουργικῷ λόγῳ, Ἔστω ἥλιος, καὶ ἅμα τῷ φάναι τὸ πῦρ τὸ φύσεως ἀνωφεροῦς ἐχόμενον (λέγω δὴ τὸ ἄκρατον καὶ φωτεινότατον καὶ δραστικώτατον καὶ γονιμώτατον) ἐπεσπάσατο ἡ Φύσις τῷ ἑαυτῆς πνεύματι καὶ ἤγειρεν εἰς ὕψος ἀπὸ ὕδατος... ».

Test. 4 ss. *statim ac dixit, uisum est quod ignem illum qui naturam in sublime tendentem habet, illum dico, qui est praestantissimus et luminosissimus et efficacissimus et maxime permanens, natura spiritu suo attraxit eumque in altum super aquas extulit* Jac. Edess.

1 ὁ V (*idem* Oec.) : καὶ M Aub. (καὶ ὁ Scott fort. recte) — τοῖς MV : τῷ Aub. — πρὸς τὸν Τὰτ : om. Oec. post Τάτ, ⟨ἐν τῷ⟩ scribere possis — διεξοδικῷ M Aub. : διεξοδικῶν V Oec. || 4 καὶ νοητῷ ' an secludendum ? ' Scott : cf. tamen νοητόν ut *prudentem* in orac. ap. J. Lyd. *Mens.* I 11 (p. 3.5 Wünsch) ; in testim. ad *Ascl.* 8 (p. 304-5) monetur lector ne αἰσθητὸν tamquam αἰσθητικὸν accipiat : potuit ergo || 4-5 ἅμα... πῦρ MV Aub. : *et simul apparuit ignis* Oec. (num φάναι [φᾶναι V] tamquam a φαίνω uertit ?) || 5 τὸ ante φύσ. MV (*quod natura sursum fertur* Oec.) : τῆς Aub. del. Scott — ἀνωφεροῦς iterat V || 6 ἄκρατον M Aub. (*purum* Oec.) : ἀκρότατον V Aub. (v. l.) || 6-7 δραστικώτατον καὶ γονιμώτατον Oec. (*efficacissimum et foecundissimum*) : δραστικώτερον καὶ γονιμώτερον MV Aub. || 7 ἐπεσπάσατο MV : *attracta est* Oec. || 8 ἀπὸ ⟨τοῦ⟩ Scott.

33

Pareillement le même (Hermès), dans le premier *Discours détaillé à Tat*[1], déclare :

« Aussitôt le Seigneur de toutes choses prononça par son Verbe saint[2], mental[3], et créateur : « Que le soleil soit ! » A peine eut-il parlé que Physis[4] attira à elle, par son propre souffle, le feu qui se rattache à la nature qui tend vers le haut (je veux dire le feu sans mélange, tout lumineux, tout agissant et fécond) et que, le séparant de l'eau, elle l'éleva vers les hauteurs. »

1. Ou, en lisant ἐν τῷ ⟨τῶν⟩ ... διεξοδικῶν (V Oec.) λόγῳ πρώτῳ (cf. ἐν λόγῳ πρώτῳ τῶν ... διεξοδικῶν fr. 30), « dans le premier des *Discours détaillés* ... ».

2. Cf. C. H. I 18 (13.7) ὁ δὲ θεὸς εὐθὺς εἶπεν ἁγίῳ λόγῳ (où j'aurais peut-être dû traduire : « par son Verbe Saint »). Sur le rôle et la signification du Logos dans le C. H. I, cf. *REG*, LVII, 1944, p. 257 ss., en particulier p. 261-262.

3. [νοητός par opposition à αἰσθητός. La Parole de Dieu n'implique pas, comme nos paroles, la production d'un son physique. A. D. N.]. Cf. le λόγος ἐνδιάθετος des Stoïciens.

4. [Physis personnifiée comme en C. H. I et Nonnus. A. D. N.]. Voir aussi Exc. XXIII 10 ss.

34

Cyril., *ib.*, 588 C (Scott, I, p. 548, IV, p. 216).

διαμνημονεύει δὲ καὶ τούτου πάλιν ὁ παρ' αὐτοῖς Τρισμέγιστος Ἑρμῆς. εἰσκεκόμικε γὰρ λέγοντα τὸν θεὸν τοῖς κτίσμασιν·

« Ἀνάγκην δὲ ὑμῖν τοῖς ὑπ' ἐμὲ περιθήσω ταύτην τὴν διὰ τοῦ λόγου μου ὑμῖν ἐντολὴν δεδομένην· τοῦτον γὰρ νόμον ἔχετε... »

2-3 τὸν θεὸν τοῖς κτίσμασιν M Aub. (Oec.) : τοῖς κτίσμασι τὸν θεὸν V || 4-6 Cyrillum fortasse Exc. XXIII 17, 38 in mente habere coni. Ferguson : locus potius similis || 4 ὑπ' MV Oec. : ἐπ' Aub. || 5 μου M Oec. Aub. : om. V.

34

Hermès, qui, chez eux (les Égyptiens), est le trois fois Grand, fait de nouveau mention de ce point[1]. Car il a fait entrer en scène Dieu disant à ses créatures :

« C'est comme une nécessité que je vous imposerai, à vous qui m'êtes sujets, ce commandement qui vous a été donné par ma parole[2] : car c'est ce commandement que vous avez pour loi... »

---

1. Sc. que Dieu organise sa création comme il l'entend (κατ' ἐξουσίαν).
2. Ainsi Scott (« by my speech »). Ou « par l'intermédiaire de mon Verbe » : cf. fr. 33 et n. 2 *ad loc.*

35

Cyril., *c. Iul.*, VIII, 920 D (Scott, I, p. 548, IV, p. 223).

ἔφη δέ που καὶ ὁ Τρισμέγιστος παρ' αὐτοῖς Ἑρμῆς περὶ τοῦ πάντων ἀριστοτέχνου θεοῦ·

« Καὶ γὰρ ὡς τέλειος καὶ σοφὸς τάξιν † καὶ ἀταξίαν † ἐπέθηκε, ἵνα τὰ μὲν νοερὰ ὡς πρεσβύτερα καὶ κρείττονα προεστήκῃ καὶ τὸν πρῶτον τόπον ἔχῃ, τὰ δὲ αἰσθητὰ ὡς δεύτερα [ἵνα] τούτοις ὑποστήκῃ. τὸ οὖν κατωφερέστερον τοῦ νοεροῦ καὶ βρῖθον λόγον ἐν ἑαυτῷ σοφὸν ἔχει δημιουργικόν, ὁ δὲ λόγος αὐτοῦ οὗτος δημιουργικῆς ἔχεται φύσεως, γόνιμος ὑπάρχων καὶ ζωοποιός. »

---

1 V deest a fine libri V.

---

2 ἀριστοτέχνου : cf. Pindar. fr. 57 Schroeder cum adnotat. (p. 403) ; locus hic philosophantibus carus || 3 καὶ ἀταξίαν M Oec. Aub. : ἀταξίᾳ Scott (possis et καὶ ἀταξίᾳ. confert sane Ferguson C. H. V 4 p. 62.3, VIII 4 p. 88, 15 : cf. Exc. XXIII 51 p. 17.15 ss.) || 6 ἵνα om. Oec. secl. Scott : pleonasmus fort. ferendus || 8-9 ὁ δὲ... ζωοποιός Hermeti tribuit Scott (qui αὐτοῦ secl.), Cyrillo Aubert.

35

Hermès qui, chez eux, est le trois fois Grand, a dit quelque part sur Dieu l'Excellent Ouvrier de toutes choses :

« De fait, en tant que parfait et sage, Dieu a imposé de l'ordre même au désordre[1], afin que les êtres intellectuels, en tant que plus anciens et plus puissants, président et tiennent le premier rang, et que les êtres sensibles, en tant qu'inférieurs à ceux-là, soient placés en dessous. Ainsi donc ce qui a plus de tendance vers le bas que l'être intellectuel, et qui est pesant, possède en soi un Verbe créateur sage, et ce Verbe qui lui[2] appartient se rattache à la nature créatrice, puisqu'il est fécond et vivifiant. »

1. Je traduis καὶ ἀταξίᾳ (cf. n. cr.). [Pour τάξιν ... ἐπέθηκε, cf. *PGM* XIII 541 s. (II, p. 113 Preis.) καὶ οὐκέτι οὐδὲν ἠτάκτησεν τῶν ἀερίων. A. D. N.].

2. αὐτοῦ est vague : « de Dieu » (Dieu étant sujet de la première proposition) ? Ou « de l'être κατωφερές » (dont on vient de dire que λόγον ἔχει) ? [Y a-t-il ici quelque souvenir du λόγος σπερματικός (cf. *St. V. F.*, II, p. 314.27 ss.) transféré à la théologie d'un *Deus agens* ? A. D. N.].

36

Ps. Anthimus 14-15, ed. G. Mercati, *Studi e Testi*, V, 1901, p. 98 (Scott, I, p. 548, IV, p. 159 s.).

πόθεν δὲ καὶ τὸ βουλήσει θεοῦ ὑποστῆναι τὸν τοῦ θεοῦ λόγον ἀπεφήναντο ; οὐχὶ καὶ τοῦτο παρὰ τοῦ Τρισμεγίστου μαθόντες ; 15. οὗτος γὰρ μετὰ τὸν πρῶτον θεὸν περὶ τοῦ δευτέρου λέγων οὕτως ἔφη·

« Εἰσόμεθα τὸν προεννοούμενον θεόν... ὃς τὰ πάντα μὲν ἐκείνου ὅμοια βουληθέντος ἔχει, δυσὶ δὲ λείπεται τῷ εἶναι ἐν σώματι καὶ ὁρατὸν ὑπάρχειν. »

1 πόθεν A(mbrosianus) : ὅθεν S (Escorialensis) || 3 μαθόντες : om. S || 4 οὕτως : om. S. || 5 προεννοούμενον : προσεννοούμενον S. cf. ad fr. 12 — post θεόν lacunam statuit Scott qui ⟨καὶ τὸν δεύτερον⟩ ci. : quae sequuntur ad deum alterum spectant || 6 βουληθέντος ἔχει : ἔχει βουληθέντος S.

36

D'où vient aussi qu'ils[1] ont déclaré que le Verbe de Dieu est subordonné à la Volonté de Dieu? N'est-ce pas que, cela aussi, ils l'ont appris du Trismégiste? [15] Celui-ci en effet, parlant du second après le Premier Dieu[2], s'exprime en ces termes :

« Nous connaîtrons le Dieu conçu avant toutes choses[3]... qui, Celui-là (le Premier Dieu) l'ayant ainsi voulu, s'il possède toutes qualités semblables à son Père, est néanmoins en défaut sur deux points, en ce qu'il est en un corps et en ce qu'il est visible. »

---

1. Les Ariens.
2. C'est ainsi, je pense, qu'il faut comprendre, malgré la gaucherie de la construction.
3. Ceci pourrait s'appliquer au 2e Dieu (cf. fr. 12 *a*, n. 1), en sorte qu'il ne serait pas indispensable de supposer une lacune. L'épithète προεννοούμενος ne qualifie pas nécessairement le même Premier Dieu dans des citations à contextes différents provenant d'auteurs différents.

Nous ajoutons comme fragment douteux :

3

(Lyd., *Mens.*, IV, 64, p. 116.17 Wünsch ; Scott, IV, p. 231.10.)

Ἔνθεν Ἑρμῆς ἐν τῇ Κοσμοποιΐᾳ τὰ μὲν ὑπὲρ ὀσφὺν ἄρρενα τῆς Ἀφροδίτης, τὰ δὲ μετ' αὐτὴν θήλεα παραδίδωσιν.

« De là vient qu'Hermès, dans la *Création du Monde*, enseigne que les parties du corps d'Aphrodite au-dessus des reins sont d'un mâle, les parties au-dessous des reins, d'une femelle. »

Cela pourrait provenir ou d'un traité plein d'érudition mythologique (du type connu de Plut., *Is. Os.*, 62, p. 376 A, cf. 61, p. 375 F et du papyrus Vaticanus édité par N. Festa, *Arch. Pap.*, III, 1904, p. 151 ss., restauré et interprété par M. Adler, *Charisteria Alois Rzach zum achtzigsten Geburtstag dargebracht*, 1930, p. 5 ss. ; cf. Nock, *J. Rom. Stud.*, XXX, 1940, p. 192, n. 7) ou d'un traité ayant pour objet le même sujet que le fr. 13. Pour une tradition secondaire qui donne le renseignement sur Aphrodite mais ne fait pas mention d'Hermès, cf. C. Tischendorf, *Anecdota sacra et profana* (éd. 2), p. 61 ; M. Treu, *Excerpta anonymi Byzantini ex codice Parisino suppl. Gr.*, 607 A (Progr. Ohlau, 1880), p. 5 ; R. Wünsch, p. XIV ; A. Adler, *Pauly-Wissowa*, IV A, col. 706). L'idée de Scott (IV, p. 231, n. 6) que cet extrait pourrait être dérivé du même traité que l'Exc. XXII, me semble moins probable.

Nous omettons le fr. 37 de Scott. Il provient de Shahrastani, et appartient à cette littérature sabéenne qui mériterait une étude de la part d'un arabisant (cf. Al Biruni, *Chronology*, p. 314 s. tr. Sachau ; Reitzenstein, *Die Göttin Psyche*, p. 56). Une bonne part de ce que Scott offre dans son t. IV, p. 248 ss., ressemble à nos *Hermetica* ; mais de telles idées se rencontraient un peu partout. La Mésopotamie, comme l'Iran du Moyen Age, avait un précipité de pensées assez mélangé : le legs hellénique, ou pur ou par l'intermédiaire d'Evagrius, les Messaliens, etc., et, en sus,

non seulement le judaïsme, le christianisme, le manichéisme, l'Islam, mais aussi tout ce qui résulta de leurs interactions.

Pour les *Testimonia*, le lecteur doit se rapporter à l'ample collection de Scott, t. IV. Nous n'avons que peu à ajouter. Ce que Scott cite p. 225.21-26 de Pitra, *Analecta sacra et classica*, V, ii, p. 306, est une partie du texte par lequel débutent les Χρησμοὶ καὶ θεολογίαι Ἑλλήνων φιλοσόφων édités par Bentley d'après le Baroccianus 50 et réimprimés dans Dindorf, Malalas, p. 683 (un autre morceau se trouve dans Bodleianus Roe 5 ; cf. A. v. Premerstein, ΕΙΣ ΜΝΗΜΗΝ Σ. ΛΑΜΠΡΟΥ, 1935, p. 185). C'était de l'apologétique ; cf. la note au fr. 23 et une référence hagiographique dans les *Acta S. Procopii* (H. Delehaye, *Les légendes grecques des saints militaires*, Paris, 1909, p. 218.31. [Dans l'histoire de S. Eustratius, *P. G.*, CXVI, 492 A, c'est le persécuteur qui cite Hermès parmi les sages]). En revanche, les mots de Longinianus ap. August. *Ep.*, 234,1 témoignent des sentiments d'un païen éclairé à l'égard d'Hermès. Et *Contra Faustum*, XIII, 1 (Scott, t. IV, p. 163, n. 1) mérite plus d'attention qu'il ne semble d'abord : comme la réplique d'Augustin, *ib.*, 15, ce texte témoigne de l'estime dont jouissait Hermès parmi les manichéens (cf. F. C. Burkitt, *The Religion of the Manichees*, pp. 38, 96. Autant que je sache, il n'y a pas mention d'Hermès dans ce qu'on a publié des textes coptiques du manichéisme. Ce pourrait être un simple hasard ; mais en tout cas, Hermès n'avait pas pour Mani le rang de Jésus, Bouddha et Zoroastre).

Pour Hermès dans le moyen âge latin, M. P. O. Kristeller nous a indiqué E. Garin, *Una fonte ermetica poco nota* (*La Rinascita*, III, i, 1940, p. 202 ss.). Garin donne des extraits du *liber Alcidi*, qui est inédit : à noter p. 224 *ipsa divina notitia, quam quotiens voluit divinus Plato philosophus noim, videlicet mentem, nuncupavit : nos vero Hermetem secuti, filium, utpote in quo prima paternae gloriae similitudo refulget, frequentius appellamus* et p. 231 s., récit des derniers mots et de la mort d'Hermès.

POSTCRIPT

1 I am still inclined to reject the supposed Hermetic fragment mentioned on p. 146 : all other texts preserved only in *Symphonia* and in Χρησμοὶ καὶ θεολογίαι Ἑλλήνων φιλοσόφων are clearly spurious ; the ascriptions vary [H. Erbse, *Fragmente griechischer Theosophien* (*Hamburger Arbeiten zur Altertumswissenschaft*, IV, 1941, p. 210-218]; and in this text there seems to be a recollection of *Ev. Joh.*, 14.10 f. Nevertheless since the master of this literature, Erbse, defends the attribution (*op. cit.*, 136, n. 273), I think it best to print the text in his recension (p. 203 ; cf. p. 209).

Τοῦ αὐτοῦ (sc. Ἑρμοῦ) ἐκ τοῦ ὕμνου πρὸς τὸν παντοκράτορα.

ἀκοιμήτου πυρὸς ὄμματι ἐγρήγορε, δρόμον αἰθέρος ζωογονῶν, ἡλίου θέρμην κρατύνων, λαίλαπι μεθιστῶν νέφη, τοὔνομα μὴ χωρῶν ἐν κόσμῳ· ἄφθιτον ἀέναον πανεπίσκοπον ἐπίφοβον ὄμμα, πατέρα τῶν ὅλων, θεὸν ὄντα μόνον, ἀπ' οὐδενὸς ἔχοντα ἀρχήν, ἔγνωκα. — ἕνα μετὰ σὲ ὄντα μόνον ἐκ σοῦ γεραίρω υἱόν, ὃν ῥώμῃ ἀπορρήτῳ καὶ ὀξυτέρᾳ φωνῇ ἴδιον εὐθὺς ἀφθόνως καὶ ἀπαθῶς ἀγένητον (Erbse: ἀγενοῦς in one source, ἀγεννήτως in another) λόγον ἐγέννησας, θεὸν ὄντα τὴν οὐσίαν ἐκ τῆς οὐσίας, ὃς σοῦ τοῦ πατρὸς τὴν εἰκόνα τὴν ἄφθαρτον καὶ πᾶν ὁμοίαν (πανομοίαν Pitra, which I prefer) φέρει, ὥστε εἶναι ἐκεῖνον ἐν σοί, σὲ δὲ ἐν ἐκείνῳ, κάλλους ἔσοπτρον, ἀλληλεύφραντον πρόσωπον'.

For variants of this, as of the genuine fragment found in secondary tradition, the reader is referred to Erbse.

2 Attention may be called to Malalas, p. 343, éd. Dindorf, since Scott, though discussing the passage in t. III, p. 631, n. 2, did not include it in t. IV: ἐπὶ δὲ τῆς βασιλείας αὐτοῦ (Gratian) Θέων ὁ σοφώτατος φιλόσοφος ἐδίδασκε καὶ ἡρμήνευε τὰ ἀστρονομικὰ καὶ τὰ Ἑρμοῦ τοῦ Τρισμεγίστου συγγράμματα καὶ τα Ὀρφέως.

Theon was a mathematician and astronomer; it may be that the Hermetica with which he concerned himself were astrological.

3 H. Ch. Puech, *Rev. ét. gr.*, LIX/LX (1946/7), p. xi-xiii has produced significant testimonia from Hermias *In Phaedr.*, p. 94.21 ed. Couvreur ὥσπερ δὴ ὁ Τρισμέγιστος Ἑρμῆς λέγεται πλεονάκις ἐπιδημήσας τῇ Αἰγύπτῳ ἑαυτοῦ ἀνεμνῆσθαι καὶ τρίτον κεκλῆσθαι Ἑρμῆς, p. 168.24 οὕτως γὰρ καὶ ὁ Τρισμέγιστος Ἑρμῆς ἐπεκλήθη, ὡς τρὶς ἐνταῦθα φιλοσοφήσας καὶ τὸ τρίτον ἑαυτὸν ἐπιγνούς (with the scholion, p. 266) as well as a referencc, *ib.*, p. 258-9 to Hermes as a writer. He compared Cyril's quotation from Julian (*C. Iul.*, V; *P. G.*, LXXVI, col. 779 B) Ἑρμοῦ δέ φημι τοῦ τρίτον (or τρίτου) τῇ Αἰγύπτῳ ἐπιδημήσαντος (so V, confirmed by Hermias; M has ἐπιφοιτήσαντος τῇ Αἰγύπτῳ) and *Artemii Passio* (J. Bidez, *Philostorgius*, p. 158 f.; Scott t. IV, p. 237) ὅ τε γὰρ Ἑρμῆς, ὁ Τρισμέγιστος ἐπικαλούμενος, τρίτον ἦλθεν ἐν κόσμῳ ἑαυτὸν ἐπιγνούς, καθὼς αἱ ἱεραὶ αὐτοῦ καὶ θαυμάσιοι βίβλοι διαγορεύουσι, καὶ διὰ τοῦτο Τρισμέγιστος ὀνομάζεται.

In the Cyril quotation τρίτον is given by Aubert and suggested by the *tertio* of Oecolampadius; the silence of C. J. Neumann, *Iul. c. Christ.*, p. 193.6 should mean that M and V read τρίτου. This would give a good sense, for the multiplicity of mythological traditions was often explained by the assumption that various figures in different times and lands had borne the familiar divine mames (cf. Scott, t. IV, p. 222, n. 1, and, for later development, Reitzenstein, *Poim*, p. 175: he reads τρίτου ⟨τοῦ⟩); the duplication of Thoth as Hermes and Tat is well known from

Corp. Herm. (cf. *Ascl.* 37, p. 347 f., for the duplication of Asclepius also). Nevertheless, the quotations from Hermias show that τρίτον may be right.

The notion involved is of interest. It might be thought to be a gloss on the epithet Trismegistos, as applied to Hermes, rather than a Hermetic idea; but ἑαυτὸν ἐπιγνούς implies such self-knowledge as is mentioned in *Corp. Herm.* I 18, p. 13.9 and 21, p. 24.1 (with p. 23, n. 47) and ἑαυτοῦ ἀνεμνῆσθαι suggests X 15, p. 120.20 f. (on forgetfulness as an evil) and XIII 2, p. 201.8 (recollection-not indeed of oneself-as a divine gift). Puech thinks Hermes is supposed to have attained this knowledge or recollection in a third incarnation thanks to excellence in previous lives. But the texts could mean « for the third time » rather than « on the third occasion ». In the first citation Hermias adduces the plurality of figures called Hermes as a parallel for the plurality of Sibyls; in the second he is illustrating *Phaedr.*, 249 A, where Plato speaks of the destiny of the man who lives the philosophic life in each of three incarnations; this means the keeping of a standard, not the making of an advance.

G. Quispel, *Gnosis als Weltrereligion,* p. 58 f. draws attention to the epithets τριγένε(ι?)θλος and τριγενής as applied to a Gnostic power possibly called also Hermes (C. Schmidt, *Kopt.-gnost. Schr.*, t. I, p. 356; C. A. Baynes, *A Coptic Gnostic Treatise*, p. 152): but Puech, *Coptic Studies in honor of Walter Ewing Crum*, p. 144, remarks that « Hermes » is an uncertain restoration, and the introduction of the proper name would be abrupt.

4 Two addition are to be made to the list of manuscripts given in t. I, p. XI f. First, Codex Savilianus 5 has on fol. 137 ff. Corp. II and III (F. Madan, H. H. E. Craster, N. Denholm-Young, *Summary Catalogue of Western Manuscripts in the Bodleian Library at Oxford,* t. II, p. 1096 f., no. 6552: cf. St. Weinstock, *Cat. cod. astrol. gr.*, t. IX, i, p. 60 f.). Dr Weinstock has most kindly sent me a collation,

which shows that the text is of the A type (cf. t. I, p. XVII); we may note II 9, p. 35.15 καταβαρυνομένην as Patrizzi; II 10, l. 1 of. n. cr., on p. 36 καὶ ξένον as Turn.; II, 13, p. 37, τὸν omitted as in Stob.; II 14, p. 38.7, ἐστι as Turn., for εἰσι; III 2, p. 44.14, ταῖς omitted (as Scott conjectured). Dr. Weinstock identified the watermark as « ancre » (Briquet, 464, 467-9) and infers that this part of the codex is probably 15 th-16 th cent. Secondly, B. K. Stephanides, *Byz. Zeitschr.*, XIV (1905), p. 604 (a reference which I owe to Professor B. Einarson) mentions a paper codex then in the Greek Gymnasion at Adrianople containing Ἑρμοῦ τοῦ Τρισμεγίστου, Ποιμάνδρης καὶ ἄλλα συγγραμμάτια and also poems of Gregory Nazianzen; in spite of the enquiries which friends have been so good as to make for me, it has not been possible to find where this manuscript now is.

5 Two accidental omissions are to be corrected: in *Corp.* I 26, p. 16.9 οὐσῶν should be inserted after φύσιν and in II 17, p. 39.18 σοι after τοσαῦτα. The critical note in II 13, p. 37.6 should read « πνεύματος Stob. : φῶς codd. » and p. 40, n. 16 should be modified in consequence; in the critical note on II 14, p. 38.6 delete ἐστε.

6 On the unfortunately still unavailable Coptic Treatises of Hermes, cf. H. Ch. Puech in *Coptic Studies in honor of Walter Ewing Crum*, p. 109 ss.

A. D. Nock.

Ce volume,
le cent dix-neuvième
de la série grecque
de la Collection des Universités de France,
publié aux Éditions Les Belles Lettres,
a été achevé d'imprimer
en mai 2023
sur les presses
de La Manufacture Imprimeur
52205 Langres Cedex, France

N° d'édition : 10563
N° d'impression : 230434
Dépôt légal : mai 2023